문답으로 이해하는
시장경제원리 99

문답으로 이해하는

시장경제원리 99

정구현 지음

문답으로 이해하는
시장경제원리 99

써브웨이란 가게에서 샌드위치를 사 먹으려면 여섯 단계의 선택을 거쳐야 한다. 고객은 우선 19개의 다양한 메뉴에서 샌드위치의 종류와 사이즈를 정한다. 다음에는 여섯 가지의 빵 중에서 하나를 선택한다. 그리고 베이컨, 치즈, 아보카도 등 다섯 가지의 추가 선택이 있고, 다음에 여덟 가지 채소의 선택에 이어서 다섯 가지의 소스 중에서 선택하고 나면, 음료 등 세트를 정해야 한다. 요즘 소비자는 이처럼 엄청나게 다양한 상품 구색 중에서 자기가 좋아하는 것을 골라야 한다. 옛날에는 유명한 빵집에서 파는 크로켓은 한 가지였는데, 이제는 소비자가 열 가지 이상의 다양한 크로켓 가운데서 고를 수 있다. 파운데이션 같은 여성화장품도 개인이 자기 피부에 맞는 성분과 색상은 물론이고 디자인과 포장까지도 선택할 수 있다고 한다. 개인별 맞춤형 상품이 여러 분야에서 일반화되고 있으며, 앞으로는 의약품에서도 나타날 것이라고 한다.

이처럼 소비자의 상품 선택지가 많은 것이 선진국 시장의 특징이다. 그런데 편리하고 품질 좋은 많은 종류의 상품이 있으므로 웬만큼 소득이 높은 소비자도 예산의 제약을 받게 된다. 그래서 선진국 국민은 개발도상국 국민보다 어떤 면에서는 더 돈에 쪼들리게 된다. 가난한 나라의 소비자는 돈도 별로 없지만 살 물건도 별로 없어서 상대적인 빈곤감이 덜 할 수도 있다. 이제 한국에서는 많은 사람이 스마트폰, 승용차 등을 이용하고 해외여행도 자주 다니다 보니 웬만큼 소득이 있어도 항상 돈은 부족하게 마련이며, 소비가 매우 합리적이 될 수밖에 없다. 따라서 요즘 유행하는 가성비(가격 대비 성능)가 높은 상품이 인기를 얻게 된다. 이처럼 다양한 상품 구색은 시장경제의 산물이다. 경쟁이 치열하다 보니까 기업들이 조금이라도 더 소비자를 만족시키기 위해 엄청난 노력을 하지 않을 수 없다. 생산자나 소비자가 항상 합리적인 판단을 하는 것은 아니므로 시장경쟁이 때로 지나치기도 하고 자원의 낭비도 가져올 수 있다. 그러나 시장의 대안으로 여겨지는 정부에 의한 자원배분은 비효율과 부패를 가져오고 결국 사회 전체의 경쟁력과 공정성을 약화시킨다.

현재 세계경제는 불황이 8년째 지속되고 있으나, 각국이 쓸 수 있는 정책을 거의 다 써 버렸기 때문에 뚜렷한 경기 회복책이 보이지 않는다. 2008년 글로벌 금융위기 이후에 많은 나라가 재정확장을 통해서 경기를 부양하느라 국가부채가 상당히 늘었고, 선진국들은 금리가 이미 제로(0)에 가까우므로 더는 돈을 풀어서 경기를 부양시키기도 어렵다. 지금처럼 복잡하고 미래가 불확실한 때에는 다시 한 번 원칙으로 돌아가야 하는데, 그것이 바로 시장경제의 원리이다. 시장경제는 경쟁을 통해서 승자가 시장을 차지한다는 점에서 기본적으로 실력주의이다. 또한, 열심히 하고 잘하는 사람과 기업에 보상이 따르기 때문에 시장경제는 인간의 잠재력과 창의성이 발휘되게 한다. 그런 시각에서 지금의 경제위기는 재정이나 통화정책과 같이 돈으로 해결하려고 하기보다는 우리 개개인이 가진 잠재적인 능력과 기업가정신을 다시 일으킴으로써 활로를 찾을 수 있을 것이다. 그래서 이 책은 "시장을 믿으면 경제가 살아난다!"라고 주장한다.

한국경제도 매우 어려운 형편에 놓여 있다. 이제 한국경제는 노동이나 자본과 같은 생산 요소의 투입 증가를 통해서 성장하기는 어려우므로 획기적인 생산성의 향상을 도모해야 한다. 그러나 그러는 데 필요한 구조개혁과 혁신이 이익집단의 반발 때문에 난관에 부딪혀 있다. 대외적으로도 세계교역의 증가세가 2012년 이후 두드러지게 둔화하면서 수출에 의존해서 성장해온 한국경제는 수출이라는 가장 중요한 성장 동력이 약화하는 상황에 놓여 있다. 서비스 산업이나 신기술 산업으로 자본과 노동이 대거 이동해야 하는데, 전통적인 제조업을 키우고 수출을 확대하는데 최적화된 경제 체제가 쉽게 전환을 하지 못하고 있다. 지금의 경제위기를 극복하는데는 정부가 상명하달 방식으로 해서는 어렵고, 개별 기업과 가계가 더욱 합리적이고 현명한 선택을 하는 것이 더 효과적이다. 예를 들어 이제 전통 제조업은 개개 사업체들이 스스로 활로를 찾아야지 정부의 지원에 기대서는 지속해서 성장하는 것이 어렵다. 그래서 이 책은 "지금의 경제위기, 시장에 답이 있다"고 주장한다.

세계적으로 빈부 격차의 확대가 큰 문제가 되고 있어서, 앞으로 모든 국민이 어느 정도의 생활 수준이 유지되도록 사회안전망이 촘촘하게 구축되어야 한다. 이러한 복지제도를 감당하려면 재정지출의 우선순위가 조정되어야 하며, 때에 따라서는 재정규모가 확대되고 세금을 더 거두는 것이 필요할 수도 있다. 그러나 이러한 사회안전망의 확대와 시장의 활성화는 상충하는 목표가 아니다. 상품 시장과 요소 시장에서 정부의 규제는 축소하고 유효한 경쟁이 촉진되어야 하지만, 동시에 세금을 통한 소득재분배와 사회안전망은 강화되어야 한다. 다시 말하면 정부의 시장 개입은 축소하고, 대신에 사회안전망의 확대를 위한 정부의 역할은 더 강화되어야 한다.

이 책의 구상은 전국경제인연합회 산하의 자유와창의교육원의 권유와 지원으로 시작되었다. 이 교육원은 대학생과 직장인, 그리고 다양한 분야의 사회 간부급 인사들이 좀 더 시장경제를 잘 이해하도록 교육지원을 하는 조직인데, 여기에 필요한 교재로 이 책을 쓰게 되었다. 이 책에서 제시된 99개의 질문은 경제학을 전공하지 않은 대학생들을 대상으로 알고 싶은 경제 이슈들에 대해 직접적인 조사(서베이)를 하여 만들어진 것이다. 따라서 여기에 제시된 질문과 답변은 일반적인 경제원론 교과서의 목차와는 다소 차이가 있다. 이 책은 시장경제의 기초가 되는 수요·공급과 가격, 산업 조직론(경쟁과 독과점)의 주제는 다루고 있으나, 기업과 자본시장, 일자리와 노동시장, 그리고 정부와 시장의 역할 및 실패 요인 등 현실경제에 대해 많은 지면을 할애하였다. 또한, 이 책은 우리가 당면한 주요 이슈인 성장과 분배, 기술변화와 세계경제의 대전환, 그리고 한국경제의 당면 과제와 관련된 주제를 많이 포함하였다. 질문에 대한 답변 과정에서 필자는 실제 상황과 정책 현안을 많이 제시했고, 또한 기업의 실제 사례를 많이 포함해서 독자들이 현장감을 가질 수 있도록 노력하였다.

책의 기획 단계부터 편집에 이르기까지 전 과정에서 경기연구원 김은경 박사의 도움을 많이 받았다. 그러나 책에 남아 있을 논리적인 모순이나, 다양한 시각에 대한 불충분한 검토 그리고 다른 오류에 대한 책임은 전적으로 필자에게 있음은 물론이다. 그리고 몇 개 인터넷 기업의 사례는 카이스트 MBA 졸업생인 이준 씨(현재 매쉬업엔젤스 투자심사역)가 작성하였다. 또한, 필자는 이러한 책의 필요성을 느끼고 기획부터 출판까지 아이디어를 많이 주신 전경련의 이승철 부회장과 실무자들에게 감사드리며, 출판사의 권기대 사장을 비롯한 편집 담당자들에게도 감사를 표한다. 아무쪼록 이 책을 통해서 우리 국민의 시장에 대한 믿음이 더 커져서 우리 경제가 지금보다 한 단계 더 성숙하기를 바란다.

2016년 9월
홍릉에서 저자 씀

서문

·제1부· 시장과 가격

·제2부· 기 업

·제3부· 산업과 노동

·제 4 부· 정부의 역할

·제5부· 성장과 분배

·제6부· 한국의 시장경제

·제 7 부· 세계경제의 변화

·제8부· 시장경제의 미래

Q1~
Q13

제 **1** 부

시장과 가격

01 시장경제의 **장점과 기본원칙은** 무엇인가요?

시장경제는 경제주체들이 시장에서 결정되는 가격에 따라 자유롭게 거래하는 경제시스템입니다. 우리가 일상생활에서 말하는 시장경제는 '자본주의 시장경제'로 과거 사회주의 국가들의 계획경제와 대립하는 개념이지요. 시장경제의 근간은 수요자와 공급자가 제품과 서비스를 판매하고 구매하는 시장입니다. 전문화와 분업이 광범위하게 확대될수록 시장에 참여하는 주체가 많아지고 경쟁과 거래가 활성화되어 시장의 효율성도 높아질 수 있지요.

시장의 장점은 모든 경제주체가 자신의 소득과 삶의 질을 높이기 위해 각자 자유롭게 활동하지만 이러한 과정에서 사회 전체의 이익이 달성될 수 있다는 것입니다. 기업은 이윤극대화를 위해 수요가 많고 수익률이 높은 상품을 선택하여 가장 적은 비용으로 생산하기 위해 노력하는데, 이러한 활동이 사회적 부와 일자리 창출에 기여합니다. 가계나 개인이 효용극대화를 위해 가격 대비 성능(가성비)이 좋은 제품을 사는 행위는 기업이 수요가 있는 제품의 생산에 자원과 투자를 집중하도록 만듭니다. 이러한 과정을 통해 가장 필요한 제품이 가장 낮은 비용으로 시장에서 거래되고, 희소한 자원들이 자동으로 적재적소에 배분됩니다. 애덤 스미스*는 이러한 시장의 작동원리를 '보이지 않는 손'이라고 표현했습니다.

자본주의 시장경제가 원활하게 작동하는 효율적인 시스템이 되기 위해서는 먼저

사적 소유권이 확실하게 보장되어야 합니다. 사적 소유권은
자본주의 시장경제의 발전을 위한 가장 기본적인 원칙이
자 원동력입니다. 소유권이 명확해야 소유에 따른 이득을
누리기 위해 개인이나 기업이나 열심히 노력하고 시장이
활성화될 수 있기 때문입니다.

애덤 스미스(Adam Smith)

영국의 정치경제학자. 그는 경
제학의 고전으로 불리는 《국
부론》에서 보이지 않는 손이
작동하는 시장경제질서의 원
리를 밝히고 자유무역을 옹호
하였다.

　소유권의 자유로운 행사를 제한하면 여러 가지 왜곡이
발생합니다. 예를 들어, 정부는 농업보호를 명분으로 농지를
상업용지나 공업용지로 전환하지 못하도록 농지규제를
하고 있습니다. 고령화와 이농으로 농지가 버려지고 있지만,
규제로 인해 농지 가치는 일반 토지의 가치보다 낮고 다른
용도로 쓸 수도 없습니다. 따라서 농지규제는 농민들의
재산권을 침해하고 농업을 보호하지도 못하며, 오히려 농지를 소유한 농민들을 가난
하게 만들고 농촌을 피폐하게 만들었습니다. 어떤 명분이든 국가가 사적 소유권을
제한하는 정책은 시장의 왜곡을 가져오고 경제주체들을 불행하게 만듭니다. 특히
정부가 기업의 불법행위를 처벌하더라도 기업 경영자의 소유권을 박탈하거나 기업을
강제로 해체하는 것은 자본주의 시장원리에 어긋납니다.

　또한 시장이 잘 운영되기 위해서는 완전하고 공정한 경쟁이 필요합니다. 기업들의
시장경쟁이 치열할수록 소비자는 같은 가격에 좋은 상품과 서비스를 살 수 있습니다.
경쟁으로 인해 가격이 하락하면 소비자의 이득은 증가합니다. 시장의 공정한 경쟁은
기업들이 시장경쟁력을 확보하기 위해 기술 발전과 상품의 품질 향상을 위해 지속적
으로 노력하도록 유도합니다. 예를 들어 시장에 통신사가 하나만 있는 경우 소비자
들은 어쩔 수 없이 그 통신사를 이용해야 하고, 통신사는 경쟁자가 없으므로 가격과
서비스를 원하는 대로 정하면서 기술혁신을 위한 노력도 하지 않겠지요. 반면 다수의
통신사가 경쟁하게 되면 통신사들은 서비스 가격을 낮추기 위해 원가절감을 시도

하거나, 같은 가격이면 더 많은 서비스와 더 나은 품질을 위해 기술개발에 노력할 것입니다. 따라서 소비자들은 더 낮은 가격으로 더 좋은 서비스를 받을 수 있게 되지요.

시장의 원활한 기능을 위해서는 사적 소유권을 보호하고 경제활동의 자유를 보장하는 게임의 규칙을 정하는 법과 제도가 필요합니다. 자본주의 시장경제에서 정부의 핵심적인 역할은 시장경제를 활성화하는 법과 규칙을 만들고, 이를 준수하기 위한 법치주의를 확립하고 강화하는 것입니다.

미국의 헤리티지 재단은 〈월스트리트저널〉과 함께 1994년부터 매년 개인과 기업이 얼마나 자유롭게 경제활동을 할 수 있는지를 나타내는 경제자유지수(Index of Economic Freedom)를 발표합니다. 2016년 기준 한국은 178개국 중 27위로 경제 수준에 비해 아직은 경제적 자유가 부족한 것으로 보이지요. 한국은 사유재산권과 노동의 자유가 적고 부패가 상대적으로 심하기 때문이라고 합니다. 자유로운 경제활동을 위한 투명한 시장경제 질서의 확립이 더욱 필요합니다.

세계 국가들의 경제자유도

- 80-10   Free
- 70-79.9   Mostly Free
- 60-69.9   Moderately Free
- 50-59.9   Mostly Unfree
- 0-49.9   Repressed
- Not Ranked

주: 1) 경제자유지수는 법치(사적 재산권, 부패로부터의 자유), 정부크기(조세부담, 정부지출), 규제의 효율성(기업·노동·화폐유통의 자유), 시장개방(무역·투자금융의 자유) 등의 지표로 구성
2) 경제자유지수 값이 클수록 경제자유도가 높은 국가

출처: http://www.heritage.org

02 시장에서 **가격은 어떻게** 결정되나요?

시장경제의 핵심은 가격입니다. 가격은 수요자와 공급자가 시장에서 거래하기 위해서 필요합니다. 자본주의 시장경제에서 가격은 수요와 공급의 법칙에 따라 시장에서 자율적으로 결정됩니다. 공급과 수요가 가격을 결정하고, 가격은 공급과 수요에 영향을 미칩니다. 높은 가격은 기업이 생산 및 공급을 확대하게 하고, 시장에 새로운 기업들을 진입하게 하지요. 이러한 공급의 증가는 결국 가격을 하락시키고 가격 하락은 생산을 감소시켜 사회 전체의 과잉생산을 예방할 수 있습니다. 또한 가격 상승은 소비를 감소시키도록 유도하여 수요량이 공급량을 초과하지 않도록 합니다.

예를 들어 컴퓨터의 공급량이 100대이고 수요량이 200대인 경우, 기업이 시장 가격이 적절하다고 생각하면 100대를 더 공급하거나 새로운 기업이 100대의 컴퓨터를 추가로 공급하여 주어진 가격에서 수요량을 충족시킬 수 있습니다. 반면 기업이 더 이상 공급을 증가시키지 않으면 수요가 공급을 초과하여 컴퓨터 가격이 높아져서 100명의 수요자는 컴퓨터 구매를 포기해야 합니다. 만약 공급된 100대의 컴퓨터를 원하는 수요자가 한 사람도 없으면 가격은 정해지지 않을 뿐만 아니라 이 컴퓨터들은 시장에서 사라질 것입니다. 이처럼 가격은 수요와 공급을 조정하여 시장에서 원활하게 수급이 맞도록 하지요. 가격은 공급자와 수요자 사이의 소통을 위한 수단이며 자원 배분의 역할을 합니다.

또한, 가격은 시장에서 경제주체들이 자신의 이익을 위해 합리적으로 행동하게 합니다. 공급자들은 더 높은 가격으로 판매할 수 있는 제품을 생산하여 이윤극대화를 원하고 수요자들은 같은 품질이라면 가격이 더 낮은 제품을 소비하기를 원합니다. 자유로운 가격시스템은 국민경제를 구성하는 수많은 경제주체의 행동을 유도할 수 있는 강력한 수단입니다. 가격은 경제주체가 이용할 수 있는 시장정보를 전달해 주기 때문이지요.

따라서 정부에 의한 인위적인 가격 결정이나 가격규제는 경제주체들이 잘못된 선택을 하도록 유도하여 자원배분의 효율성을 저해하고 예상하지 못한 시장왜곡을 초래할 수 있습니다. 예를 들어 정부가 전셋값의 상승을 막기 위해 전세가 상한제를 도입하기로 했다고 가정해 봅시다. 정부가 전세가 상한제 도입을 발표하면 집주인은 일정 기간 시장가치만큼 전셋값을 받지 못할 것으로 예상하고 대책 시행 전에 전셋값을 한꺼번에 올려서 새로운 계약을 체결하려고 하겠지요. 또는 집주인은 이자율이 낮고 전셋값도 마음대로 인상하지 못한다면 전세보다는 월세를 선호하게 될 것입니다. 결국, 전셋값이 오르지 못하도록 억제한다는 목적을 표방한 전세가 상한제는 전셋값을 단기간에 폭등시키거나 전세 물량을 축소해 전세난을 가중할 수 있습니다. 전셋값이 높아지는 이유는 전세를 원하는 수요자는 많은데 전세를 공급하는 집주인이 수요자보다 적기 때문입니다. 정부가 전셋값을 안정시키고 전세난을 해소할 방법은 집주인들이 전세를 많이 공급하도록 유도하는 제도나 월세와 같은 새로운 주택임대차 제도를 시행하여 전세에 대한 수요를 줄이는 것밖에 없습니다. 다시 말해서 정부가 전세난을 해결하기 위해서는 직접 가격을 통제하는 것보다 시장에서 공급은 늘리고 수요는 줄일 수 있도록 유도하는 정책이 더 효과적입니다.

시장경제의 원활한 운영을 위해서는 시장가격이 존중되어야 하며, 가격의 변화를 유도하기 위해서는 가격 자체가 아니라 수요와 공급을 조정하여 새로운 가격이 형성될 수 있도록 해야 합니다. 시장이 경쟁적일 경우 공정한 시장가격이 결정될 수 있지만,

시장에 독점기업이 존재하는 경우에는 독점가격이 형성되어 시장가격이 과도하게 높아질 수 있습니다. 독점가격의 문제를 해결하기 위해서도 정부가 개입하여 가격을 인위적으로 조정하기보다 새로운 기업들이 시장에 참여하여 경쟁이 활성화되도록 유도하면 공급증가를 통해 가격을 내릴 수 있습니다.

젠트리피케이션에 대한 처방은?

젠트리피케이션Gentrification이란 임대료가 낮은 낙후된 구도심에 문화예술인들이 모이면서 스튜디오, 갤러리, 공방, 카페, 식당 등이 생겨 지역이 명소가 되면 임대료가 상승하고 중산층 이상이 유입되어 원주민이 밀려나는 현상을 말한다. 서울의 홍대 거리, 가로수길, 인사동, 대학로, 경리단길 등이 대표적인 예이다. 젠트리피케이션은 상류층을 의미하는 젠트리gentry에서 파생된 용어로 주거지의 고급화 현상을 의미한다. 젠트리피케이션은 도시가 성장하고 발전하는 과정에서 발생하는 보편적인 현상으로 우리나라만이 아니라 세계 모든 도시에서 발생하고 있다. 낙후된 지역에 세련된 디자인과 예술적 분위기의 상점들이 늘어나고 사람들이 모여들면 지역의 장소적 매력도가 높아지면서 지역경제는 활성화된다. 지가가 상승하고 임대료도 높아져 지역은 침체상태를 벗어나게 되는 것이다. 지역의 성장과 경제 활성화를 목적으로 하는 도시재생 사업이 성공하게 되면 정도의 차이는 있지만 젠트리피케이션이 발생하게 되는 것은 당연하다. 젠트리피케이션을 미리 걱정하거나 부정적 효과만을 생각하면 낙후지역은 침체의 늪에서 벗어날 수 없게 된다. 젠트리피케이션은 자연적인 과정이기 때문에 정부가 나서서 직접 해결하기는 쉽지 않다. 섣부른 정부개입은 사적 재산권을 침해하고 과도한 규제로 인해 지역경제를 다시 침체시킬 수 있기 때문이다. 예를 들어 젠트리피케이션을 막기 위한 임대료 규제는 재산권 침해뿐만 아니라 지역발전에 따른 성과를 지역민들이 누리지 못하게 하고 소유주와 임대인 간의 갈등을 일으킬 수도 있다. 임대료가 너무 높아지면 공실률이 증가하여 지역이 점차 침체하면서 임대료는 다시 하락할 것이기 때문에 소유주도 막무가내로 임대료를 높일 수는 없다. 젠트리피케이션이 발생하면 장기적으로는 지역이 다시 침체할 수도 있다. 따라서 젠트리피케이션에 따른 지역 내 갈등은 공공의 규제가 아니라 시장원리에 따라 점진적으로 해결되어 나갈 것이다. 단기적으로는 지역의 지속적인 발전을 위한 주민들의 자발적인 협의와 협력을 통해 젠트리피케이션 현상을 완화하는 것이 가장 적절하다.

03 같은 물건인데 시장이나 **가게마다** **가격이 왜** 다른가요?

    제품마다 판매되는 시장에 따라 가격이 달라지는 것은 시장경제에서 당연한 현상입니다. 상품의 시장가격은 수요와 공급이 일치되는 지점에서 결정되기 때문에 상품의 생산원가와는 다르지요. 시장가격은 원칙적으로 생산원가를 반영하겠지만, 소비자와 생산자가 합의하는 균형점에서 결정됩니다. 수요가 너무 적어 팔리지 않는 상품이나, 기업이 파산하여 재고를 처리해야 하는 경우에는 상품은 생산원가보다 낮은 가격으로 팔릴 수도 있지요.

    비슷한 품질의 상품이라고 할지라도 생산원가에는 원자재비용, 임금, 공장운영비, 일반관리비 등 다양한 요소들이 포함되기 때문에 기업마다 생산원가가 다를 수도 있습니다. 예를 들어 같은 원두를 사용하고 근로자임금이 같더라도 임대료가 비싼 강남의 카페에서 판매하는 아메리카노는 노점 트럭에서 판매하는 아메리카노보다 비쌉니다. 강남 카페의 임대료가 노점 트럭의 임대료보다 훨씬 높기 때문이지요. 또한, 같은 아메리카노라도 원두에 따라 맛과 향이 달라지고, 바리스타에 따라 커피 맛이 다르므로 외형상 유사한 상품이라도 가격은 천차만별입니다. 같은 브랜드의 같은 제품도 도시에 따라 가격 차이가 있습니다. 예를 들어 글로벌 브랜드인 맥도날드의 햄버거나 스타벅스의 커피는 도시마다 가격 차이가 큽니다. 도시마다 생활 수준이 다르고 상품에 대한 소비자들의 선호도나 가치가 다르기 때문입니다.

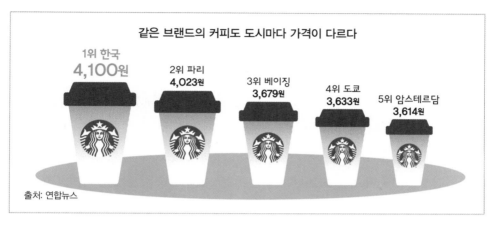

같은 브랜드의 커피도 도시마다 가격이 다르다

1위 한국
4,100원

2위 파리
4,023원

3위 베이징
3,679원

4위 도쿄
3,633원

5위 암스테르담
3,614원

출처: 연합뉴스

　생산원가 이외에도 시장가격을 결정하는 요소는 다양합니다. 상품의 브랜드나 지명도도 시장가격 결정에 영향을 줍니다. 같은 성능을 가진 노트북도 브랜드마다 가격이 다릅니다. 첨단기술 제품이나 사치품의 소비자들은 특정 브랜드에 대한 선호를 가지고 있어 가격이 다소 비싸더라도 특정 브랜드의 상품을 선택하는 경우가 많습니다. 대표적인 예가 아이폰이나 맥킨토시에 열광하는 애플 매니아들입니다.

　스타벅스나 에비앙은 상대적으로 높은 가격에도 불구하고 우리나라 소비자들에게 시크함의 상징으로 여겨져 꾸준히 성장해온 브랜드들입니다. 페라가모나 알마니와 같은 명품도 마찬가지이지요. 이처럼 브랜드가 지명도를 획득하거나 사회적 의미로 쓰이게 되면 제품의 이용에 따른 만족도가 높아지면서 수요자들은 높은 가격이라도 기꺼이 수용하게 됩니다. 보석, 명품가방, 고급 스포츠카들이 높은 가격에도 불구하고 꾸준히 소비되는 것은 이러한 사치재가 주는 효용이 크다고 느끼는 소비자들이 있기 때문입니다.

　같은 품질의 휘발유 가격도 지역마다 다르며 같은 동네에서조차 다릅니다. 비슷한 시기에 같은 지역에 공급된 휘발유라도 정유회사나 정유소별 운영 규모 등에 따라 가격 차이가 발생할 수도 있습니다. 주유소마다 입지에 따라 지가가 다르고 유통비용도 다르기 때문입니다.

더욱이 국제시장에서 같은 가격으로 공급되는 제품도 각국의 시장 상황과 환율에 따라 가격이 달라집니다. 예를 들어 우리나라의 휘발유 가격은 다른 국가들보다 상대적으로 비싸고 가격의 경직성도 높습니다. 국제원유가의 하락세가 지속되어도 국내 휘발유 값이 많이 내리지 않는 이유는 우리나라 휘발유 가격의 60% 이상이 세금이기 때문입니다. 휘발유, 등유, 경유 등 석유제품에는 개별소비세, 교통세, 교육세, 주행세, 관세, 수입부과금, 부가가치세 등이 부과되고 있지요. 한국석유공사 석유정보센터(2016)에 따르면 2016년 4월 셋째 주 기준 휘발유 소비자 가격 1,361.5원 가운데 정유사 가격은 416.6원으로 31%, 유통비용과 마진 등은 74.7원으로 5%, 세금은 870.1원으로 64%를 차지하고 있습니다.

유류 가격 결정 구조(2016년 4월 3주 기준)

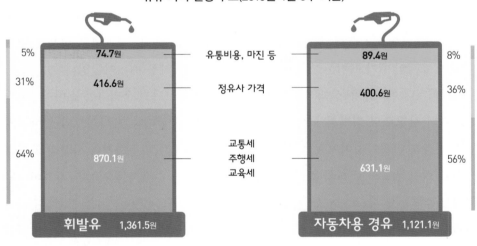

자료: 한국석유공사 석유정보센터

세금이나 정부규제가 가격체계를 왜곡시킨 상황에서는 시장의 수요와 공급이 변화되어도 시장가격이 쉽게 조정되지 못해 수요자가 피해를 볼 수 있습니다. 휘발유 값처럼 소비자는 가격 인하 효과를 충분히 누리지 못하게 되고 정부가 세율을 인상하면 별 수 없이 높은 가격을 지불해야 하기 때문입니다.

시장실패는 왜 일어나나요?

시장은 수요와 공급에 의해 결정된 가격 덕분에 자원배분을 효율적으로 할 수 있습니다. 경제학에서는 수요공급곡선에서 한계비용과 한계수익이 일치할 때 가격과 수량이 결정되는 것을 최적의 효율성이 달성되는 상태라고 봅니다. 시장은 또한 경쟁을 통해서 소비자에게 더 좋은 제품과 서비스를 제공하여 소비자의 가치(후생)를 극대화하지요.

그러나 시장이 완벽한 것은 아니어서 시장실패가 발생할 수 있는데, 시장실패란 시장이 효율적인 자원배분에 실패하는 경우를 가리킵니다. 시장실패의 원인은 외부경제, 공공재, 정보의 비대칭성, 독과점, 정부개입 등 5가지가 대표적이며, 독과점과 정부개입은 별도로 다루고 나머지 3가지 경우만 여기서 살펴봅니다.

외부경제(external economies)란 시장가격이 사회적인 비용이나 편익을 제대로 반영하지 못하는 경우를 가리킵니다. 대표적인 예가 환경오염이지요. 환경오염은 사회적으로 바람직하지 않은 비용이지만 사업자가 여기에 대해 적절한 비용을 부담하지 않는다면 사업자는 사업 이익을 극대화하는 과정에서 환경을 오염시키게 됩니다. 이러한 상황에서는 사적인 비용곡선과 사회적인 비용곡선 간에 괴리가 발생하는데, 이를 '외부불경제(external diseconomies)'라고 부르기도 하지요.

예를 들어 지구온난화는 인류 차원에서의 외부불경제 문제입니다. 우리가 일상

생활에서 탄소 등 온실가스를 배출하는 것은 비용이 들지 않지만, 지구 전체로는 심각한 환경문제가 발생하기 때문에 개인과 사회의 비용이 일치하지 않는 것입니다. 세계 각국은 1997년의 교토의정서(Kyoto Protocol)부터 범세계적으로 이 문제에 대한 해결책을 찾으려고 하였으나 현재까지는 실질적인 진전은 없지요.

공공재(public good)란 여러 사람이 동시에 사용해도 비용이 추가로 발생하지 않는 제품을 가리키는데, 대표적인 예가 국방, 도로, 공원과 같은 것입니다. 예를 들어 공원은 한번 만들어 놓으면 여러 사람이 사용할 수 있으며, 더 사용한다고 해서 크게 비용이 늘어나지 않아요. 이런 상황을 '한계사용비용이 영(zero)'이라고 하며, 이런 제품의 성격을 '비경합성*'이라고 부르기도 합니다. 그런데 이러한 제품은 소비자가 대가를 지불하지 않고 사용하려고 하고 그것이 가능하기 때문에 무임승차의 유인이 생기게 됩니다. 이러한 성질을 가진 제품을 시장에 맡기게 되면 생산업체가 수익을 달성하기가 어렵기 때문에 공급이 충분히 이루어 지지 않게 됩니다. 사회적인 편익이 기업의 편익과 맞지 않아 시장이 제대로 작동되지 않고, 효율적인 자원배분이 되지 않는 것이지요. 이러한 공공재의 성격으로 인해 안보, 치안, 사회간접 자본 등을 시민들에게 제공하는 것이 국가의 가장 기본적인 책임으로 되었습니다. 따라서 공공재는 정부가 생산하여 무상 또는 유상으로 소비자에게 제공하는 것이 효율적입니다. 예를 들면 우리나라에서는 국립공원을 국민들이 무상으로 이용하고 있으나, 유지비 정도를 입장료로 받을 수도 있겠지요.

*비경합성(非競合性, non-rivalry)
여러 사람이 함께 소비해도 경쟁 상태가 되지 않는 공공재의 특징을 말한다. 이에 비해 일반재는 누군가 재화를 소비하면 다른 사람이 사용할 수 없어 경합성이 있다.

공유지의 비극

1968년 하딘Garrett Hardin교수가 발표한 논문의 제목인 '공유지의 비극Tragedy of Commons'은 공유재 혹은 공유 자원을 구성원들이 협조와 타협이 없이 자신의 이익 극대화만을 위해 사용할 경우 공멸하는 상황을 가리킨다. 지하자원, 공동목초지, 수렵장, 어장 등과 같은 공유 자원은 특정인의 사용을 배제하기 어렵고(비배재성), 한 사람의 이용량이 많으면 다른 사람이 이용할 수 있는 양이 감소하는(경합성) 특징을 가지기 때문이다. 하딘이 예로 든 모두가 이용할 수 있는 공동목초지는 각자 개인적 편익을 위해 가축을 과다하게 방목하여 결국 황폐해져 누구도 사용할 수 없게 된다. 이러한 문제를 해결하기 위해 정부가 공유자원 이용에 대한 쿼터를 설정하고, 남획이나 무분별한 채취행위를 방지하거나 공유재에 대한 사적 재산권을 설정하는 방법이 있다. 공유재로 인한 시장실패를 방지하기 위해서는 사적 재산권을 설정하여 시장기능을 활성화하는 것이 가장 적절하다. 또한 정부는 규제보다는 공유재 사용에 참여하는 주체들이 자발적 협의를 통해 합리적 이용을 할 수 있도록 유인을 제공하여 행정력 낭비를 줄이고, 사회적 갈등을 민주주의적으로 해결하는 것이 바람직하다.

　정보의 비대칭성이란 거래당사자 간에 거래 대상에 대한 정보의 차이가 있는 것을 가리킵니다. 중고차 시장을 생각해 봅시다. 차를 사용해오던 사람은 자기 차의 상태를 잘 알지만 구매하려는 사람은 잘 모르므로 여기에 정보의 비대칭성이 있는데, 이럴 때 구매자는 자신을 보호하기 위해서 시장에 참여하기를 주저할 것입니다. 그 결과 시장이 제대로 형성되지 않겠지요. 이런 상황에서 공급자나 중개상이 비대칭성을 완화하기 위한 여러 방안을 제시하여 시장의 불완전성을 보완할 수 있습니다. 예를 들면 중간 상인이나 민간 비영리단체가 정부와 협력해서 '자동차 이력서'와 같은 정보를 제공하여 정보의 비대칭을 완화할 수 있습니다.

　시장실패가 발생한다고 해서 정부가 시장을 대체할 수는 없습니다. 왜냐하면, 정부의 시장개입에도 비용이 발생하고, 비효율적일 수도 있기 때문이지요. 외부성이나 정보의 비대칭성과 같이 시장이 제대로 효율적인 자원배분을 하지 못하는 경우에도 정부가 적극적으로 개입하기보다는 시장 기능을 보완하여 시장에서 해결책을 찾는 것이 가장 바람직합니다.

05 경쟁은 정말 **바람직**한 것인가요?

기업은 이윤을 내야 생존할 수 있습니다. 특히 환경이 급변하는 시장에서는 업계에서 평균 이상의 이윤을 내는 기업만이 생존을 보장받을 수 있습니다. 예를 들어 어떤 시점에 달러 대비 원화의 가치가 계속 상승해 원·달러 환율이 1,100원에서 점차 올라 1,000원이 깨지고 세 자리 숫자가 되었다고 가정해 봅시다. 매출의 거의 전부를 수출 시장에 의존하는 기업이라면 수익성이 점차 악화될 수밖에 없지요. 기업마다 원가경쟁력이 달라, 원·달러 환율이 A기업은 1,050원, B기업은 1,000원, C기업은 950원이 되어도 수익성이 있다고 가정하면, 이를 손익분기환율이라고 부를 수도 있습니다. 환율은 외환시장에서 달러에 대한 수요와 공급에 의해서 결정되기 때문에 모든 기업이 파산할 때까지 환율이 극단으로 가지는 않겠지요. 결과적으로 중간 이상의 가격경쟁력이 있는 기업은 이런 상황에서 살아남을 가능성이 큽니다. 그래서 '업계 평균 이상의 수익성(above-average return)'은 기업의 생존 키워드입니다.

그러면 어떻게 기업이 평균 이상의 수익성을 낼 수 있을까요? 경쟁사가 갖고 있지 못한 우위를 가지고 있어야 합니다. 이러한 경쟁우위(competitive advantages)의 원천은 여러 가지일 수 있는데, 원가나 제품의 차별화, 브랜드 인지도, 공급망관리(SCM)와 같은 뛰어난 운용효율 등이 있습니다. 그러나 다르게 보면 이런 경쟁우위는 모든 기업이 가진 독점적인 역량입니다. 이처럼 기업은 본능적으로 독점의 상태로 가려는 속성이 있습니다. 그러나 경쟁사들은 독점적인 기업이 시장을 독차지하고 산업의 이윤을 다 가져가도록 두지 않고 모방을 하거나, 더 나은 방식으로 경영혁신을 하므로 특정 기업이 구축한 경쟁우위는 대개는 일시적일 수밖에 없습니다. 2007년에 애플이 아이폰을 출시한 후 독점적인 시장 지위를 2015년까지 유지한 것은 아주 예외적입니다. 2016년에 접어들면서 아이폰의 독점력이 조금 약화하는 조짐이 보이기는 하지만요.

어떤 이유로 독점 상태가 지속되면 기업 경영은 쉬워집니다. 고객이나 수요자보다 공급자나 판매자가 유리한 위치에 있기 때문에 가만히 있어도 판매가 이루어지고 심지어는 구매자가 서로 사겠다고 뒷돈을 가지고 오기도 합니다. 따라서 경제의 효율화를 위해서는 시장에서 '유효한 경쟁'이 절대로 필요합니다. 여기서 '유효한'이란 경쟁기업 간에 담합이 있는가를 가리키는 표현입니다. 설령 경쟁사가 여럿 있다고 해도 이들이 담합해서 일정한 가격을 유지하거나 시장을 분할해서 경쟁을 실질적으로 제한하게 되면 이는 경쟁 상태라고 보기 힘들잖아요? 그래서 정부는 공정거래 위원회를 통해서 독과점 사업자의 고가격 책정이나 공급제한과 같은 행위를 감시하는 것입니다. 시장에 따라서는 '자연독점'이라고 해서 산업의 성격상 독점이 불가피한 경우가 있어요. 예를 들면 수도나 전기, 통신과 같은 사업은 규모의 경제와 망(network)의 효과 때문에 한 지역 내에서 한 기업이 사업을 하는 것이 효율적일 수 있습니다. 이럴 때 정부는 사업의 인 · 허가를 통해서 독과점을 인정하되, 이들 독점 사업자의 가격을 통제하거나 지나친 독점 이윤을 얻지 못하게 감시와 규제를 합니다.

이렇게 보면 경쟁은 '구성의 모순'의 성격을 갖게 됩니다. 개별기업이 독점적 우위를 지향하기 때문에 오히려 시장경쟁이 더 치열해 지고, 그 결과 시장경제 전체의 경쟁력은 더 강화되지요. 유효한 경쟁은 경제의 효율성과 혁신성을 유지해 주기 때문에 아름답다고 하지 않을 수 없습니다. 이러한 모순은 개인과 사회에서도 존재합니다. 경쟁은 개인을 피곤하게 하지만, 경쟁이 치열한 사회는 더 빨리 진보하게 됩니다.

따라서 정부가 이른바 '과당경쟁'을 명분으로 시장에 개입하고 경쟁을 저해하는 행위는 오히려 산업의 발전을 가로막고 한계기업을 양산합니다. 경쟁을 규제하는 것은 정부가 담합을 유도하여 시장경제의 발전을 저해하는 것과 마찬가지이지요. 예를 들어 자영업자가 과다한 한국경제에서 정부가 자영업자들의 경쟁을 막고 보호만을 주장하는 것은 결국 자영업자를 죽이는 것과 같습니다. 시장에서의 치열한 경쟁 속에서 경쟁력 없는 자영업자는 도태되고, 경쟁력 있는 자영업자는 더 가게를 키우고 발전하게 해야지요. 정부가 해야 할 일은 경쟁력 없는 자영업자들이 다른 직종이나 직업으로 전환할 수 있도록 유도하는 것입니다. 경쟁은 생산자들에게는 기술과 경영의 혁신으로 한 단계 발전할 기회를 제공합니다. 소비자는 생산자들의 경쟁 덕분에 더 좋은 제품을 더 싼 값에 살 수 있습니다. 시장경쟁은 단기적으로는 부정적으로 보이는 경우도 있지만, 중장기적으로는 사회 구성원 모두가 윈-윈 할 수 있는 기회를 주는 것입니다.

경쟁이 없으면 경쟁력도 사라진다!

1970~80년대 한국경제가 고도성장을 하던 시기에는 많은 상품이 공급부족이었다. 포항제철이 거의 '물건을 배급해 주었던' 시기였고, 당시에는 포철의 가격경쟁력이 워낙 좋았기 때문에 종합상사들은 포철의 해외시장 유통망을 확보하면 수익을 올릴 수 있었다. 이 시기에는 나일론이나 폴리에스터 같은 합섬원료도 만성적인 공급부족 상태여서 합섬회사들이 판매를 한 것이 아니라 배급을 하였다. 그러나 독과점에 익숙한 기업들은 시장이 판매자 주도에서 구매자 주도로 바뀌자 제대로 대응을 하지 못했다. 기업의 체질이 허약해져서 치열한 시장경쟁에 제대로 대처하지 못했기 때문이다. 특히 정부가 독과점을 보장해주는 국유기업(소위 공기업)의 경우에는 더욱 그러하다. 주식시장의 규율이 없이 독과점상태에 있는 공기업은 경영이 방만하고 매우 비효율적이다. 누구든지 편한 것을 원하는 경향이 있으므로 거의 예외가 없다. 과거 소련식 중앙통제경제와 시장경제의 가장 큰 차이는 바로 '시장경쟁'에 있었다. 통제경제에서는 기업에 할당된 생산목표의 달성이 업적평가의 기준이기 때문에 사회주의 기업은 효율성에는 관심이 없고 원자재나 노동력 투입량과 관계없이 생산목표만을 달성하려고 했다. 또한, 사회주의 경제에서는 기술혁신이나 경영혁신을 할 인센티브가 없다. 그 결과 엄청난 재고와 낭비로 인해서 통제경제체제는 붕괴하였다. 이처럼 유효한 경쟁이 없는 경제는 엄청난 비효율과 혁신의 부재로 인해서 경쟁력을 잃게 된다.

06 자연스럽게 생기는 독과점도 나쁜가요?

산업의 특성에 따라 독과점이 자연스럽게 또는 불가피하게 생긴 경우가 있습니다. 첫 번째는 규모의 경제 때문에 독과점이 발생할 수 있습니다. 규모의 경제란 생산 규모가 증가함에 따라서 단위당 생산단가가 낮아지는 현상을 가리킵니다. 규모의 경제는 많은 산업에서 발생하지만, 대체로는 자본집약적인 중화학공업에서 주로 나타나는 현상이지요. 예를 들어 자동차산업은 과거에 연산 30만 대 규모는 되어야 가격경쟁력이 있다고 했는데, 이 말은 공장의 규모가 30만 대까지는 원가가 계속 낮아지다가 30만 대부터는 원가가 비슷해진다는 말입니다. 만약 국내시장이 작고 시장이 보호되어 있어 A라는 회사가 먼저 이런 규모의 경제를 달성하게 되면 다른 회사는 진입이 어려우므로 자연독점이 됩니다.

한국에서 자동차가 처음 생산되기 시작한 1975년경, 국내시장 규모가 30만 대에 못 미쳐 정부가 수입제한조치를 하지 않았다면 당시 현대자동차는 성장하지 못했을 것입니다. 이제는 2014년 기준으로 국내 자동차 수요가 150만 대에 달하여 여러 개의 30만 대 공장을 지탱할 수 있는 규모가 되었습니다. 2014년에 한국은 약 600만 대의 자동차를 생산해 그중 3/4인 450만 대를 수출했습니다.

두 번째로 자연독점은 망(network)의 효과 때문에 발생합니다. 전화와 같은 통신망은 가입자가 많을수록 효용이 높아지지요. 만약 전화망 간에 호환성이 없다면 소비자의 효용은 가입자가 100만 명인 망보다 1,000만 명인 망에 가입하는 경우 훨씬 클 것입니다. 국내 이동전화시장은 현재 SK, KT, LG 등 3사의 과점상태인데, 먼저 가입자를 많이 확보한 SK텔레콤의 시장점유율을 다른 사업자가 좀처럼 깨지 못하고 있습니다. 정부는 더 공정한 경쟁을 유도하기 위해서 가입자가 회사를 바꾸어도 전화번호를 그대로 유지할 수 있게 해 주는 번호이동제를 시행했지만, 가입자는 회사를 바꿀 특별한 인센티브가 없으면 현상유지를 하는 경향을 보이지요.

세 번째로 독점은 특허 때문에도 발생합니다. 특허는 발명과 기술혁신을 촉진하기 위해서 정부가 만들어 놓은 인위적인 독점제도입니다. 지식은 한 번 이용한다고 없어지는 것이 아닌 소위 공공재의 성격을 가지고 있으므로 지식의 한계사용비용은 0에 가까우며(비경합성), 이런 공공재는 여러 사용자에게 무료로 제공되는 것이 사회 전체의 후생을 위해서도 좋습니다(비배재성). 그러나 그렇게 했을 경우에 개인이나 기업이 발명이나 신제품 개발을 열심히 할 인센티브가 약화됩니다. 특히 기업의 연구개발(R&D)은 불확실성은 크고 비용은 많이 들기 때문에 어느 정도의 시장이 확보되지 않으면 기업들이 투자를 주저하게 됩니다. 대표적인 산업이 제약업이지요. 신약 개발은 특히 임상시험과 안전성 보장에 비용과 시간이 워낙 많이 소요되기 때문에 웬만큼 큰 제약회사도 커다란 부담을 느낍니다. 신약에 대해서 15년이나 20년의 특허 기간을 인정해 주지 않으면 제약산업의 신약개발이 크게 둔화할 가능성이 큽니다. 특허는 정부가 혁신을 촉진하기 위해서 발명자에게 '모방자 배제'의 독점권을 주는 것입니다. 이처럼 특허제도는 기술개발을 촉진하는 효과도 있지만, 동시에 기술의 확산을 저해하는 부작용도 있지요.

특허는 경제개발 문제와도 관련됩니다. 후발 산업화의 이점은 이미 개발된 기술을 큰 비용 없이 모방하거나 활용하는 데서 나오기 때문에 후발 기업은 큰 비용 없이 기술을 사용하고 싶어 할 것입니다. 그러나 선진국이나 선진 기업의 입장에서는 지식기반의 우위가 가장 중요한 경쟁우위가 되고 수익의 원천이 됩니다. 그래서

> **독점적 경쟁시장과 상품 차별화**
>
> 현실경제에 완전경쟁시장이 없듯이 완전독점시장도 드물다. 완전경쟁과 독점의 중간 형태인 독점적 경쟁시장이 아마 우리 생활에서 가장 흔하게 존재하는 시장형태일 것이다. 독점적 경쟁시장은 공급자들이 조금씩 다른 차별화된 제품을 판매한다는 점에서 완전경쟁시장과 다르고, 다수의 공급자가 있지만 시장 전체보다 지배력이 작아 독점과 다르다. 독점적 경쟁 시장에서 각 공급자의 상품들은 서로 대체재의 성격도 갖고 있다. 예를 들어 미용실, 식당, 병원 등은 공급자의 수가 많은 것은 완전경쟁시장과 닮았지만, 상품 차별화로 인하여 특정 소비자에게는 독점시장의 특성이 있다. 따라서 독점적 경쟁시장에서 기업들은 가격경쟁 이외에도 차별화된 상품의 특성을 강조하면서 경쟁한다. 독점적 경쟁시장에서 기업들은 단기적으로 독점처럼 행동할 수 있지만, 장기적으로 다른 기업들이 시장에 진입하기 때문에 완전경쟁에 가까워져 독점적인 지위를 누릴 수 없게 된다.

다자간 무역협상이나 FTA 협상에서 지식재산권(IPR)은 항상 중요한 쟁점이지요.

독점은 생산자의 관점에서 보면 효율적일 수 있지만, 소비자들은 독점으로 인해 높은 가격을 지급해야 할 수도 있습니다. 특히 자연독점은 일반 독점과 달리 시장진입이 매우 어려우므로 경쟁정책을 사용하기가 쉽지 않아요. 그래서 정부는 자연독점 기업을 규제하거나 직접 해당 산업에서 공기업을 가지게 되는 것이지요. 물론 수요자가 늘면 자연독점도 좀 더 경쟁적인 시장이 될 수도 있습니다.

규모의 경제나 망의 효과로 인하여 독과점 현상이 자연스럽게 생겨날 수 있지만, 정부는 그런 상황에도 항상 감시의 눈을 게을리하지 않습니다. 예를 들면 여러 정부의 공정거래 당국은 마이크로소프트 오피스나 구글의 안드로이드와 같은 소프트웨어의 시장독점에 대해서도 계속 감시하고 문제를 제기하고 있습니다. 분명한 점 한 가지는 기업은 독점상태를 만들려고 하고, 정부는 계속해서 이를 감시하고 규율하며 때로는 해체하려고 한다는 것입니다.

07 금리가 경제에 미치는 **영향은** 무엇인가요?

    이자는 일정 기간 돈을 빌려 쓴 것에 대한 대가로 지급되는 돈의 가격입니다. 다른 상품들과 마찬가지로 이자율 또는 금리는 금융시장에서 자금에 대한 수요와 공급이 일치하는 점에서 결정됩니다. 이자율은 현재의 소비를 희생하고 저축하는 돈에 지급하는 값이기 때문에 보통 0%보다 높겠지요. 일반적으로 명목이자율은 플러스이지만 물가를 고려한 실질이자율은 마이너스일 수도 있습니다. 예를 들어 명목이자율이 3%라도 물가상승률이 4%라면 실질이자율은 -1%가 되어 돈을 빌려주는 것에 대해 벌금을 부과하는 것과 같은 효과가 있습니다.

    사실 현실에서 실질금리(실질이자율)를 정확하게 계산하는 것은 불가능하기 때문에 미국의 경제학자 어빙 피셔의 이론에 따라 피셔방정식(실질이자율 = 명목이자율 - 인플레이션(혹은 예상인플레이션율))을 이용한 근사치를 실질이자율로 가정합니다. 예를 들어 실질금리가 3%, 인플레이션 예상치가 7%인 경우 명목금리는 10%가 되는 것이지요. 명목금리의 격차는 인플레이션 예상치의 차이라는 피셔효과는 환율 예측에서 많이 이용되기도 합니다. 피셔효과의 정책적 의미는 인플레이션 기대심리를 자극하지 않는 범위 내에서 통화를 신축적으로 운용해야 실질금리의 하락을 통한 시중 명목금리의 하락을 가져올 수 있다는 것입니다. 명목금리의 조정만으로 효과적인 통화정책이 불가능하다는 것이지요.

    경제주체들이 물가가 오를 것으로 예상하면 돈을 빌려주는 사람은 같은 금액의 이자를 받는다 하더라도 실질가치가 떨어지므로 더 높은 이자를 요구하게 되어 금리는 상승하게 됩니다. 돈을 빌리려는 수요가 공급보다 많으면 금리는 상승하고 돈을 빌려주려는 공급이 수요보다 많으면 금리는 하락합니다. 일반적으로 금리는 빌리는 사람의 신용과 돈을 빌리는 기간 등에 따라 달라져서 빌려준 돈을 못 받을 위험이 크고 빌리는 기간이 길어질수록 금리는 높아지겠지요. 금리는 과열된 경기를 진정시키거나 침체한 경기를 부양시키는 통화정책의 핵심수단입니다. 금리가 너무 큰 폭으로 자주 변하면 불확실성이 커져 기업과 가계가 의사결정을 하기가 어렵습니다.

기업에서 금리는 투자자금의 조달비용(자본비용)이기 때문에 금리가 상승하면 부담이 커져 투자를 줄이게 되고, 이는 경기침체를 일으킬 수 있습니다. 또한, 자본비용이 상품의 생산원가에 포함되기 때문에 금리가 높아지는 경우 제품가격이 오르는 요인이 될 수도 있지요. 금리가 높아지면 경기는 침체하고 소비가 줄어 총수요가 감소하면서 물가가 하락합니다. 가계의 경우 금리가 높아지면 저축에 대한 금리도 높아지므로 저축을 늘리고 소비를 줄이게 되는 경향이 있지요.

금리는 국가 간 자본이동에도 영향을 미칩니다. 환율 변화를 고려할 때 우리나라의 금리가 외국보다 높으면 국내로 자금이 유입되고, 반대의 경우 해외로 돈이 빠져나갑니다. 미국의 금리 인상에 신흥국 및 다른 국가들이 민감한 이유는 바로 이 때문입니다.

지속적인 저금리는 투자와 소비를 확대해 경기활성화에 도움이 될 수도 있지만, 경제 전체에 자산거품을 초래할 수도 있습니다. 금리가 너무 낮으면 부동산시장이나 주식시장에 대규모 자본이 유입되어 부동산이나 증권경기가 과열되고 기업과 가계는 과도한 부채를 지면서도 자산취득을 원하게 됩니다.

금리가 낮다고 무조건 경기가 살아나는 것도 아니지요. 현재 세계경제가 저금리 상황에 있지만, 침체가 지속되고 있습니다. 일본 중앙은행은 1991년 거품 붕괴 이래 지속하고 있던 장기불황을 타개하기 위해 1991년 제로금리정책을 도입하였지만, 경기를 활성화하지 못했지요. 제로금리정책이란 기업의 투자 확대와 개인의 주식투자,

미국의 서브프라임 모기지 사태subprime mortgage crisis는 저금리정책의 위험성을 극명하게 보여주었다. 서브프라임 모기지란 신용도가 낮은 사람들을 대상으로 하는 고금리 주택담보 대출이다. 미연방준비은행은 2000년대 초반, IT 거품 붕괴와 9·11테러 등으로 인해 경기가 침체하자 경기활성화를 위해 2001년 12월 기준금리를 1.75%로 인하하고 2004년 하반기까지 1% 대 저금리를 유지했다. 주택담보대출금리가 인하되면서 사람들은 빚을 얻어 집을 사기 시작하고 주택가격은 상승하기 시작했다. 대출상환능력이 부족한 저소득층에 대한 서브프라임 모기지대 출은 급증하였다. 그러나 2004년 하반기 이후 연준의 정책금리가 5.25%까지 인상되자 모기지 금리도 상승하고 주택가격도 하락하기 시작했다. 집값 하락과 금리상승으로 이자 부담이 커지자 2006년부터 저소득층의 대출연체율이 증가하였다. 담보가치 하락으로 인해 서브프라임 모기지 론을 구매한 금융기관들은 대출금 회수불능사태에 빠지고 대형 금융사와 증권회사들의 파산이 이어졌다. 미국의 서브프라임 모기지 사태는 결국 2008년 글로벌 금융위기로 확대되었다.

소비 촉진을 위해 실질금리를 거의 0%에 가깝게 인하하는 것입니다. 이론적으로 주가와 금리는 반대로 움직이기 때문에 금리가 내려가면 주가가 상승합니다. 제로 금리를 도입하면 주식투자가 증가하고 기업은 은행에서 대출받아 투자를 늘려야 하지요. 그러나 일본에서는 제로금리정책에도 불구하고 기업의 투자가 늘지 않았고, 가계는 오히려 은행에 저축하는 현상이 벌어졌습니다.

  마이너스 금리정책조차도 실질적인 경기활성화에 크게 기여하지 못한 것으로 평가되고 있습니다. 물가가 계속 하락하고 수익률과 위험을 예측하기 힘든 상황에서 마이너스 금리정책 자체가 경제위기에 대한 하나의 신호가 되기 때문입니다. 경제주체들의 불안감이 높아지면서 가계는 소비를 줄이고 저축을 늘리며, 기업은 투자를 주저하게 되지요. 마이너스 금리로 인해 예대마진이 떨어진 은행은 수익성 악화로 인해 대출을 줄일 수도 있습니다. 실제 유럽중앙은행과 일본은행의 마이너스 금리 정책은 경기부양과 물가상승 효과가 거의 없는 것으로 보입니다. 마이너스 금리를 도입한 덴마크의 경우에는 고정환율은 유지하였지만, 자산가격이 급상승했지요. 경제정책수단으로서의 금리의 역할에 대한 의구심이 갈수록 높아지고 있습니다.

우리나라 **집값은 왜** 높은가요?

과거에 우리나라 사람들에게 주택은 단순한 주거공간이 아니라 재산의 증식수단이었습니다. 따라서 많은 사람이 빚을 얻어서라도 주택 구입을 원했고, 주택은 주요한 대출담보수단도 되었지요. 내 집 마련에 대한 꿈과 개발연대 동안 형성된 부동산 불패신화로 인해 주택가격은 지속해서 높아져 왔습니다. 그러나 저성장과 저물가 시대로 접어들면서 부동산 가격이 계속 상승한다는 통념이 깨지고 있으며, "부동산 불패"라는 말도 이제는 진실이 아닌 것 같습니다. 많은 사람이 집을 사기보다는 전세나 월세로 돌아서는 경향을 보이면서 지금은 오히려 부동산 가격이 너무 하락하지 않나 하는 우려도 제기되고 있지요. 집값이 너무 올라도 문제이지만, 너무 내려도 많은 문제가 발생합니다.

주택은 건설하는데 시간이 걸리기 때문에 단기간에 유연하고 신속하게 공급을 조정하기 어렵습니다. 특히 주택은 내수경기 활성화와 국민의 주거안정을 위한 정부의 주요 정책대상 중의 하나이기 때문에 주택가격은 다른 제품이나 서비스의 가격보다 더 복잡한 요인들에 의해 결정됩니다.

주택가격은 기본적으로 주택시장에서의 수요와 공급이 만나는 점에서 결정되지만, 가격에 영향을 주는 요인들은 건축 원가나 토지가격뿐만 아니라 금리, GDP, 지역의 실업률이나 고용수준, 학군이나 학원 등 교육여건, 교통·치안을 포함한 생활인프라 등 다양합니다. 또한, 주택가격은 경기상황이나 인플레이션 등 국내경제 상황뿐만 아니라, 2008년 세계금융위기와 같은 해외의 부정적 충격에도 영향을 받습니다.

개인이나 가계 등 경제주체들이 미래의 주택가격이 상승할 것으로 기대하면 현재의 주택가격이 급상승할 수도 있습니다. 특히 한국은 수시로 정부가 주택시장에 개입하므로 정부의 각종 규제 및 정책이 주택시장의 수요와 공급에 큰 영향을 줍니다. 예를 들어 주택담보대출규제는 정부의 대표적인 수요조절정책수단으로, 정책당국은 주택경기 활성화를 위해서는 대출규제를 완화하고, 주택시장 경기억제를 위해서는 대출규제를 강화하지요.

정부가 일으킨 주택시장 왜곡

정부의 잘못된 시장개입은 주택가격을 상승시킬 수 있다. 우리나라의 경우 그동안 정부는 투기적 수요가 주택가격을 높인다고 생각하여 수요억제정책과 가격규제정책을 추진하였다. 그러나 주택시장에 대한 과도한 정부개입과 부적절한 규제가 투기를 조장하면서 주택시장의 자율성을 저하시켰다. 투기를 억제한다는 명분으로 강화된 양도소득세는 시장공급을 위축시켜 가격급등을 초래하고, 주거비용을 높여 서민들의 내 집 마련을 어렵게 하였다. 아파트를 추첨에 의해 나누어 주는 청약제도의 빈번한 변경도 탈법과 위법행위를 조장하였다. 분양가격규제 역시 여러 가지로 시장을 왜곡시켰다. 건설사들은 낮은 분양가 때문에 건축비를 낮춰야만 했고, 이는 주택의 질을 저하시키고 주택공급의 감소를 초래하면서 건설사들의 재무구조를 악화시켰다. 분양가격 규제로 인한 주택공급의 감소는 오히려 주택가격의 상승압력을 가중시켜 결과적으로 주택가격을 상승시켰다. 특히 시장가격보다 낮은 규제가격은 분양을 받으면 차익을 얻기 때문에 투기적 수요를 유발하며 오히려 경쟁을 과열시킨다. 주택시장의 정상화를 위해서 정부는 토지이용 규제 및 주택시장규제들을 철폐하고, 부동산 보유세, 거래세, 양도소득세 등 부동산세제도 합리적으로 개편해야 한다.

한 나라의 주택가격의 수준을 획일적으로 높거나 낮다고 판단하는 것은 사실상 불가능합니다. 한 국가 내에서뿐만 아니라 같은 도시 내에서도 주택가격은 천차만별이며, 같은 평수의 주택이라도 아파트냐 단독주택이냐에 따라 가격이 다릅니다.

같은 동네에 있는 주택들도 지하철역이나 버스정류장에 얼마나 가까운지에 따라서 가격이 달라지기도 하지요.

한국의 경우 높은 교육열로 인해 좋은 학원이 밀집되어 있고 좋은 학군에 있는 아파트의 가격이 매우 높습니다. 대표적인 지역이 대치동이나 목동이지요. 우리가 일반적으로 주택가격이 높다고 생각하는 것은 서울 특히 강남지역의 아파트 가격을 기준으로 생각하기 때문입니다. 실제 농촌에 가면 버려진 주택도 많고 가격도 매우 쌉니다. 따라서 한국의 주택가격이 모두 높은 것이 아니라 특정 지역의 아파트 가격이 유달리 높은 것입니다.

빠른 속도로 진행되는 고령화와 인구감소, 베이비붐 세대의 은퇴 등으로 인해 주택가격은 장기적으로 안정세를 유지하면서 과거 개발연대와 달리 주택가격이 급등할 것 같지는 않아 보입니다. 그러나 부동산이나 주택, 상가의 가격을 결정하는 요소는 세 가지라는 말이 있습니다. "하나는 입지이고, 둘은 입지이고, 셋은 입지"라는 농담이지요. 좋은 입지에 있는 부동산은 경기가 침체하더라도 일정한 가치를 계속 유지하는 경향이 강합니다.

사실 어떤 나라에서도 모든 사람이 소득과 상관없이 주택을 소유하는 것은 현실적으로 불가능합니다. 모두가 주택 소유자가 되는 것은 정치인들의 포퓰리즘 구호이거나 공산주의 국가처럼 국가가 질이 떨어지는 공동주택을 배분하는 경우에만 가능합니다. 수요자들은 자신들의 소득에 맞춰 주택시장에서 적절한 주거공간을 구매하고, 건설사들은 소비자들의 수요에 맞는 공급으로 이윤을 얻을 수 있도록 자유롭게 제품을 차별화하면 되지요. 정부는 주택을 사기 어려운 저소득층에게 양질의 주거공간을 임대주택의 형태로 제공하는 역할을 담당하고, 주택매매시장에서는 시장의 수급원리에 따라 주택가격이 형성되고 거래되는 것이 바람직합니다.

정부가 가격이나 수량을 규제하면 소비자들에게 도움이 되나요?

정부가 시장에 개입하는 가장 흔한 방법이 가격규제와 수량규제입니다. 가격규제는 독과점 가격규제, 인플레이션 억제, 소득재분배 등 다양한 목적을 가집니다. 정부는 서민생활 안정을 명분으로 버스요금이나 생필품 가격 상승을 억제하고 아파트 가격 상한제 등 가격상한을 도입하거나 최저임금제와 같은 가격하한제를 선택하기도 합니다. 한편 수량규제는 제품이나 서비스의 공급량을 할당하는 것으로, 택시면허나 전문직종 등 각종 면허규제와 정부의 대학 및 대학 정원제 등이 대표적인 예입니다. 가격규제나 수량규제는 정부가 직접 시장의 작동을 통제하기 때문에 시장의 원활한 운영을 저해하여 효율성을 저하하고 많은 왜곡을 유발합니다.

정부가 시장가격보다 낮은 가격을 설정하는 가격상한제는 단기적으로 가격상승을 인위적으로 억제하는 효과는 있지만, 장기적으로는 가격급등과 공급위축, 기업경쟁력 약화 등의 부작용을 초래합니다. 가격이 균형가격 아래에서 유지되기 때문에 균형거래량보다 수요량은 초과하고 공급량은 부족하게 됩니다. 시장보다 낮은 가격을 강요받는 기업은 적정 수준의 이윤을 얻지 못하기 때문에 투자와 생산을 줄이고 R&D 투자 등 장기적 투자도 꺼립니다. 기업이 공급을 줄이므로 시장에서는 초과수요가 발생하면서 지속해서 가격상승 압력이 발생하게 되겠지요. 또한 과도한 가격규제는 암시장을 확대시킵니다. 공급부족에 시달리는 소비자들은 조금 더 높은 가격으로라도 필요한 물건을 사기 위해 암시장을 찾고, 제 가격을 못 받는 공급자들이나 거래차익을 얻고자 하는 사람들은 좀 더 높은 이득을 얻기 위해 암시장에 물건을 내놓게 되는 것이지요.

가격상한규제는 소비자들의 후생도 감소시킵니다. 규제로 인해 이윤을 확보하지 못하는 기업들은 이익을 얻기 위해 품질 및 서비스의 수준을 낮춥니다. 예를 들어 짜장면 가격을 규제하면 식당 주인은 더 저렴한 식재료를 사용하거나 음식량을 줄이면서 수익을 유지하려고 하겠지요. 택시요금 상승을 억제하면 택시서비스의 질은 낮아지고, 수입을 늘리기 위해 과속운행의 위험이 증가할 것입니다.

시장가격보다 높은 가격을 책정하는 가격하한제는 물건을 판매한 사람들에게 더 높은 이익을 주지만, 지속적인 공급과잉의 문제를 발생시킵니다. 시장가격이 1,000원인 물건을 정부가 1,200원으로 규제하면 수요량은 줄고 공급량은 초과하게 됩니다. 대표적인 가격하한제인 최저임금제는 저소득층의 소득을 보장해 주는 것이 아니

최고 2억원에 가까운 개인택시 면허가격 … 증차 막아 독점영업 보장한 규제의 대가

한국경제신문 2015년 7월 11일자

라 저소득층의 일자리를 오히려 줄어들게 합니다.

　수량규제는 시장에서의 경쟁을 제한하고 진입장벽을 만들며 경제주체들의 지대추구행위를 유발합니다. 대표적인 예가 개인택시 면허시장이지요. 정부가 개인택시면허를 시장수요보다 적게 발급하여 수량을 규제하기 때문에 면허의 신규 취득이 어렵습니다. 그래서 개인택시 사업자가 되려면 기존 개인택시 사업자로부터 면허를 사야 합니다. 따라서 개인택시 면허가격이 상승하면서 면허소지자들은 높은 '번호판값'을 받는 지대추구를 하고 면허거래를 위한 암시장까지 생기게 됩니다.

　또한, 수량규제로 인해 소비자들은 다양한 서비스를 누릴 수 없고, 서비스 가격은 높아지게 됩니다. 과거 변호사 정원이 매우 제한적일 때에는 변호사 서비스의 가격이 매우 높았지만, 정원이 확대되면서 서비스 가격도 낮아지고 변호사 간 경쟁에 따라 서비스의 질도 높아졌습니다. 투명한 법치주의 사회가 아닌 경우 정부에 의한 수량규제는 규제로 혜택을 보는 이익집단과 관료의 연계를 강화하여 매우 강력한 로비 세력을 만들기도 합니다. 그런 상황에서 규제를 철폐하는 것은 아주 어려워지지요.

　정부의 가격규제나 수량규제는 공공성의 실현이나 과당경쟁의 방지를 목표로 표방하는 경우가 많지만, 이러한 목표 자체가 잘못된 경우도 많습니다. 공공성은 사회 전반에 보편적인 영향을 미치는 성격을 의미하는 것이지 정부 자체가 공공성을 대표하는 것은 아닙니다. 관료들에 의해 자의적으로 결정된 '공공성'이 과연 올바른지에 대해 근본적으로 생각해야 합니다. 시장경제에서 가장 공공성을 가지는 것은 '시장'이고 시장경제의 운영을 방해하는 행위야말로 공공성을 해치는 것일 수 있지요. 또한 경쟁은 활발할수록 좋은데 경쟁을 막는다는 목표도 시장경제에 부합하는 것은 아니지요. 그래서 정부에 의한 가격규제나 수량규제는 의도한 목적과 상관없이 경제주체들이 잘못된 선택을 하도록 유도하고 자원배분의 효율성을 저해하며 시장왜곡을 초래합니다. 정부의 과도한 시장개입은 암시장과 부정부패를 초래할 우려가 크기 때문에 시장질서의 정립과 투명한 거래질서의 확립을 위해 최소화되어야 합니다.

10 지하경제는 왜 생기고, 무엇이 문제인가요?

지하경제는 소득 포착과 과세가 불가능하여 국가의 GDP에 반영되지 못하는 모든 경제활동을 의미합니다. 지하경제는 대개 현금거래로 이루어지며 밀수, 마약 거래, 무기 밀매, 매춘 등 불법행위와 조세나 규제를 피하기 위한 소득 탈루 및 위장계약 등 다양한 행위를 포함합니다. 소득 금액이나 생산규모가 매우 작아 공식적인 등록을 강제하지 않거나, 효율적 법 집행을 위해 미등록을 허용해 주는 경우도 지하경제가 됩니다. 예를 들면 과거 조세기반이 취약했던 시기의 노점상, 아르바이트, 유흥음식점 종업원 등의 소득과 가내수공업 생산·판매 등이 이에 해당하지요. 의료보험이 적용되지 않는 치과 치료나 각종 서비스 업종에서 카드결제보다 현금결제를 하면 큰 폭의 할인을 해 줄 때도 지하경제는 확대됩니다. 현금거래를 원하는 이유는 대개 매출을 숨겨 세금을 줄이기 위해서지요.

지하경제가 존재하는 이유는 다양합니다. 규제로 인해 민간 기업의 활동이 어려운 곳에서 지하경제는 생존의 수단입니다. 대표적 예가 사적 소유권을 인정하지 않는 사회주의 국가에서의 광범위한 암시장의 존재입니다. 과거 경제개발 시대에 제도권 금융이 제약되어 있어 사채시장이 확산되었던 것도 하나의 예가 되지요. 실제 동유럽 국가에는 과거 사회주의경제의 유산이 남아 있어 EU에 편입된 동유럽 국가들의 경우에도 여전히 지하경제 비중이 높지요. 우리나라처럼 자영업자 비중이 높은 터키도 지하경제의 비중이 매우 높은 편입니다.

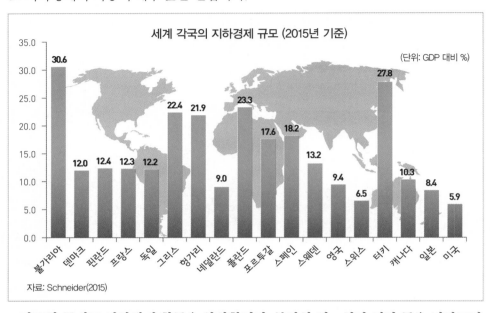

세계 각국의 지하경제 규모 (2015년 기준)

(단위: GDP 대비 %)

자료: Schneider(2015)

　　과도한 규제도 지하경제 활동을 양산합니다. 복잡한 인·허가 절차 등을 피하고자 무허가 영업을 하거나 최저임금제 등 노동법을 준수하지 않기 위해 불법 노동자를 고용하는 것 등도 지하경제에 포함되지요. 기업은 가능한 한 비용을 최소화하고 이를 위해 각종 정부규제를 피하고자 하는 유인을 가집니다. 예를 들어 기업은 환경, 안전, 소비자보호 등 제반 규제를 우회하기 위해 등록하지 않고 사업을 영위하거나, 등록한 경우에도 기업정보를 허위로 보고할 수도 있지요. 따라서 규제 강도가 강할수록 이를 회피할 유인은 더 커집니다. 정부규제가 심하고 조세부담이 무거우며 공공서비스가 낮은 국가의 경우 지하경제의 규모가 큽니다. 소득을 과소 신고하면 세금을 적게 낼 수 있고 사회적 지원을 더 많이 받을 수 있으므로 소득세율이 높을수록 지하경제 규모가 커지는 경향도 있습니다.

　　지하경제에서의 가격 결정도 일반 시장경제에서와 마찬가지로 수요와 공급에 의해 결정됩니다. 지하경제에서 제품의 가격은 공급자가 생산비나 세금을 제대로 내지 않기 때문에 합법적인 시장가격보다 더 쌀 수 있습니다. 그러나 얻거나 만드는 것이 어려운 제품들이나 법적으로 이용하기가 쉽지 않은 마약이나 무기, 신체장기 등의 지하경제 가격은 합법적 가격보다 훨씬 높을 것입니다.

지하경제의 비중이 너무 크면 부패가 만연해질 수 있습니다. 보통의 경제주체들은 법과 규제를 준수하기 위해 다양한 비용을 지급하는 데 반해 지하경제에서는 이러한 비용 지불 없이 같은 사업을 할 경우 제도권 경제에서 활동하는 것이 지하경제에서 활동하는 것보다 불리해지지요. 지하경제가 존재하면 제도권 경제에서 활동하는 사람들은 과도한 세금을 부담해야 하고 지하경제에서 활동하는 사람들은 자신들이 누리는 공공혜택에 비해 과소하게 세금을 부담합니다. 규제로 인한 비용과 공공서비스 이용에 따르는 비용을 회피할 수 있다면 보통의 기업도 세무나 규제 담당 공무원을 매수하여 비용을 절감할 유인을 갖게 됩니다. 과도한 지하경제는 부패와 함께 세수 부족, 재정악화, 형평성 저하, 공식부문의 비효율성 증가 등을 초래하면서 지하경제를 더욱 확대하는 악순환을 유발할 수도 있습니다.

우리나라 지하경제의 규모와 양성화 방안

지하경제는 숨은 경제활동이기 때문에 정확한 규모를 추정하기가 쉽지 않다. 대체로 선진국일수록 지하경제의 비중이 작다. 분석 방법에 따라 차이가 있지만, 우리나라의 지하경제 규모는 GDP의 20~30%로 추정된다. 우리나라의 지하경제 규모가 큰 이유는 자영업자 비중이 높고, 고소득 자영업자의 소득탈루가 많기 때문이다. 그동안 금융실명제, 부동산실명제, 신용카드 활성화, 현금영수증제도 등 지하경제의 양성화를 위한 많은 정책이 시행됐지만 여전히 지하경제의 규모가 큰 편이다. 지하경제를 양성화하기 위한 무리한 징세행정은 기업의 활동만 위축시키고 세금을 부과했다가 이의신청 혹은 행정소송 등 불복절차를 통해 되돌려 주는 환급만 증가시킬 수 있다. 지하경제 양성화를 위해서는 불필요하거나 과도한 규제들을 완화해서 지하경제 활동을 제도권 경제로 유인해야 한다. 국민이 세금이 공평하고 합리적으로 사용되고 있음을 확신할 수 있도록 정부 활동의 투명성을 높이는 것도 필요하다. 공공서비스의 질을 높이고 사회 인프라를 완비하여 공식부문에서의 활동이 많은 혜택을 받도록 해야 한다. 불가피한 최저한의 규제만을 유지하면서 법질서와 재산권을 확립하는 것이 무엇보다 중요하다.

정부가 발표하는 물가와 국민들이 느끼는 체감물가는 왜 다른가요?

한국은행이나 정부가 발표하는 물가는 다양한 제품과 서비스의 개별 가격에 중요성에 따라 가중치를 주고 이를 종합하여 평균한 값입니다. 정책당국은 적절한 경기안정화정책을 실행하기 위해 다양한 물가지수를 작성하여 경기를 판단하는 주요 지표로 활용하지요. 이처럼 물가는 국가경제를 구성하는 전체 제품과 서비스의 가격을 반영하는 것이기 때문에 개인이 느끼는 체감물가와는 다를 수 있습니다.

체감물가는 개인이 느끼는 주관적인 물가수준이기 때문에 당연히 자신이 소비하는 제품이나 서비스의 종류에 따라 달라집니다. 가정주부는 시장에서 사는 식료품이나 채소의 가격, 직장인은 교통비나 휘발유 가격, 점심값이나 커피값, 대학생은 학생식당의 밥값과 등록금 등으로 물가수준을 느낍니다. 또한, 사람들은 저마다 소비하는 제품들 가운데 적게 오르거나 하락한 품목보다 많이 오른 품목을 중심으로 물가변동을 생각하는 경향이 있어 전반적으로 물가가 낮아도 부동산 가격이나 주식 가격이 급등하면 심리적으로 물가가 상당히 높다고 생각합니다.

물가지수를 작성하는 방법의 한계로 인해 공식적으로 발표되는 물가와 체감물가의 차이가 발생하기도 합니다. 한국은행은 매년 물가지수를 구성하는 품목과 가중치를 변경하고 있지만 일상생활의 소비가 급격하게 바뀔 경우 이를 제때에 반영하지 못할 수도 있습니다. 예를 들어 가계의 소비지출 중에서 문화오락비가 급증했는데,

공식 물가지수가 이러한 변화를 반영하지 못한다면 체감물가와 정부 발표 물가지수 사이에 괴리가 발생할 것입니다.

물가수준을 나타내는 물가지수

대표적인 물가지수로는 소비자물가지수와 생산자물가지수가 있다. 소비자물가지수는 소비자가 사는 상품이나 서비스의 거래가격을 조사하여 가계의 평균 생계비나 구매력의 변화를 측정하기 위해 사용된다. 생산자물가지수는 국내에서 생산된 상품, 운수, 통신, 금융, 부동산 등 기업서비스의 국내시장에서의 기업간 거래가격의 변동을 측정한 것이다. 가장 포괄적인 지수는 GDP 디플레이터로 명목 GDP를 실질 GDP로 나눈 값이며 소비자물가지수, 생산자물가지수, 수출입물가지수, 임금, 환율 등 각종 가격지수를 반영한다. 소비자들의 장바구니 물가에 가장 가까운 생활물가지수는 두부 · 라면 · 돼지고기 · 쌀 · 닭고기 등 실생활에서 자주 사는 품목과 기본생필품을 대상으로 작성된다. 신선식품지수는 생선류, 채소류, 과실류 등과 같이 기상조건, 계절 등에 따라 가격변동이 큰 품목을 대상으로 산출한다. 근원인플레이션core inflation은 농산물과 휘발유, 등유, 경유 등 석유류 품목들을 제외한 품목들의 가격변동을 보여준다. 그 외에도 수출입상품의 계약가격 변동을 조사한 수출입물가지수, 농가가 생산한 농산물의 판매가격과 농가의 영농 및 소비생활에 필요한 제품이나 서비스의 구매가격을 조사한 농가판매 및 구입가격지수 등이 있다.

물가는 상품을 살 수 있는 정도를 가리키는 구매력을 의미합니다. 물가의 변화에 따라 돈의 가치가 변동하기 때문입니다. 같은 액수의 월급을 받더라도 물가가 변화하면 실제 느끼는 월급 수준은 달라집니다. 예를 들어 연봉이 2014년에 5,000만 원이고 2016년 6,000만 원으로 인상되어 2년 동안 1,000만 원, 즉 20%가 오르고 소비자물가지수가 2014년 100에서 2016년 110으로 상승했다고 가정해 봅시다. 명목임금은 1,000만 원이 올랐지만, 실제 구매력은 물가가 올랐기 때문에 그보다 적겠지요. 2016년 연봉 6,000만 원은 2014년에 어느 정도의 가치였을까요? 두 기간의 소비자물가지수 비율 1.1(2016년 소비자물가지수 110÷2014년 소비자물가지수 100)로 나누어 2014년의 실질구매력으로 환산하면 2016년의 6,000만 원은 2014년 기준 5,454만 원입니다.

따라서 연봉은 2년 동안 1,000만 원 올랐지만 물가상승분을 제외한 실질구매력은 약 454만 원이 오른 것이지요.

물가가 계속 오르면 가계는 돈의 가치가 하락할 것으로 예상하여 저축을 줄입니다. 저축이 줄어들면 저축기관의 금리가 인상되어 투자비용이 비싸지기 때문에 기업은 투자를 축소하겠지요. 기업도 생산에 투자하기보다는 부동산 투기에 전념하게 되어 경제 전체의 생산능력이 저하되고 일자리가 줄어들게 됩니다.

물가상승은 우리 제품의 가격경쟁력을 떨어뜨려 국제수지도 악화시킵니다. 국내 물가가 오르면 우리나라 상품이 외국 상품보다 상대적으로 더 비싸지기 때문에 가격경쟁력이 없어져 수출은 줄고 상대적으로 저렴해진 외국상품에 대한 수요가 늘어나 수입이 증가됩니다.

한편 세계경제의 글로벌화와 개방화, IT 기술의 발전 등은 시장기능을 활성화하고 비정상적인 인플레이션이 발생하는 것을 예방할 수 있습니다. 시장개방으로 인하여 다양하고 품질 좋은 저렴한 상품의 수입이 증가하고 대형 유통매장의 발전, 인터넷 쇼핑몰의 등장 등으로 인하여 다양한 종류의 시장이 발전하면서 유통단계도 줄고 비용도 경감되어 물가상승이 억제될 수 있기 때문입니다.

물가수준에 따라 구매력이 달라진다는 것은 물가수준이 소비에 큰 영향을 미친다는 것을 의미하기 때문에 정부는 물가안정을 매우 중요한 거시경제 정책목표로 생각합니다. 또한, 물가는 물가수준 자체 보다는 물가수준의 급격한 변동이 부정적 영향을 미치기 때문에 물가가 안정적으로 상승하는 것도 중앙은행의 중요한 정책목표의 하나입니다. 일반적으로 경제학자들은 안정적인 물가 수준을 2% 내외로 보고 있지만, 지속적인 경제침체와 저유가로 인해 저물가가 지속되면서 최근 들어 경제성장을 위한 적절한 물가수준이 어느 정도여야 하는지에 대해 다시 논의되고 있습니다.

12 인플레이션과 디플레이션 중 어느 것이 경제에 더 해로운가요?

인플레이션은 물가가 계속해서 올라가는 것을 의미하며, 수요증가와 원가상승이 주요 원인입니다. 가계, 기업, 정부, 해외수요 등 각 부문에서 수요가 증가하는데 공급이 수요만큼 증가하지 못하면 물가상승을 유발하지요. 총수요가 총공급보다 큰 경우 초과수요 인플레이션이 발생하는데 이는 GDP 증가를 동반하여 경제성장 과정에서 일어나는 물가상승입니다. 경제가 성장하면서 물가가 함께 상승하기 때문에 적정한 인플레이션은 경제성장을 나타내는 지표도 됩니다.

인플레이션의 두 번째 유형인 비용상승 인플레이션은 유가 등 국제 원자재가격이나 근로자 임금의 상승으로 인해 발생합니다. 높은 인플레이션은 근로자들에게 더 많은 임금상승을 요구하게 하고 임금상승이 인플레이션을 가중해 임금과 물가가 동반 상승하는 악순환이 초래될 수도 있습니다. 1970년대 석유수출국기구(OPEC)가 원유가격을 대폭 인상하여 발생한 석유파동은 세계 각국의 물가를 급상승시키고 국민소득도 감소시키는 스태그플레이션을 유발하였지요. 스태그플레이션은 불경기(stagnation)와 물가상승(inflation)의 합성어입니다.

경제주체들이 미래에 인플레이션이 발생할 것으로 예상하면 인플레이션 기대심리가 가수요를 자극하여 현실에서 인플레이션을 유발할 수도 있습니다. 부동산이나 주식의 가격이 급등할 것으로 예상하면 사람들은 기대이익을 얻기 위해 자산 구매를 늘려 인플레이션을 일으킵니다. 따라서 부동산이나 자산에 대한 투기적 수요가 커지는 경우 정책당국이 시장에 물가가 지속해서 안정될 것이라는 신호를 보내주는 것이 매우 중요하게 됩니다.

인플레이션으로 인해 부동산이나 귀금속 등 실물자산의 가격이 상승하면 자산소유자의 재산은 증가하는 반면 봉급생활자는 상대적으로 더 가난하게 되어 부의 격차가 커지기도 합니다. 근로자들의 근로의욕은 저하되고 예금, 채권 등 금융자산의 가치가 하락하므로 금융자산 보유자는 그만큼 손해를 입지요. 그러나 채무자는 갚아야 할 실질부채부담이 줄어들어 이익을 볼 수 있어요.

과도하게 높거나 예측 불가능한 인플레이션은 경제에 부정적인 영향을 미칩니다. 인플레이션이 과도하면 소비자들이 물가상승에 대비하여 생필품 사재기에 몰리게 됩니다. 하지만 인플레이션은 소득재분배의 역할도 합니다. 인플레이션이 화폐의 구매력을 떨어뜨려 월급이나 연금이 물가상승률만큼 오르지 않으면 소득이 실제로 줄어드는 효과가 발생하지요.

인플레이션의 반대인 디플레이션은 물가가 지속해서 하락하고 경제활동이 침체되는 현상으로 이에 대응하기 위한 마땅한 정책수단이 없으므로 선제적인 예방이 중요합니다. 일본경제의 1997년 이후 20년은 디플레이션의 악순환을 보여주는 대표적인 사례입니다. 디플레이션은 내수진작을 통한 경기활성화로 극복해야 하지만, 디플레이션이 시작되면 내수활성화가 거의 불가능합니다. 소비자들은 디플레이션이 지속할 것으로 예상하면 미래에 더 낮은 가격으로 소비하기 위해 현재의 소비를 줄입니다. 재고가 쌓인 기업은 생산량을 줄이거나 근로자들을 해고해야 하므로 실업이 증가하고 이는 소비자들의 수요를 더 위축시켜 경기침체가 심화하는 악순환이 가속화됩니다.

디플레이션으로 물가수준이 낮아져 실질적인 부채부담이 늘어나면 기업과 가계는 파산하게 되고 이는 채권자인 은행의 부실을 일으키므로 은행은 대출을 줄이게 되

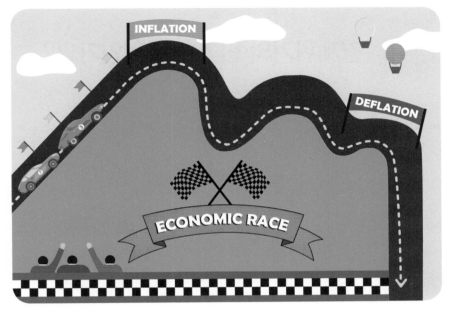

인플레이션은 물가가 지속적으로 오르는 것이고 디플레이션은 물가는 하락하지만 일자리도 줄고 소득도 줄어서,
디플레이션이 인플레이션보다 경제에 더 해롭다.

고, 이로 인해 투자가 줄어 불황이 깊어지게 됩니다. 디플레이션은 그 자체로 실질금
리를 상승시키는 효과가 있으므로 투자를 감소시키고 생산활동을 위축시켜 기업수
지를 악화시키게 되면서 장기 불황으로 이어집니다. 또한, 디플레이션으로 실질임금
이 상승하면 명목임금을 삭감해야 하지만 근로자들이 이를 거부하기 때문에 기업은
임금조정보다 고용축소를 선택하게 되어 실업률이 높아지고 소비감소로 경기는 더
욱 악화됩니다.

과도한 인플레이션과 디플레이션은 모두 경제에 피해를 주지만 디플레이션이 인
플레이션보다 극복하기가 어려워 경제에는 더 위험합니다. 경제가 디플레이션에 한
번 빠지게 되면 유효한 정책수단이 거의 없기 때문입니다. 따라서 정부나 중앙은행
은 경제가 디플레이션의 모래 늪에 빠지기 전에 선제적으로 모든 경기활성화정책을
동원해야 합니다.

13 경제위기의 원인은 무엇인가요?

　시장경제에서 경기변동은 자연스러운 현상입니다. 경제활동이 활발하면 경기가 상승하여 호황이 되고 경제활동이 부진해지면 경기가 하강하여 불황이 됩니다. 경기변동은 투자, 통화량, 경제주체들의 기대, 기술이나 생산성 등 다양한 요인이 복합적으로 작용하여 발생합니다. 예를 들어 수요가 공급보다 많으면 생산이 증가하고 물가가 오르고 경기는 활성화됩니다. 그러나 만약 물가상승률이 소득증가율보다 더 높으면 가계의 실질구매력이 저하되어 수요가 위축되고 재고가 쌓이면서 기업은 어려워지고 경제는 불황에 빠질 수 있지요.

　일반적으로 호황기에는 투자와 소비가 늘어나 일자리가 늘어나고, 소득이 증대합니다. 생산과 거래가 활발해져 기업이윤이 증가하고 물가와 임금도 상승하지요. 가계나 기업이 돈을 많이 빌리기 때문에 금리도 오르고 은행도 가계나 기업에 보통 때보다 쉽게 돈을 빌려줍니다. 주식시장도 활기를 띠어서 주식으로 돈을 번 사람들이 소비를 증가시켜 경기는 더욱 활성화됩니다.

　그러나 경기가 과열되면서 생산이 증가하고, 물가가 오르면 소비자의 구매력이 약화되면서 재고가 늘어나고 생산이 감소하여 다시 경기가 반전되기 시작하면서 경기가 침체하기 시작합니다. 경기침체 자체는 경기변동의 관점에서 보면 반복되는 과정이지만, 경제위기는 금융위기에 의해 초래된 갑작스러운 경기하강으로 실물경제의

위기를 의미합니다. 금융위기가 반드시 실물경제위기를
초래하는 것은 아니지만, 오늘날 금융위기가 발생하면 많
은 경우 실물경제의 급격한 침체로 이어졌지요.

　1930년대 대공황은 뱅크런*과 자산시장의 붕괴에 이어
발생하였고 2008년 서브프라임 모기지 사태는 미국을 비
롯해 세계경제의 불황을 일으켰습니다. 20여 년에 걸친 일
본의 장기불황도 1990년대 초반 주가 및 지가 등 자산가격
의 거품이 터지면서 시작되었지요.

> * 뱅크런(bank run)
> 예금자들이 한꺼번에 예금을
> 찾는 사태

◀1929년 주식시장이 붕괴하자 예금을 찾기 위해 수
많은 사람이 은행 앞에 모여들었다.

▶1931년 실업자들이 무료로 나눠주는 커피와 도넛
등을 받기 위해 길게 줄을 서 있다.

　금융위기는 은행위기와 외환위기의 두 가지 형태로 나타납니다. 은행위기는 가계
나 기업이 부채를 상환하지 못해 은행의 대출자산이 부실화되면 발생합니다. 2008년
세계금융위기는 가계가 부동산 담보대출을 갚지 못하게 되면서 이를 기반으로 발행

된 채권의 부실화가 주요 원인이었습니다. 또한, 지급준비율에 맞추어 현금을 보유하고 있는 은행은 예상치 못한 뱅크런이 발생하면 예금자들에게 돈을 지급할 현금이 부족해 지면서 파산위기에 처하고, 예금자들은 자신의 예금이 예금자 보험에 의해 보상되지 않으면 막대한 손해를 보겠지요. 일반적으로 은행위기는 위험성이 큰 대출과 채무불이행으로 인하여 일어납니다.

외환위기는 한 나라가 지급불능상태로 가면서 발생하는데, 1997년 한국의 IMF 위기가 대표적인 예입니다. 외환위기는 때로 정부의 과도한 재정팽창과 재정적자 때문에 야기되는데, 과거 중남미의 빈번한 외환위기는 정부부채의 급속한 증가로 인해서 국가경제에 대한 신인도가 급격하게 하락하여 발생하였지요.

금융위기의 가능성은 항상 잠재해 있습니다. 각국의 금융시장은 상호 밀접하게 연결되어 있으므로 한 나라나 지역에서 금융위기가 발생하면 전 세계적으로 급속하게 위기가 파급될 가능성이 높습니다. ICT의 발전과 세계화의 진전은 금융위기의 전파 가능성을 더욱 높이고 있지요. 인터넷뱅킹, 모바일뱅킹, 자동화기기 등 모든 시스템이 연결되어 있어 하나의 단말기가 바이러스에 감염되면 전국적, 세계적 차원에서 금융시스템의 마비가 초래될 수도 있고, 세계 자본시장이 밀접히 연결되어 있어서 한 나라의 위기가 순식간에 전 세계로 퍼질 수도 있습니다. 2008년의 금융위기는 이러한 금융위기의 전염성을 적나라하게 보여 주었습니다.

금융위기 및 경제위기의 발생 가능성은 항상 존재하므로, 위기 예방을 위해서는 금융기관의 건전성감독과 거시경제감독을 강화해야 합니다. 위기 예방보다 더 중요한 것은 위기 발생 시 신속한 대응을 통해 위기의 전파와 확산을 막는 것입니다. 또한, 금융위기의 전염적인 특성을 고려하여 전 세계가 함께 금융감독 협력체계를 만들고 공동의 위기대응책을 항상 준비해야 합니다.

바이마르 공화국의
초인플레이션(hyper-inflation)

　바이마르 공화국은 독일이 제1차 세계대전(1914-1918년)에서 패한 후인 1919년부터 1933년까지의 독일을 부르는 별칭이다. 바이마르 공화국은 출범부터 제1차 세계대전의 후유증으로 인해 경제적으로 불안정하였다. 전쟁비용 조달을 위한 화폐발행 때문에 1914~1918년에 통화량은 6배, 소비자 물가는 3배가 각각 증가하였다.

　전쟁 후에는 1,320억 골드마르크의 전쟁배상금, 국채보상, 전후복구 등으로 인해 재정 수요가 급증하여 제국은행(중앙은행)의 화폐발행액이 계속 증가하여 화폐가치는 떨어지고 물가와 환율이 폭등했다. 화폐유통량은 1919년 50%, 1920년 60%, 1921년 50%가 증가하였다. 1922년 5월 26일 제국은행의 민영화가 결정되고 전쟁배상금의 지급연기협상이 실패하면서 환율이 급등하였다. 환율은 1922년 1~5월에 1달러당 320마르크에서 같은 해 12월에는 1달러당 9,000마르크가 되었다. 1923년 1월 프랑스와 벨기에가 루르 지역을 점령하면서 환율은 1달러당 49,000마르크로 급등하였고 12월에는 1달러당 4.2조 마르크가 되었다.

　통화량은 1921년 1,200억 마르크에서 1923년 12월 4억 9,700만 조 마르크로 급증하고 1920년 대비 1923년 물가는 3,250,000%가 상승하였다. 1923년에는 1파운드의 빵이 30억 마르크, 1파운드의 고기는 360억 마르크, 맥주 1잔은 40억 마르크였다. 식당에서는 주문할 때와 계산할 때에 가격이 달라져 계산은 주문할 때 해야 했다.

　1923년 여름에는 농부들이 마르크를 받는 것을 거부하여 농촌에는 농산물이 넘쳐났지만, 뮌헨에는 기근이 들었다. 생필품가격이 집세보다 훨씬 빨리 상승하여 바나나 한 개가 호텔의 하룻밤 숙박비보다 더 비싼 경우도 있었다고 한다.

　바이마르 공화국의 초인플레이션 원인으로는 과다한 화폐발행, 환투기 및 통화정책 실패가 지적된다. 제국은행도 화폐발행을 남발했지만, 당시 통화유통량 중 절반 이상은 민간은행의 화폐였다고 한다. 투기세력은 제국은행과 민간은행들로부터 저

가치가 하락한 독일 화폐를 벽지로 쓰고 있는 모습

금리로 거액의 대출을 받아 환투기를 하여 마르크의 가치는 더욱 떨어지고 마르크에 대한 신뢰가 시장에서 사라졌다. 그러나 제국은행의 이자율은 5%로 유지되다가 1922년 후반기부터 이자율은 높아졌지만, 1923년 후반 30%의 이자율은 연 5,000%를 넘는 인플레이션율에 비해 너무 낮았다. 제국은행의 상업채권 할인율은 5%였으나 상업은행의 대출금리는 50%로 은행들은 대규모 대출로 이윤을 얻었다.

1922년 11월 공산당 소속 노조들은 임금인상을 요구하면서 파업을 시작하였고, 폭동과 약탈 속에서 1922년 12월 주식이 급락하기 시작했다. 수입 원자재가격을 지급할 수 없어 수출도 전쟁 전의 1/3로 줄었다. 기업들이 어려워지면서 실업률은 1923년 12월이 되자 28.2%가 되었다. 내각의 장관들까지 모두가 사재기를 하고 세금을 내지 않게 되자, 이제 노조는 임금인상이 아니라 임금을 지폐가 아닌 골드마르크나 외화로 지불받기를 요구하였다.

마르크화를 대신하여 다른 교환수단들이 생기기 시작하였다. 어떤 지역은 감자나 호밀의 무게에 연동하는 자신들의 화폐를 발행했고, 신발공장은 근로자들에게 빵집에서 교환할 수 있는 채권을 지급하였다. 제국은행은 각 지역이 발행한 채권들을 법정 통화에 준해 현금화를 해주었고, 이 때문에 가짜 채권이 속출하고 누구도 실제의 채권 규모를 알 수 없었다. 이렇게 바이마르 공화국의 화폐경제는 완전히 붕괴되어 이제 교환을 위한 새로운 화폐가 필요하였다.

1923년 11월 독일제국 통화위원인 샤흐트(Hjalmar Schacht, 1877-1970년)의 제안에 따라 정부는 '렌텐은행'을 설립하여 렌텐마르크(Rentenmark)를 발행하고 1조 마르크를 1 렌텐마르크로 교환해 주었다. 제국은행 총재가 된 샤흐트는 1924년 초 민간화폐 발행을 금지하고 중앙은행의 신규 신용대출도 잠정적으로 중지시켰다. 또한, 샤흐트는 이자율을 인상하지 않고 제국은행의 재할인을 중지하여 기업들이 보유하고 있는 외화를 팔도록 만들었다. 마르크화의 신용은 회복되어 렌텐마르크의 발행은 중지되고 1924년 금본위의 라이히스마르크가 도입되었다.

　　바이마르 공화국의 초인플레이션으로 인한 사회적 혼란 속에서 히틀러가 등장하게 된다. 1920년 초, 뮌헨의 맥주홀인 호프브로이하우스에서 히틀러는 독일 노동자당을 국가사회주의 독일노동자당(나치스)으로 개명하고 민주공화제 타도, 베르사유 조약 파기, 민족주의와 반(反)유대주의, 다국적 기업 공격 등 25개의 당 강령을 발표했다. 히틀러는 1923년 11월 뮌헨에서 시도한 봉기의 실패로 감옥에 투옥되었지만, 정치적 기반을 만들게 되었다.

　　바이마르 공화국의 초인플레이션은 지금까지도 독일 국민에게 정신적인 상처로 남게 되었고, 독일에서 물가안정은 사회안정을 위한 지고의 가치가 되었다는 평가를 받는다. 독일의 중앙은행인 분데스방크는 물가안정을 통화정책의 유일한 목표로 하면서 세계 최고의 독립성을 가진 중앙은행으로 평가받았다. 중앙은행이 정부로부터 자유로워야 물가안정이 유지될 수 있다고 독일 국민들은 믿는다. 독일의 물가안정은 전쟁 후 독일경제의 지속적인 성장을 위한 기반이 되었고, 독일 마르크화에 대한 높은 신뢰는 마르크화를 중심으로 하는 유럽 통화통합의 기초가 되었다. 독일의 분데스방크를 확장한 것에 불과하다는 혹평을 받기도 하는 유럽중앙은행(ECB)은 독일의 전통을 이어받아 물가안정을 유일한 정책목표로 하고 있다. 그러나 최근에 ECB는 유럽 국가들의 다양한 경제상황을 고려하지 않은 채 물가안정만을 추구한다는 비판을 받기도 한다. 바이마르공화국의 초인플레이션은 독일만의 역사이기 때문이다.

Q14~
Q25

제 2 부
기 업

14 기업의 **주목적은 이윤추구**인가요?

　주식회사제도의 기원은 17세기에 네덜란드에서 세워진 동인도회사라고 합니다. 주식회사의 특징은 유한책임제도로 출자자(주주)들이 자기가 출자한 범위 내에서만 손실을 봅니다. 회사가 도산하면 주주는 출자금을 모두 잃지요. 따라서 주주의 출자금으로 형성되는 자기자본은 기업에 투자된 자본 중에서 가장 큰 리스크를 부담하기 때문에 회사의 주인은 주주입니다. 주주는 자기 돈을 투입해서 큰 위험을 부담하므로 이익이 많이 나는 경우에 그 이익을 나누어 받을 권리를 가집니다. 그것이 배당금이지요. 상장회사의 주주는 주식가치의 상승과 배당으로 투자 이익을 얻습니다.

　주식회사제도의 장점은 여러 사람의 돈을 모아 대규모의 자본투자를 할 수 있는 것입니다. 1870년경에 시작된 제2차 산업혁명의 특징은 대량생산과 대량유통을 통해 생산성이 높아졌다는 것입니다. 1908년 포드자동차는 대량생산으로 자동차의 판매 가격을 대폭 낮추어 이른바 '포드주의'라는 대량생산 모델을 만들었습니다. 당시 승용차의 가격은 2,000~3,000달러였는데, 포드자동차는 유명한 '모델T'를 850달러에 판매하여 중산층이 승용차를 구매할 수 있게 되었지요. 대량생산과 대량유통이 가능하게 하려면 대규모 자본투자가 필요한데 이러한 자본동원을 가능하게 한 것이 주식회사제도였습니다.

　"기업의 주인은 주주"라는 생각이 미국 자본주의의 기본입니다. 그래서 경영대학에서, 특히 재무관리에서는 "기업의 목적은 주주의 부(富)를 극대화 하는 데 있다"는 전제 아래 이론을 전개합니다. 기업의 이윤은 리스크 자본을 제공한 주주에 대한 보상입니다. 그런데 기업은 시장에서 경쟁을 통해 사업을 하고, 기업이 이윤을 많이 낸다는 것은 경쟁사보다 뭔가를 잘하기 때문입니다. 경영전략의 용어를 빌리면 '경쟁적 우위'가 있으므로 기업이 이윤을 내는 것이지요. 경영전략에서 기업의 목적은 "평균 이상의 영업이익"을 내는 것이고, 그러려면 기업의 제품이나 서비스가 뭔가 특별해야 하고 또 원가도 낮아야 합니다. 거꾸로 이야기하면 어떤 산업에서 평균 이상의 이익을 내는 기업은 경쟁우위에 있는 것입니다. 이렇게 보면 이윤이란 기업의 경쟁력을 나타내는 가장 분명한 기준입니다.

이윤을 제대로 내지 못하는 기업은 경쟁력이 약한 것이고, 그런 상태가 오래 지속되면 기업은 결국 도산합니다. 적절한 이윤을 내지 못하는 기업은 투자된 자본에 대해서 제대로 대가를 지급하지 못하게 됩니다. 결국, 은행에서 차입한 돈에 대해 이자를 지급하지 못하고, 주주에게 배당금을 주기도 어려워지지요. 그렇게 되면 주가가 내려가고 주식시장에서 추가적인 자본을 조달하기도 어려워집니다. 최근 많이 사용되는 이른바 '좀비기업'이라는 말은 이윤으로 배당은커녕 이자도 제대로 내지 못하는 기업을 가리키는데, 이런 기업은 살아 있는 척하지만 사실은 죽은 거나 마찬가지이지요.

결국, 기업의 이윤은 적어도 세 가지의 중요한 역할을 합니다. 이윤은 리스크 자본을 투입하는 주주에 대한 보상이고, 기업의 경쟁력을 나타내는 지표이며, 기업의 생존을 위한 기본적인 조건입니다. 이윤은 기업이 시장경쟁에서 살아남을 수 있는가를 보여 주는 가장 기본적인 지표이지요. 흔히 우리는 이윤을 '바텀라인(bottom line)'이라고 부르는데, 기업의 모든 활동이 손익계산서의 마지막 줄 '이윤'에 반영되기 때문입니다.

따라서 이윤을 추구한다고 기업을 비난하는 것은 마치 행복을 추구한다고 사람을 비난하는 것이나 마찬가지입니다. 인간은 누구나 행복을 추구할 권리가 있듯이, 기업은 생존과 번영을 위해서 이윤을 추구하며, 이것이 기업의 기본적인 속성입니다.

그러나 기업의 이윤이 기업 내의 여러 이해당사자에게 환원되어야 한다는 말이 틀린 것은 아닙니다. 기업에는 주주 말고도 사원(종업원), 채권자, 납품업자, 고객, 정부 등 여러 이해당사자가 있고, 기업은 이들에게 임금과 급여, 이자, 물품대금, 서비스와 세금 등을 제공하게 됩니다. 기업이 창출하는 현금과 이윤은 사업을 하는 과정에서 여러 이해당사자에게 지급되는 것입니다. 그러나 기업이 사회에 기부하거나 공헌하는 것이 기업의 본질이라는 주장은 맞지 않습니다. 기업의 가장 중요한 사회적 기능은 생존하고 성장하는 것이며, 이 과정에서 여러 이해당사자에게 정당한 보상을 주고 주주에게도 적절한 이익을 가져다주어야 합니다. 기업은 우선 본업인 이윤창출에 충실해야 하며, 그것이야말로 기업의 가장 중요한 사회적 역할입니다.

비상장 대기업 한솔섬유

1992년에 창립한 한솔섬유는 2016년 초 국내사원 900명, 해외사원 39,000명을 고용하고 있는 비상장 주식회사로, 2015년 수출실적은 1,230백만 달러이다. 한솔섬유는 연구개발과 디자인은 한국에서, 생산은 해외에서 하는 세계적 기업으로 수출에만 주력한다. 한솔섬유는 베트남, 캄보디아, 인도네시아, 필리핀 등 아시아지역과 과테말라, 니카라과의 중미지역에 있는 글로벌 생산기지에서 월 3,100여만 장의 의류를 생산하여 미국, 유럽 및 일본 등 전 세계에 니트 의류를 수출한다. 한솔섬유는 '정직한 경영'과 '회사의 미래 성장 동력은 사람'이라는 가치를 표방하면서, 종업원과 지역사회, 국가경제의 발전에 기여하는 공유가치창출과 준법, 품질, 신용경영을 중시하는 세계 최고 수준의 사회적 책임 경영CSR 실천을 목표로 내걸고 있다. 한솔섬유의 해외생산체제는 아동노동 착취 등의 위험성이 있는 하청생산이 아닌 직영생산이다. 한솔섬유의 2020년 비전은 매출액 50억 달러, 순 이익률 10%, 고용 10만 명 등으로 이를 달성하려면 회사의 매출이 많이 늘어나고 수익성도 달성되어야 할 것이다. 이 회사가 만약 상장회사라면 과연 이런 고용목표와 주주의 이익목표가 어떻게 조화를 이룰지 흥미롭다. 현재는 비상장이라서 대주주가 이런 목표를 세울 수 있을 것이다.

15 기업가정신이란 무엇이고 왜 중요한가요?

　'기업가정신'의 사전적인 의미는 "자원이 한정되어 있고 위험과 불확실성이 있음에도 불구하고 새로운 사업을 일으키는 도전적이고 창의적인 정신"입니다. 따라서 기업가정신의 구성 요소는 자원의 제약, 위험 감수, 창의적 정신 등 세 가지입니다. 경제발전에서 기업가정신의 중요성을 강조한 경제학자로는 혁신으로 유명한 슘페터 (Joseph A. Schumpeter, 1883~1950)입니다. 오스트리아에서 태어나 1932년 하버드 대학교 교수가 된 슘페터는 새로운 방식으로 사업을 일으키는 것을 혁신이라고 규정하고, 혁신을 통해 '창조적 파괴'에 앞장서는 것을 기업가정신으로 보았습니다. 요즘 신기술 산업에서는 "스스로 파괴하지 않으면 파괴당한다(Disrupt or be disrupted!)"라는 말이 유행인데, 슘페터는 이미 오래전에 그 점을 설파한 셈이지요.

　슘페터는 신제품의 발명 또는 개발, 새로운 생산방법의 도입, 신시장의 개척, 새로운 원료나 부품의 조달과 새로운 조직의 형성 등 다양한 활동을 경영혁신으로 보았습니다. 그는 초기에 새로운 기업을 일으키는 기업가정신을 강조했으나, 나중에는 대기업 내 혁신의 중요성도 강조하였습니다. 미국의 기업 내에서 체계적인 기술혁신, 즉 연구개발은 1920년대 초 듀퐁이 처음 시작한 것으로 되어 있는데, 이러한 발전이 슘페터로 하여금 기업 내 혁신을 강조하게 한 것으로 추측됩니다. 실제로 제2차 세계대전 후 다양한 기술혁신이나 경영혁신은 대기업이 주도한 것이 많으며, 이 역시 기업가정신의 발로인 것입니다. 이처럼 기업가정신은 새로운 사업을 일으키는 창업은 물론이고, 대기업 내에서의 혁신에서도 중요합니다. 문제는 관료적인 대기업 조직에서 과연 어떻게 기업가정신과 도전정신이 계속 발휘되게 할 것인가입니다. 예를 들어 OECD 조사를 보면 한국의 경우 기업가가 바람직한 직업도 아니고, 성공한 기업가가 사회적으로 인정을 받는 것 같지도 않습니다.

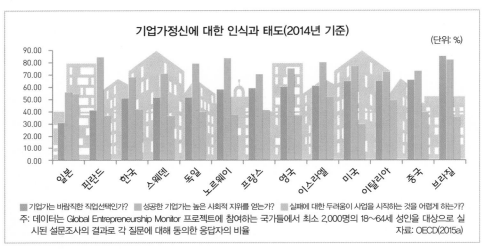

주: 데이터는 Global Entrepreneurship Monitor 프로젝트에 참여하는 국가들에서 최소 2,000명의 18~64세 성인을 대상으로 실시된 설문조사의 결과로 각 질문에 대해 동의한 응답자의 비율

자료: OECD(2015a)

한국에도 전통적으로 상인정신이 있었고 19세기 말부터 근대적인 기업이 생겨나기 시작했습니다. 한국경제의 가장 대표적인 기업가로는 이병철 회장과 정주영 회장 두 사람을 꼽지요. 이들은 1930년대부터 사업을 시작했으나, 대기업을 일으킨 것은 1960년대 이후 한국의 공업화 시기입니다. 특히 정주영 회장은 박정희 대통령의 중화학공업화에 가장 잘 협조하고 정책을 잘 활용한 기업가였으며, 이병철 회장은 처음부터 소비재를 중심으로 사업을 추진했고, 가능하면 정부와 일정한 거리를 두려고 노력했습니다. 조선산업을 일으킨 정주영 회장과 반도체사업을 일으킨 이병철 회장은 위에서 정의한 기업가정신의 세 요소를 모두 가진 진정한 기업가였습니다.

그런데 최근 이들과 같은 뛰어난 한국 기업가를 보기 힘들다는 지적이 많습니다. 실제로 1980년 이후 창업한 한국 회사 중에서 2016년 현재 시가총액 20위 안에 드는 회사는 네이버 정도가 있을 뿐이지요. 반면 외국에서는 계속해서 혁신적인 창업가들이 나타나고 있습니다. 경제전문지 〈블룸버그〉에 따르면, 2015년 말 기준 세계에서 제일 돈이 많은 400명 중 65%인 259명이 창업한 자수성가형이고, 나머지 141명이 상속을 받은 것이라고 합니다. 세계 400대 부호에 포함된 한국인 5명은 모두 2세, 3세 경영자입니다. 그러나 이건희 회장, 정몽구 회장과 같은 경영자는 2세이기는 하지만 선대 못지않은 창의적인 기업가정신을 발휘하여 각각 삼성전자와 현대자동차를 세계적인 기업의 반열에 올려놓은 것도 사실입니다. 그러나 전체적으로 볼 때 21세기에 들어서서 한국에서 새롭게 두각을 나타내는 기업가를 찾기가 쉽지 않아 보입니다.

한국경제가 한 번 더 도약하려면 모험정신으로 가득한 도전적인 기업가가 많이 나와야 합니다. 21세기의 위대한 기업가상은 사업을 통해 돈도 많이 벌고 동시에 사회적 문제도 해결하겠다는 '비전 있는 기업가'입니다. 따라서 경제와 시장이 비전 있는 창업가가 나올 수 있는 여건을 만들어 주어야 합니다.

인류의 미래를 개척하는 기업가 엘론 머스크Elon Musk

엘론 머스크는 기업가정신의 극단적인 예로 지구의 환경문제를 해결하기 위해 전기차를 만들고 우주왕복선도 만들고 있다. 1971년에 남아프리카공화국 프리토리아에서 태어난 캐나다계 미국인인 머스크는 현재 최초의 민간 우주항공기업인 스페이스엑스의 CEO, 전기완성차기업 테슬라모터스의 CEO, 태양광 발전기업 솔라시티의 의장이다. 머스크는 엔지니어 출신으로 1999년 동생인 킴발 머스크와 창립한 Zip2를 알타비스타에 3억 달러에 매각한 뒤, 이메일 기반 현금교환 서비스인 X.com을 창설하였다. 그는 2000년에 X.com의 경쟁서비스인 페이팔Paypal을 보유한 피터 틸의 콘피니티를 합병하고, 2002년에 페이팔을 15억 달러에 이베이에 매각하였다. 머스크는 2002년 스페이스엑스라는 민간 우주항공기업을 만들고 2004년에는 마틴 에버하드와 마크 타페닝이 2003년에 창업한 테슬라모터스에 투자하여 2008년에 테슬라의 CEO가 되고, 2006년에는 솔라시티에도 투자하면서 이사회 의장을 맡았다. "지속가능한 이동수단으로의 전환을 가속화하는 건 매우 중요한 일입니다. 세계의 미래에서도 그렇습니다." 2016년 3월 31일, 머스크는 테슬라모터스 Model 3의 출시 이벤트에서 이렇게 말했다. 머스크는 인류의 생존에 기여하겠다는 확고한 사명의식을 갖고 있고, 이러한 사명의식이 그를 오늘날 가장 위대한 실리콘밸리 기업가로 만들고 있다.

16 기업의 **사회적 역할**은 무엇인가요?

　자본주의 시장경제에서 기업의 본질은 이윤창출을 통해 주주를 포함한 기업의 이해당사자에게 정당한 보상을 하는 것입니다. 이를 위해 기업은 투자하고 개인이나 가계는 기업에 고용되어 소득을 얻고 수요를 확대합니다. 따라서 이윤을 많이 내고 투자를 많이 하는 것이 기업의 가장 중요한 사회적 활동이며 기업의 주요 목표는 주주이익의 극대화입니다. 기업에 대한 이러한 인식은 영미식 주주모형(stockholder model)의 기초입니다.

　1950년대의 경제성장, 케인스 방식의 재정확대와 복지정책의 확대, 민주주의와 시민운동의 확장 등은 기업의 사회적 역할에 대한 논의를 촉발했습니다. 1953년 보웬(Bowen, R. Howard)은 사회적인 목표나 가치에 맞는 의사결정과 행동을 따라야 하는 기업인의 의무로서 기업의 사회적 책임(Corporate Social Responsibility, CSR)을 정의하였습니다. 기업의 사회적 책임에 대한 지지자들은 기업의 성장이 기업만의 힘이 아니라 주주, 경영자, 종업원, 소비자, 지역사회 등 이해당사자가 함께 달성한 성과이며, 기업이 성장함에 따라 사회적 영향력이 향상됐기 때문에 사회구성원으로서 기업이 책임을 분담할 것을 주장하지요. 또한, 선진국일수록 소비자는 기업의 제품을 소비만 하는 단순한 소비자가 아니라 사회적 발전에 기여하는 이른바 '착한 기업'의 제품을 선호하는 경향도 보입니다. 이에 따라서 기업은 이윤극대화뿐만 아니라 사회적 가치를 동시에 추구하는 이해당사자 모형(stakeholder model)이 대두하기도 하였지요. 흔히 독일식 자본주의가 이해당사자 모델로 평가받습니다.

독일 기업의 사회적 책임의 근원

독일에서 기업의 사회적 책임은 독일기본법Grundgesetz 제14조에 규정되어 있는 헌법적 의무이다. 기업의 소유주는 모든 사람의 선에 봉사하는 것을 의무로 한다. 독일의 이해당사자 모델의 뿌리는 봉건제적 전통과 길드적 장인정신에 기초하여 지역을 중심으로 기업들이 발전해 온 역사적 전통이다. 독일기업들은 지역에서 지역민들과 함께 오랫동안 유지해 온 가족기업이기 때문에 지역에 대한 사회적 책임을 당연한 것으로 받아들인다. 지역은 기업이 탄생하고 발전해 온 장소로, 기업가는 기업을 설립한 지역과 긴밀한 유대감을 느끼고 지역에 대한 애향심을 가진다. 기업 경영자들은 지역민의 일원으로 지역에 거주하면서 근로자들과 기업의 입지 지역에서의 암묵적 계약을 존중하고 사회적 활동이나 사업에 투자한다. 또한, 독일기업은 가족소유가 많으므로 기업의 핵심적 목표는 장기 생존과 세대 간 기업 이전이며, 이윤은 부차적인 산물로 간주한다. 따라서 기업은 이윤추구뿐만 아니라 이해당사자인 근로자와 고객을 포함한 지역공동체의 지속가능성을 중요시한다. 기업은 지역공동체의 일원으로 상호신뢰와 성실성에 기반을 두어 장기적 관점에서 경영하며 근로자들과 암묵적인 장기고용계약을 하고 있다. 사회적 책임은 역사적·문화적 배경이 없이 정부에 의해 일방적으로 강요되는 경우 기업에 부담이 될 수 있다. 독일의 경우 기업의 사회적 책임은 지역사회와 기업의 상호 신뢰에 기반을 둔 사회적 인프라이며 기업의 일방적인 사회봉사를 의미하는 것이 아니다.

일반적으로 기업의 사회적 책임은 네 가지 유형으로 나눌 수 있습니다. 이윤극대화와 고용창출 등 경제적 책임, 회계의 투명성, 성실한 세금납부, 소비자 권익보호 등 법적 책임, 환경보호, 윤리경영, 제품 안전 준수 및 여성과 소수인종에 대한 평등한 대우 등 윤리적 책임, 그리고 사회공헌과 봉사활동 등 자선적 책임 등을 포함합니다. 따라서 주주모형에서의 기업의 역할은 경제적 책임에만 해당하는 것입니다.

오늘날 대부분의 선진국에서 기업의 사회적 책임에 대한 요구가 갈수록 커지고 있으며 기업들도 이를 수용하고 있습니다. 기업은 이윤창출을 통한 주주가치 증대뿐만 아니라 사회 전체의 이익을 위해 자발적으로 책임지고 준법경영과 윤리경영의 의무를 요구받고 있습니다. 문제는 기업의 사회적 책임에 대한 과도한 강조가 기업 본연의 비즈니스 활동을 왜곡시키고 사회적 책임을 명분으로 한 정부의 개입이 오히려 기업경영을 비효율적으로 만들 수도 있다는 것입니다. 본질적으로 기업은 사회문제를 해결하는 주체가 아니며 해결을 할 수도 없습니다. 기업의 일차적 책임은 지속적인 이윤창출을 통해 경제성장의 동력이 되는 것이며 그 외의 활동들은 부차적 책임입니다. 더욱이 사회문제의 해결을 위해서는 시민단체나 정부 그리고 정치권이 각각의 역할을 담당하고 있습니다. 따라서 기업이 사회구성원의 일부로서 사회 전체의 발전을 위해 자발적 참여를 하는 것은 필요하지만, 공익을 목적으로 하는 정부나 공공부문이 담당해야 할 역할을 기업이 대신할 수는 없습니다. 기업의 사회적 책임 가운데 가장 기초가 되는 경제적 책임이 달성되지 못하면 기업의 다른 책임들도 제대로 수행될 수가 없지요. 기업이 이윤을 내지 못하고 파산하면 기업 자체가 사라지기 때문입니다.

따라서 기업의 역할과 기능에 맞게 기업의 사회적 책임은 경제적 책임을 기본으로 하고, 준법경영을 준수하지 않는 기업의 위법행위나 탈법행위는 법에 따라 처리하면 됩니다. 기업이 기업 본연의 활동에 집중할 수 있도록 하는 것이야말로 '정부의 사회적 책임'입니다. 정부는 기업이 성장하여 일자리를 만들어 국가의 부를 증가시키는 것이 기업의 가장 중요한 사회적 책임이라는 것을 국민들에게 앞장서서 알려야 합니다. 또한 기업이 자율적으로 자신의 사회적 역할을 선택하도록 해야지, 정부나 정치권이 기업을 좌지우지하는 일도 없어져야 합니다. 시장경제가 제대로 작동하기 위해서는 기업이 자유롭게 경영권을 행사할 수 있어야 하며 정치로부터의 독립성도 높아져야 합니다. 기업의 사회적 역할은 역사적 · 문화적 배경에 따라 달라지는 것이기 때문에 다른 국가들의 사례를 그대로 강요해서도 안 됩니다.

17 소유와 경영은 분리되어야 하나요?

기업지배구조는 기업을 둘러싼 여러 이해 당사자들 간 관계를 조정하는 메커니즘으로 정의됩니다. 중요한 것은 기업의 주요 이해당사자가 누구인가입니다. 일반적으로는 기업에서 가장 중요한 이해당사자는 주주라는 주장이 주류이며 이를 흔히 영미식 주주모형이라고 합니다.

영미식 주주모형에서 기업의 주인은 주주이므로 기업은 주주의 이익에 맞게 운영되어야 합니다. 기업의 대주주가 경영을 직접 하는 경우, 특히 기업이 비상장이고 사주가 직접 경영을 하면 지배구조에 별로 문제가 없지요. 미국의 대기업 중에도 세계적인 곡물기업인 카길(Cargill)이나 건설엔지니어링회사인 벡텔(Bechtel)은 비상장기업입니다. 그러나 대부분 대기업은 상장기업으로 지배구조가 중요합니다. 특히 주식이 광범위하게 분산되어 소유와 경영이 분리되면 대리인인 전문경영자가 주인인 주주를 대신해서 주주의 이익에 맞는 경영을 하느냐가 핵심적인 문제가 됩니다.

따라서 미국식 경영학, 특히 재무관리에서는 기업지배구조는 바로 "대리인비용"을 어떻게 줄이느냐에 초점이 맞추어져 있습니다. 미국식 지배구조에서는 주주가 경영자를 감시하고 감독하기 위한 이사회나 대표소송과 같은 제도 및 경영자와 주주의 이해를 일치시키기 위한 스톡옵션이나 인센티브제도가 발달하여 있습니다. 상장기업의 주식을 가진 소액주주의 입장에서는 기업경영의 투명성과 경영자의 책임성(accountability)이 중요합니다. 그러나 영미식 자본주의에서 기업과 경영자를 규율하는 가장 확실한 방법은 주식시장에서의 인수 위협입니다. 주주들이 주식을 대거 매도하면 주가가 폭락하고, 기업은 인수합병의 대상이 되기 때문입니다.

한국에서 기업지배구조를 둘러싼 논의는 경제적 관점보다 정치적 관점에서 이루어지고 있습니다. 그러나 원칙적으로 기업의 지배구조는 형평성과 효과성의 두 가지 관점에서 검토되어야 합니다. 기업지배구조 개혁의 핵심은 "기업이 제대로 돌아가게 하는 동시에 공평한 구조"를 만드는 것이지요. 지배구조 형평성의 기준은 소유지분과 지배권 간에 어느 정도의 '괴리'를 인정할 수 있는가와 소액주주나 기관투자자가 대주주의 지배권에 대해 어떤 견제장치를 가지고 있는가입니다. 지배구조의 효과성의 기준은 어떤 지배구조가 더 좋은 경영성과를 가져오는가의 문제입니다.

한국 대기업 지배구조의 특징은 가족경영에 있습니다. 상장회사라고 하더라도 정부소유기업이나 극소수 기업을 빼면 민간기업 대부분은 가족기업입니다. 창업자의 가족이 경영에 직접 참여하여 소유와 경영이 분리되지 않고 있지요. 주식이 광범하게 분산된 상황에서 대주주가 직접 경영권을 가지게 되면 새로운 대리인비용이 발생하게 됩니다. 형평성의 관점에서 보면 과연 대주주가 어느 정도나 소액주주의 이해에 맞게 경영권을 행사하느냐를 평가해야 하지요.

효과성의 관점에서 보면 한국의 일부 대기업, 특히 글로벌화에 성공한 대기업은 탁월한 성과를 올렸습니다. 기업의 성패에 영향을 주는 변수는 매우 많으므로 이러한 탁월한 성과가 사주경영체제 때문이라고 단정할 수는 없으나, 적어도 이들 기업의 지배구조가 기업성과에 순기능을 했다고는 할 수 있겠지요. 사주경영체제가 가지는 일반적인 장점은 장기적인 안목, 의사결정의 속도와 리스크 감수 등이며, 추가로 한국기업의 경우에는 대기업 그룹 회장의 집요함과 목표 지향성도 장점으로 작용했다고 보입니다. 지난 20년간 한국 글로벌 기업의 성공적인 성장에는 사주경영체제가 크게 기여했다고 평가할 수 있지요.

소유와 경영이 분리된 전문경영체제와 분리되지 않은 가족경영체제 중에서 어느 체제가 더 우수한 경영성과를 가져오는지는 분명하지 않습니다. 전문경영체제에서 전문경영자는 대체로 단기적인 안목을 가지고 있어서 수익달성에 장기간이 소요되거나 리스크가 큰 프로젝트는 피하는 경향을 보입니다. 반면 소유경영자는 오래 경영자의 위치에 있으므로 더 장기적이고 위험도가 높은 사업에 투자할 수 있습니다.

우리나라 대기업의 지배구조는 한국의 문화·정치·경제적 환경의 산물로 길게 보면 이제 약 60년이 되었습니다. 그리고 이 기업제도는 나름대로 순기능을 했기 때문에 대한민국 경제가 지금과 같은 성장을 했다고 볼 수 있지요. 대기업 중심의 경제인 한국이나 중소기업 중심의 경제인 대만이 지난 50~60년간 지속적인 성장을 해 왔다는 사실은 기업구조와 산업조직이 경제성장에서 결정적인 요인이 아님을 보여 줍니다. 다만 각국의 독특한 경제적·정치적 여건 아래서 기업제도가 진화되어 온 것입니다.

기업은 하나의 유기체로 생존하고 발전하기 위해 자신의 필요에 따라 소유와 경영의 분리나 일치를 선택을 할 것입니다. 기업지배구조의 문제는 기업의 손에 맡기는 것이 시장경제의 원리에도 맞고 경제성장에도 도움이 될 것입니다.

완벽한 기업지배구조는 없다!

독일식 기업지배구조는 기업경영에 근로자가 참여하는 것을 특징으로 하며 이를 위해 감사이사회는 경영진과 근로자대표들로 구성되고, 종업원대표로 구성되는 종업원평의회가 부분적으로 경영에 개입할 수 있다. 근로자의 경영참여는 독일식 자본주의의 장점으로 여겨지지만 경영자와 근로자대표들이 부적절하게 유착하면 부정비리를 양산할 수 있다. 2005년 전면적으로 폭로된 독일이 자랑하는 국민기업 폭스바겐 스캔들이 대표적인 예이다. 독일식 자본주의의 전형적 모델로 여겨지는 폭스바겐의 경영진이 근로자대표 감사들과 종업원평의회 관계자들에게 조직적으로 향응을 제공하였다. 폭스바겐은 비자금을 조성하여 2002~05년 종업원평의회 의장(감사이사회 부의장 겸임)의 애인에게 3억원이 넘는 돈과 사적인 호화여행경비도 부당하게 지불하였다. 또한 폭스바겐은 금속노조 등 근로자대표들에게 외유성 해외호화출장을 제공하고 심지어 매춘부 파티까지 열어주었다고 한다. 폭스바겐의 배출가스조작사건도 이러한 부정비리와 무관하지 않을 것이다.

18 한국의 **반기업 정서**는 **왜** 생겼나요?

한국에서 반기업 정서는 기업 일반에 대한 반감이 아니라 대기업 또는 대기업 집단에 대한 반감을 의미합니다. 반기업 정서는 기업환경을 구성하는 요소 중의 하나로 규제 못지않게 기업경쟁력을 저해하고 기업가정신을 위축시켜 기업활동을 저해할 수 있습니다. 반기업 정서는 한국에만 존재하는 것은 아닙니다. 19세기 미국의 대표적인 대자본가인 록펠러, 카네기, J.P 모건, 밴더빌트 등도 당시에는 탐욕스러운 자본가로 비난을 받았으며 미국 사회에서 반기업 정서의 대상이었다고 합니다.

그러나 이제 선진국에서 반기업 정서는 주로 고용이나 환경문제 등 기업에 대한 사회적 기대가 충족되지 않았을 때 사안별로 일시적으로 발생합니다. 예를 들어 기업이 생산기지를 해외로 이전하여 지역의 일자리가 감소하는 경우나, 환경오염이나 인권문제 등으로 인해서 반기업 정서가 유발됩니다. 선진국에서는 한국과 같이 경제력 집중이나 소유권에 대한 반감은 크지 않지요.

한국의 반기업 정서의 원인으로는 기업인과 기업의 탈법 그리고 편법과 정경유착이 가장 많이 지적됩니다. 또한 기업 소유주 가족들의 부적절한 행동들이 도덕적 비난을 받기도 하고 사회계층 간 갈등이 높아지면서 기업 승계에 대한 비판도 많습니다.

기업인과 기업의 탈법 및 편법행위는 반드시 처벌을 받아야 하는 부적절한 행동입니다. 기업 스스로가 법과 제도를 지키는 투명경영을 지향하여 기업에 대한 사회적 신뢰를 높여야 합니다. 그러나 기업인들을 범법자나 탈법자로 만드는 과도한 규제나 제도도 합리적으로 개선되어야 합니다. 한국에서 대기업은 물론 중소기업까지 경영자가 전과자가 아닌 기업은 거의 없다는 농담이 있습니다. 그만큼 법이나 제도가 유동적인 기업환경에 맞지 않다는 것이고, 효율성을 추구하는 경영을 하기 위해서는 기업인들이 위법을 감수해야 한다는 것입니다. 특히 역대 정권은 국민의 반기업 정서를 이용하여 기업 길들이기의 목적으로 세무조사나 감사를 통해 실리를 취해 왔습니다. 기업인들은 정권에 따라 부정축재자가 되거나 불법정치자금을 만드는 주범으로 몰렸지요.

2011년 세계 최대부국인 미국에서 빈부격차 심화와 금융자본의 부도덕성에 반대하기 위해 미국의 경제수도이자 세계 금융수도인 뉴욕 월가에서 "월가를 점령하라(Occupy Wall Street)" 시위가 발생하여 미국 전역으로 확산되었고 70여일간 지속되었다.

이러한 정경유착문제는 정부의 과도한 시장개입에서 비롯된 것입니다. 기업이 시장경쟁을 통해 살아남거나 퇴출당해야 하는데, 정부가 산업정책이나 규제를 통해 강제적인 자원배분을 하는 경우 기업은 당연히 정부의 힘을 이용하려는 유인을 갖게 됩니다. 따라서 정부나 정치권은 기업들에 유리한 정책을 만들고, 기업은 불법 비자금을 만들어 이들에게 대가를 지급하는 것입니다. 정경유착이 사라지기 위해서는 대폭적으로 규제를 완화하고 자원배분이 시장에서 이루어질 수 있는 작은 정부가 되어야 합니다. 정부가 시장에 개입하지 않으면 시장이 심판자와 조정자가 되어 경쟁력 있는 기업들을 선별하겠지요. 시장경쟁을 하게 되면 기업은 정경유착이나, 그로 인한 위법행위를 할 필요가 없게 될 것입니다.

사실 한국의 반기업 정서는 왜곡된 미디어와 교육 그리고 정부나 정치인들이 부추기는 면도 있습니다. 대부분 드라마나 영화에서 기업인들은 검사나 정치인 등을 돈으로 매수해 부를 쌓고, 사생활도 복잡하며 회사의 공금을 빼돌리는 부도덕한 사람들로 묘사됩니다. 중·고교에서는 기업의 역할이나 기업가정신을 제대로 교육을 하지 않아 청소년들이 기업가정신을 이해하지 못하고, 올바른 기업관이나 시장경제에 대한 이해도 부족한 상황이지요. 정치인들은 내용도 목표도 불분명한 '경제민주화'라는 선전문구로 기업들을 매도합니다. 관료들은 수시로 국세청, 검찰, 공정거래위원회 등을 동원해 기업들을 항상 부정을 저지르는 존재로 국민들에게 각인시키고 있지요. 시장경제체제에서 국민정서라는 미명으로 기업을 반대하는 것이 진보적이라고 평가받는 나라는 아마도 한국밖에 없을 것 같습니다.

한국의 대기업집단은 한국경제의 급속한 성장과 같이 발전해 왔고, 가족 중심의 기업지배구조는 대리인비용을 줄이고 경쟁력을 확보하여 한국 대기업 성공의 뿌리가 되었습니다. 대기업이 좋은 성과를 보이면 세금을 많이 내고 주주는 배당을 많이 받을 수 있으며, 종업원은 높은 급여를 받아 국민경제에 혜택이 돌아 갑니다. 한국의 반기업 정서에는 "대기업이 성장하기 위해 정부와 국민의 도움을 많이 받았는데, 왜 과실은 대주주 가족만 누리느냐?"라는 국민의 왜곡된 인식도 자리 잡고 있습니다. 한국의 시장경제가 여기서 한 단계 도약하려면 이러한 반기업 정서가 완화되어야 합니다. 그러기 위해서는 대기업의 준법경영도 필요하며, 기업의 활동과 역할에 대한 국민의 이해도 높아져야 합니다.

19 상호출자제한과 금산분리 등 대기업집단 규제는 필요한가요?

한국은 글로벌 대기업이 부족하고 대기업들의 규모도 상대적으로 작습니다. 한국을 대표하는 삼성전자의 시가총액은 애플사 시가총액의 25%에 불과하고, 현대자동차의 시가총액도 일본 도요타자동차의 15% 수준입니다. 2015년 〈포춘〉의 '글로벌 500대 기업' 중 한국 기업은 17개사만 포함됐지만 미국은 128개, 중국은 98개의 기업이 포함되어 있습니다. 영국 〈파이낸셜 타임스〉가 기업 시가총액을 기준으로 발표하는 '글로벌 500대 기업'에도 2015년 한국 기업은 삼성전자, 현대차, SK하이닉스, 한국전력 등 4개 기업만이 포함되었습니다.

그런데도 정부는 경제력집중 억제를 명분으로 매년 자산규모 5조 원 이상 기업집단을 대규모 기업집단으로 지정하여 상호출자, 신규 순환출자, 채무보증 등의 금지 및 소속 금융·보험사의 의결권을 제한해 왔습니다. 대규모 기업집단으로 지정되면 27개 법률, 60건의 규제를 받는데, 예를 들어 카카오가 대규모 기업집단으로 지정되면서 76개의 규제를 추가로 받는다고 합니다. 대규모 기업집단은 2016년 4월 현재 65개 기업이 지정되어 있습니다. 이 가운데 자산총액 기준 38위 이하는 자산총액이 10조 원도 넘지 못하고 10조 원 이상인 37개 대기업집단 가운데 정부소유기업이 10곳, 총수가 없는 집단이 5곳이므로 "총수가 있는 대기업집단"은 22개 기업입니다.

2016년 카카오와 셀트리온이 인터넷과 바이오 분야 최초로 공정거래법상 대규모

기업집단으로 지정되면서 대규모 기업집단 지정제도의 기준에 대한 논쟁이 불붙었지요. 카카오의 경우 그룹 내 상위규모 5개사를 제외하면 모두 평균 자산규모가 85억 원인 중소기업이거나 게임과 모바일 서비스 분야의 스타트업입니다. 그런데 카카오의 계열사로 묶이면 벤처캐피털투자가 금지되고 IT 관련 업종에 진출이 제한되거나 불이익을 받습니다. 병역특례도 적용받을 수 없고 유망 스타트업 기업과의 인수합병도 어렵습니다. 모바일 서비스는 세계적 기업들과 경쟁해야 하는데 각종 규제로 인해 카카오의 신사업 추진은 차질을 겪게 됩니다. 다국적 대기업들은 수백 조 원의 자산을 가지고 자본력으로 발 빠르게 움직이는데 국내 IT 기업은 과거 대규모 제조업에 대한 규제를 받고 있어요.

세계에서 가장 유명한 글로벌 브랜드들을 소유한 유니레버그룹

유니레버는 전세계에 글로벌 브랜드를 내세워 광범위한 영역의 사업을 하고 있다.

다행히 2016년 6월 9일 정부가 대규모 기업집단 지정기준을 2008년에 자산총액 2조 원에서 5조 원으로 상향조정 한 지 8년 만에 10조 원으로 인상하면서 카카오, 셀트리온 등은 대기업 규제에서 벗어나게 되었습니다. 5조 원이면 2008년 GDP 1,104조 원 대비 0.45%, 2014년 GDP 1,485조 원 대비 0.34%에 불과합니다. 대규모 기업집단 지정제도는 경제규모가 엄청나게 커졌는데 아직도 아기 때 옷을 기업에 억지로 입히려는 불합리한 제도이지요.

사실 한국의 대기업집단은 이미 낡은 모형으로 앞으로 생존이 불투명합니다. 비관련 다각화는 경제제도가 갖추어져 있지 않던 개발연대에 유효하던 전략으로 이제는 기업에 오히려 부담이 되고 있습니다. 기업을 정리하려고 해도 노조, 회계의 투명성, 기업 간 연계성, 종업원에 대한 충격, 가업에 대한 미신과 같은 유산 때문에 정리하지 못하고 있어요. 현재 30대 기업집단 중 영업이익으로 이자를 내지 못하는 그룹이 40%가 됩니다. 이런 기업집단을 재벌이라고 규제하는 것은 시대착오적입니다.

또한 세계화와 개방화가 급격하게 진전되는 상황에서 국내 대기업집단 혹은 대기업에 대한 규제는 국내시장에서의 외국기업과의 역차별 문제도 유발할 수 있습니다. 이 문제는 생각보다 심각합니다. 세계적인 글로벌기업의 국내 사업에 대해서는 규제를 하지 않으면서, 국내기업에 대해서만 '경제력집중'규제를 하면 국내기업은 오히려 역차별을 당하는 것이지요.

한국경제의 성장을 위해서는 국제경쟁력을 갖추고 규모로나 질적으로나 더 큰 대기업이 많이 등장해야 합니다. 이는 정부가 나서서 되는 것이 아니라 기업들이 규제를 받지 않고 자유로운 시장환경에서 자생적으로 경쟁력을 갖추어 성장하면 됩니다. 정부의 규제철폐는 대기업에는 지원정책이 될 수 있습니다. 원칙적으로 기업규모에 따른 차별적 규제는 철폐되어야 하며 대규모 기업집단 지정제도는 폐지되어야 합니다. 그러나 정치적 관점에서 단기적으로 규제폐지가 불가능하다면 경제규모에 걸맞게 대기업집단 규제기준을 상위 10~20개로 축소하는 것을 고려할 필요가 있습니다.

20 대기업이 돈을 **쌓아 놓고** **투자를 하지** 않는다?

　좋은 투자기회가 있는데 돈을 쌓아 놓고 투자하지 않는 기업은 거의 없을 것입니다. 기업이 내부에 쌓아 놓은 돈은 얼른 생각에는 기업이 가진 현금이나 은행예금으로 생각하기 쉽지만, 기업의 현금이나 예금을 합한 소위 당좌자산 또는 현금성 자산은 사실 얼마 되지 않습니다. 요즘처럼 은행예금에 대한 금리가 낮은 상황에서 기업이 현금성 자산을 많이 쌓아 놓고 있다면 이는 자산을 제대로 활용하지 못하는 것입니다.

　내부에 쌓아 놓은 돈이란 실제로는 당기순이익에서 배당하고 난 후에 남은 사내유보금을 말합니다. 기업회계는 복식부기로 한쪽에는 자산이 있고 다른 한쪽에는 부채와 자본이 있습니다. 기업은 타인의 자본(부채)을 빌리고 자기자본을 조달하여 이를 각종 자산에 투자해서 이윤을 창출합니다. 여기서 자기자본에는 주주로부터 출자받은 돈도 있지만, 사업을 잘해서 번 이윤을 사내에 유보한 사내유보금이 있는 것이지요. 따라서 사내유보금은 설비와 같은 고정자산이나 외상 매출금과 같은 유동자산 등 여러 형태로 자산에 투자된 것이지 현금성 자산과는 다릅니다. 따라서 일부 정치권이나 시민단체들이 사내유보금을 대기업의 '쌈짓돈'으로 왜곡하는 것은 정치적인 의도가 있거나 기업회계를 잘 이해하지 못한 것으로 보입니다.

　그러면 기업이 당기순이익 중에서 주주에게 얼마나 배당할 것인가의 결정은 어떻게 해야 할까요? 주주의 처지에서 보면 배당을 받아서 내가 그 돈을 소비 또는 투자하는 것보다 기업이 잘 투자해서 높은 수익을 올리는 것이 더 바람직할 수도 있지요. 예를 들어서 내가 배당으로 받아서 은행에 예금하면 수익률이 연간 2%인데, 기업이 잘 투자해서 연간 수익률이 7~8%가 된다면 주주 입장에서도 당연히 배당보다는 사내유보를 원할 것입니다. 따라서 기업 입장에서는 투자 기회가 많아서 주주에게 이자보다 더 높은 수익을 가져다줄 수만 있다면 낮은 배당을 하고 높은 비율의 사내유보를 하겠지요.

창립 이후 2015년까지 한 번도 배당을 하지 않은 아마존닷컴

1994년 7월 제프 베저스에 의해 창립된 아마존닷컴은 1995년 하반기에 인터넷 서점으로 시작하여 현재 온라인쇼핑의 절대강자로 군림하고 있는 세계적 기업이다. 아마존닷컴은 미국 전체 온라인 소매시장의 약 절반을 차지하고 있다. 2003년부터 흑자를 내기 시작했으나 2015년까지 한 번도 배당하지 않았다. 그런데도 주주들이 불평하지 않는 이유는 아마존닷컴이 이익을 재투자해서 계속 높은 수익을 올리고 있기 때문이다. 아마존닷컴의 주식가치는 2012년 말 미국기업 중 23위였으나 2016년 초 일약 6위로 올라섰다. 아마존닷컴은 일반 기업들과 달리 급속한 성장 속에서도 지난 10년 동안 지속해서 순수익률을 0~4%로 낮게 유지하고 있다. 아마존닷컴은 자본손실을 최소화하는 수준에서 유통시설 확장, R&D, 클라우드 서비스데이터센터AWS, 스마트폰/스마트패드 등의 개발, 드론 배송 등 현재의 수익을 포기하고 막대한 규모의 투자를 단행하고 있다. 즉 감가상각비와 연구개발비용 때문에 순수익률이 항상 낮게 유지되는 것이다. 아마존닷컴이 배당 없이 사내보유금을 모두 재투자하는 이유는 기업의 성장이 주주가치를 올리는 최선의 길이라고 판단하였기 때문이다. 아마존닷컴은 지난 2015년 3분기에 7,900만 달러(약 900억 원)의 적은 이익을 내고도 주가가 10% 이상 급등하여, 형편없는 수익률 및 무배당에도 불구하고 미국에서 성장성이 가장 높은 기업으로 꼽힌다. 투자자들은 영업이익이나 배당보다는 매출이 꾸준히 늘어나는 데 더 높은 점수를 준 것이다.

투자자들은 자기의 성향에 따라서 배당을 많이 하는 배당주나 혹은 배당은 적어도 성장 가능성이 많은 성장주를 선택합니다. 예를 들어 주식에서 일정한 배당을 받아야 하는 은퇴생활자와 당장 배당보다는 성장성이 높아서 미래에 배당을 기대하는 투자자가 각기 다른 주식을 선택하는 것이지요. 따라서 배당 성향은 개별 기업과 투자자가 정하는 문제입니다.

물론 사회나 정부가 주주의 세금회피 때문에 어느 기업의 배당이나 사내유보에 대해서 특별히 관심을 가질 수는 있겠지요. 기업의 법인세율은 25%, 개인의 소득세율은 40%로 각각 가정하고 기업이 배당하지 않고 사내유보를 하면 개인 주주의 입장에서는 세금을 유예받는 효과가 있을 것이기 때문입니다. 이는 조세형평에도 어긋나고 재정수입에도 부정적 영향을 주기 때문에 적정규모 이상의 사내유보에 대해 정부가 추가적인 과세를 할 수도 있습니다. 미국이나 일본, 대만 등 일부 국가들이 이러한 이유로 대개 비상장기업이나 대주주 지분이 상당히 높은 기업에 한정해서 과세합니다.

한편 기업이 법인세를 내고 준조세까지 부담하는 상황에서 사내유보금에 과세하는 것은 이중과세에 해당합니다. 사내유보금이 부족한 상황에서 불황이 닥치면 기업의 유동성 위기가 초래될 수도 있어요. 더욱이 자본주의 시장경제에서 기업의 사내유보금에 정부나 정치권, 또는 시민단체 등이 관여하는 것은 기업의 자율경영과 사유재산권을 침해하는 행위입니다. 사내유보금에 대한 과세는 장기적으로 기업투자를 위축시키고 경제성장의 기반을 약화할 것입니다.

지금과 같이 저성장 기조의 정착에 대한 우려가 클 때에는 기업의 투자와 고용을 늘리고 외국인 투자를 유치하기 위해 법인세율을 인하하고 준조세를 줄이는 등 기업의 투자비용을 줄여주는 것이 상식적인 정책입니다. 기업에 대한 법인세율이 높아지고 준조세가 부담될수록 기업의 투자는 감소하고, 이에 따라 고용이 축소되어 경제성장에 부정적인 영향을 미칠 수 있기 때문이지요. 정부 입장에서 보면 상대적으로 투명한 세원이 기업이기 때문에 기업에 대한 과세를 늘리기가 쉽고, 특히 법인세율 인상은 국민들의 '반 대기업 정서'에도 부합할 수 있겠지요. 그러나 왜 기업들이 투자를 못 하거나 안 하는지에 대해 정책당국과 정치권은 국민경제의 관점에서 보다 근본적인 발상의 전환을 할 필요가 있습니다.

중소·벤처기업의 성장을 위한 자금조달방법은 무엇인가요?

기업의 외부자금 조달방법은 크게 보면 은행을 통한 방법과 자본시장을 통한 방법의 두 가지가 있으며, 자본시장을 통한 방법은 다시 주식시장과 채권시장을 통한 방법의 두 가지로 나누어집니다. 은행은 자기 책임 아래 예금자와 대출자를 연결합니다. 그러니까 예금자는 은행을 믿고 예금하는 것이고, 은행이 기업에 대출을 할 때는 자기가 대출금 회수의 책임을 집니다. 반면에 기업이 채권을 발행하는 경우에는 투자자가 기업에 직접 대출을 해 주는 것이므로 이를 직접금융이라고 부릅니다.

우리나라의 경우 신용도가 높은 대기업은 은행대출도 쉽게 얻을 수 있고 채권시장에서의 자금조달도 상대적으로 쉽지만, 벤처나 중소기업은 정부의 정책금융 이외에 자금조달이 쉽지 않습니다. 은행권의 담보대출 위주의 금융관행으로 인해 중소·벤처기업이 사업성과 미래의 성장 가능성만으로 자금을 얻기도 어렵지요. 정부의 정책자금은 자원이 한정되고, 특정 기업의 경영이 어렵다고 정부가 지원하는 것은 시장원리에 맞지도 않으며 좀비기업을 양산할 수도 있습니다. 따라서 중소기업과 벤처기업의 성장을 위해서는 다양한 방식으로 스스로 자금을 조달할 수 있도록 자본시장이 발전되어야 합니다. 특히 기업은 상대적으로 낮은 금리로 간편하고 빠르게 자금을 구할 수 있는 자본시장이 매우 필요합니다.

2000년대 초, 닷컴버블 붕괴 이후 창업·벤처기업들의 자금조달은 특히 쉽지 않습니다. 벤처캐피털 등 모험자본 조성이 공공부문 중심으로 이루어져 시장 중심의 모험자본 기반이 매우 취약하기 때문입니다. 2014년 기준 창업투자조합 출자총액 중 정책금융의 비중은 41.7%나 됩니다. 제도금융권과 공적 자본시장에서의 건전성 규제는 과도하고 인센티브는 없어 모험자본 투자가 위축되어 있고, 중소벤처기업은 회사채시장 등 직접금융시장에서도 소외되어 있습니다. 금융위원회(2015)에 따르면 실제 중소기업의 자금조달방법은 2005~14년 누적 기준 은행대출이 264.4조 원 (86.9%), 벤처투자 10.7조 원(3.5%), 주식 · 회사채 29.2조 원(9.6%) 등이지요. 벤처기업에 대한 재정 · 정책금융의 비중은 2007년 26.9%에서 2014년 40.3%로 정부의존도가 높아졌어요. 중소 · 벤처기업에 대한 지원도 자금공급기능에 중점을 두고 있어 투자기업의 생존율이 낮고 기업의 지속적 성장에도 기여하지 못하고 있습니다. 2013년 기준 OECD 국가의 창업기업 3년 후 생존율은 호주 62.8%, 이스라엘 55.4%, 미국 57.6% 등에 비해 한국은 41.0%에 불과합니다.

정부는 2013년 7월 창업 초기의 중소 · 벤처기업들이 자금을 원활하게 조달할 수 있도록 중소기업 전용 주식시장인 코넥스(KONEX)를 설립하고 진입요건을 비롯하여 각종 규제를 완화하였지만 아직은 제대로 거래가 활성화되지 못하고 있습니다.

그러나 급속하게 발전하고 있는 금융의 디지털화에 기반을 둔 직접금융으로 인해 기업의 자금조달방식도 변화하고 있습니다. 최근 인터넷과 모바일 기술이 발전하면서 모바일 시장이 확대되고, 플랫폼 기업이 등장하여 중소 · 벤처기업들이 코스닥이나 증권시장과 같은 공적 자본시장보다 사적 자본시장에서 자금을 조달하는 것이 글로벌 추세입니다.

우리나라도 2000년대 중반 이후 벤처캐피털과 사모펀드를 필두로 사적 자본시장이 확대됐습니다. 2004년에 도입된 사모펀드는 설정액이 200조 원을 넘었으나 그동안 규제로 인해 제대로 된 역할을 하지 못했습니다. 그러나 운용사 설립 규제가 등록제로 완화되어 앞으로 벤처기업의 자금조달에 기여할 수 있을 것입니다. 또한, 최근

전문엔젤투자자제도의 도입, 크라우드펀딩의 법제화 등은 사적 자본시장을 발전시키면서 혁신벤처기업의 성장에 도움이 될 것으로 예상합니다.

향후 크라우드펀딩은 엔젤투자자와 벤처캐피털의 기능을 보완할 수 있을 것입니다. 크라우드펀딩은 창업 초기 벤처기업에 필요한 자금을 인터넷 등을 통해 다수의 소액투자자로부터 자금을 모으는 방식으로, 현재 국내에는 30여 개의 크라우드펀딩업체가 있습니다. 신생·벤처기업들은 온라인 크라우드펀딩업체가 중개하는 소액 투자자들로부터 연 7억 원까지 투자를 받을 수 있지요. 크라우드펀딩의 활성화를 위해서는 자금의 수요자와 공급자 간에 존재하는 불투명성과 정보 비대칭을 완화하고, 투명하고 공정한 시장을 조성할 수 있는 역량 있는 플랫폼 기업들이 늘어나야 합니다.

지분 투자형 크라우드펀딩 플랫폼: 영국Crowdcube vs. Seedrs

영국은 2012년부터 지분 투자형 크라우드펀딩을 공식적으로 도입하였는데 이에 대한 투자자의 62%가 이전에 비상장증권에 투자경험이 없는 일반투자자들이다. 따라서 크라우드펀딩에서 일반투자자를 보호하는 문제는 매우 중요한 쟁점이 되었다. 영국의 지분형 크라우드펀딩을 대표하는 플랫폼이 크라우드큐브crowdcube와 시더스seedrs이다. 크라우드큐브는 2011년 2월에 설립(공식인가는 2013년 2월)된 세계 최초의 지분형 플랫폼이고 시더스는 2012년 5월 최초로 공식인가를 받았다. 크라우드큐브는 미국의 사모 방식 플랫폼을 제외하고 세계에서 양적으로 세계 1위이며 시더스는 양적인 면에서는 유럽 10위 수준이지만 투자자 보호 등에서 가장 앞서있다. 크라우드큐브는 일정금액 이하의 투자자에게는 의결권이 없는 지분발행을 허용하며 투자 이후에는 개별 투자자들이 스스로 권익을 보호하고 행사한다. 반면 시더스는 모든 지분은 차등 없이 의결권을 가지는 보통주로 발행되며 소유권을 제외한 주주의 모든 권한을 시더스가 지정인으로서 위임받아 행사한다. 시더스가 자본조달을 희망하는 기업을 검토하고 승인된 사업에 대한 정보와 자본조달규모를 플랫폼 웹사이트에 게재하면 해당 기업은 최소 10유로에서 최대 15만 유로까지 자금을 모을 수 있다. 시더스는 기업이 원하는 자금을 모두 모으면 법적인 기업실사를 하고 특수목적회사SPC를 만들어 지분구매를 하여 투자자를 보호한다. 크라우드큐브와 시더스는 각각 투자자에 대한 상반된 전략으로 성공하였다.

22 우리나라 **기업들은 법인세** 이외에도 **준조세**를 많이 **낸다고** 하는데?

대부분 국가에서 대표적인 기업과세는 법인으로 등록된 기업의 소득에 부과되는 법인세입니다. 우리나라의 법인세는 내국법인의 국내·외 모든 소득과 외국법인의 국내 원천소득에 대하여 부과됩니다. 현행 법인세율은 과세표준별로 2억 원 이하는 10%, 200억 원 미만 20%, 200억 원 초과 일반법인은 22%로 3단계의 누진적 구조입니다. 2014년 신고기준 법인세 과세표준을 법인 규모별로 보면 중소기업 법인이 26.2%, 대기업을 포함한 법인이 과세표준의 73.8%를 차지하고 있어요. 대기업들이 중소기업보다 더 많은 세금감면 혜택을 받는다는 비판이 있으나 이는 조세의 특성상 당연합니다. 대기업은 중소기업보다 더 많이 투자하고 소득이 더 높아 더 많은 세금을 부담하기 때문에 이에 따라 세금감면 혜택도 더 많이 받게 되는 것이지요.

우리나라 법인세수는 다른 선진국들에 비해 전체 조세수입에서 차지하는 비중이 높습니다. 법인세수의 GDP 대비 비중은 2013년 OECD 평균이 2.9%, 제조업 강국 독일은 1.8%, 대표적인 복지국가인 스웨덴은 2.6%지만 우리나라는 3.4%로 OECD 32개 조사대상국 중 6위입니다. 법인세수가 총 조세수입에서 차지하는 비중은 OECD 평균이 8.5%이지만, 우리나라는 14.0%로 일본의 13.2%보다 높고 다른 선진국들은 전체 조세수입의 10% 미만이어서 OECD 국가 가운데 3위입니다. 실제 우리나라의 국세수입이 1996년부터 2015년까지 2,974배 증가한 반면 법인세수는 동기간

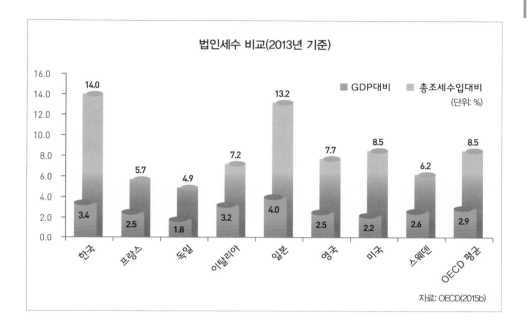

법인세수 비교(2013년 기준)

GDP대비 ■ 총조세수입대비
(단위: %)

	한국	프랑스	독일	이탈리아	일본	영국	미국	스웨덴	OECD 평균
총조세수입대비	14.0	5.7	4.9	7.2	13.2	7.7	8.5	6.2	8.5
GDP대비	3.4	2.5	1.8	3.2	4.0	2.5	2.2	2.6	2.9

자료: OECD(2015b)

4,131배가 증가하여 가장 많이 증가한 조세유형입니다.

법인세율 인하는 경기침체기에 기업의 투자와 고용을 늘리고 외국인 투자를 유치하기 위한 주요한 정책수단입니다. 세계화와 개방화로 인해 자본이 국경을 넘어 쉽게 이동할 수 있으므로 세계 각국은 해외에 나가 있는 기업들의 국내 회귀를 촉진하고, 자국 내로 해외투자를 유치하기 위해 법인세율 인하 경쟁을 하고 있지요. 국제회계법인 딜로이트가 발표한 2011~2015년 법인세율 추이를 보면, 덴마크, 핀란드, 스웨덴 등 북구 복지국가들은 법인세율을 인하하였고 미국은 국외 생산기지를 국내로 이전하면 35%의 법인세율을 28%로 인하해줍니다. 영국이나 일본도 법인세율을 낮추고 있지요. 기업에 대한 법인세 부담이 증가할수록 기업의 투자는 감소하고, 이에 따라 고용이 축소되어 경제성장에 부정적인 영향을 미칠 수 있기 때문입니다.

한국기업은 법인세 이외에도 과도한 준조세를 부담하고 있습니다. 준조세는 조세 이외의 부담금, 사회보험료, 행정제재금, 수수료, 기부금 및 성금 등을 포함합니다.

준조세는 기업의 비용부담을 높이기 때문에 투자를 저해하고 제품의 비용을 상승시켜 소비자들에게 부담을 전가하기도 합니다. 과도한 부담금은 개발사업, 물류센터, 공장 등에 대한 신규투자를 위축시키는 요인이 되며, 조성원가에 반영되어 부동산 가격을 상승시켜 제조업의 경쟁력을 저하시킵니다. 이러한 준조세는 조세보다 투명하지 않아 국민의 저항이 크지 않으면서 국회의 사후 통제도 별로 없어 정부가 자의적으로 만들어 징수하기도 쉽습니다. 기획재정부(2015a)에 따르면 대표적 준조세인 부담금은 2001년 101개, 6조 7,683억 원에서 2014년 95개, 17조 1,797억 원으로 개수는 감소하였으나 액수는 2.5배가 증가하였고, 2015년 법인세 45조 원의 1/3이 넘습니다.

법적 근거도 없이 기업에 강요되는 각종 기부금 및 성금은 정부의 정치적 목적을 위해 활용되기도 합니다. 대표적인 예가 한ㆍ중 자유무역협정(FTA)의 국회 비준을 대가로 조성되는 '농어촌상생협력기금'이나 정부의 청년 일자리정책을 위한 '청년희망펀드'에 기업들이 참여하도록 강요하는 것이지요. 평창올림픽 후원금, 동반성장기금, 미소금융기금 등 각종 복잡다기한 기금들과 후원금들은 실태파악조차 어려운 경우도 많습니다.

저성장 기조가 정착되고 경기침체가 지속되는 상황에서 국제적 추세를 역행하는 높은 법인세 부담과 정치적ㆍ행정적 편의에 따른 과도한 준조세는 기업의 투자활동을 가로막는 중요한 요인 중의 하나입니다. 현재 반복적인 재정지출의 확대를 통한 경기부양정책이 별 효과를 보이지 못하고 있기 때문에 한국경제는 새로운 정책수단이 필요합니다. 한시적이라도 법인세율을 인하하고 부담금을 과감하게 축소하여 민간부문이 경기부양의 주체가 되도록 해야 합니다. 경기가 활성화되면 세율이 낮아져도 조세수입이 증가할 수 있기 때문에 정부는 재정지출 수준을 그대로 유지할 수 있겠지요. 시장경제에서 정부는 재정으로 사회정책과 경제활동에 필요한 인프라 구축에 집중하고 민간은 투자에 집중해야 합니다. 단기적인 경기부양책보다 중장기적인 관점에서의 민간의 투자활성화를 촉진할 수 있는 정책이 시급합니다.

23 대기업과 중소기업의 동반성장은 과연 가능한가요?

한국사회에는 대기업만 잘 되고 중소기업은 점차 더 어려워지고 있다는 인식과 교섭력이 큰 대기업이 중소기업을 상대로 불공정한 거래를 한다는 소위 '갑질'논쟁이 널리 퍼져 있습니다. 그래서 대 · 중소기업의 상생협력에 대한 법이 생기고, 2010년에는 동반성장위원회라는 민간조직이 출범하여 대기업과 중소기업 간의 갈등을 해소해 건전한 기업생태계를 만드는 등 민간부문의 합의도출을 위해 노력하고 있지요.

중소기업 적합업종 지정은 중소기업을 돕는 정책인가?

동반성장위원회의 중소기업 적합업종 지정제도는 1979년에 도입되어 2006년에 폐지된 중소기업 고유업종 지정제도를 재도입한 것으로, 중소기업 업종으로 지정된 사업에 대한 대기업의 신규참여를 원칙적으로 금지하는 것이다. 중소기업 적합업종은 2016년 5월 기준 도시락, 두부 등 제조업 55개 품목, 제과업 등 18개 품목 등 73개 품목이다. 과거에 중소기업 고유업종 지정제도가 폐지된 이유는 중소기업의 기술개발이나 투자부진 때문에 해당 업종에서 혁신이나 효율화가 이루어지지 못해 중소기업도 살아남기가 어렵기 때문이었다. 특히 무역자유화로 외국제품이 쉽게 국내시장에 진출하는 상황에서 중소기업을 보호하는 이런 정책은 결국 기업경쟁력을 약화시키고 경제 전체의 효율성도 저하시킨다. 그래서 지금의 동반성장위원회는 중소기업 적합업종을 정하고, 대기업이 자율적으로 진입을 자제하는 식으로 제도를 운용하고 있다. 경제논리보다는 정치적이고 사회적인 논리가 지배하는 셈이다. 기업의 업종을 정부가 지정하는 것은 기업경영에 대한 과도한 정부개입으로 업종선택 및 시장진출 여부는 기업 스스로가 선택하는 것이 원칙이다. 따라서 중소기업 적합업종 지정제도를 폐지하고 중소기업의 수출기업화 및 경쟁력강화정책을 추진해야 한다. 정부에 의해서 보호받는 기업은 반드시 경영이 안 이해지고 경쟁력이 약화된다.

동반성장이나 상생(win-win)을 반대하는 사람은 아무도 없을 것입니다. 문제는 시장거래는 좁게 보면 제로섬(zero-sum) 게임이라는 것이지요. 한 푼이라도 깎으면 사는 사람에게 유리하고 파는 사람은 그만큼 불이익을 받겠지요. 이러한 이해관계가 있으므로 개개의 거래에 대해 정부나 제3자가 나서서 관여하기는 어렵습니다. 원래 생태계의 기본 원리는 적자생존이고, 강한 자가 살아남는 것입니다. 생태계에는 공진(共進, co-evolution)이라는 개념이 있습니다. 아프리카의 초원에서 사자의 사냥감은 가젤이라는 동물인데, 사자는 달리면 500m 정도밖에 못 달리는데, 그 500m를 사자보다 빨리 달리는 가젤은 살아남고, 그렇지 못한 가젤은 사자의 먹이가 된다고 합니다. 이러한 먹이사슬 때문에 가젤은 더 빨리 달리게 되고, 사자 중에도 더 빨리 달리는 놈이 살아남습니다. 먹이사슬에 공진의 원리가 작용해서 종(種)이 번성하게 되는 것이지요. 시장경쟁에서도 결국 경쟁력이 약한 기업은 도산하고 강한 기업만이 살아남게 되면서 자본주의 자체의 생산성이 높아지게 됩니다. 따라서 기업 간의 시장거래에 정부나 사회단체가 개입하면 시장거래가 위축되고 경제의 생산성은 약화됩니다.

한국에서 유독 대·중소 기업 상생이 더 논란이 되는 것은 대기업 중심 경제구조의 유산입니다. 1970년대 정부 주도의 선택과 집중에 따른 중화학공업화정책으로 인해 자본과 기술이 대기업에 집중되고 중소기업은 기술력과 경영능력이 취약하여 하청기업이 되었습니다. 우리의 기업생태계는 일본이나 독일처럼 공업화의 역사가 길고 중소기업의 기술력이 더 뛰어나 대기업이 오히려 조립업체였던 경우와는 근본적으로 다릅니다. 일본이나 대만에서는 조립업체보다 부품이나 소재를 만드는 중소기업이 수익성이 더 높은 경우가 많습니다. 축적된 기술이 다양하기 때문이지요. 일본이나 독일은 중소기업을 기반으로 산업이 성장했지만, 한국은 도입된 기술을 가지고 산업화를 했기 때문에 초기에 중소기업의 경쟁력이 많이 취약했던 것입니다. 그러나 산업화의 역사가 50년 가까이 되면서 기술력과 경영능력이 뛰어난 중소기업과 중견

기업이 많이 생겨나고 있으며, 오히려 대기업 중에도 핵심역량이 취약해서 도태되는 기업이 늘고 있습니다.

물론 정부의 인위적인 환율정책으로 인해 대기업과 중소기업의 격차가 더 커진 경향도 있습니다. 1997년 외환위기 이후 국제금융시장이 불안해지면 한국은 원화 환율의 가치하락을 통해 대외균형을 유지해 왔습니다. 1997~1998년, 2003~2004년, 2008~2009년 세 차례에 걸쳐 원화가치가 크게 떨어지거나 경기부양을 위해서 인위적으로 환율을 낮게 유지한 적이 있습니다. 이는 구조적으로 수출기업에 일시적인 이익을 가져다주었는데, 이러한 일부 대기업의 일시적 수익증가로 인해 대기업과 중소기업의 수익성 격차가 더 확대된 것입니다.

그러나 대기업이 강하고, 중소기업은 약해서 정부와 사회가 나서서 중소기업을 보호해 주어야 한다는 논리는 설득력이 약합니다. 대기업 중에도 경쟁력이 없는 기업이 많고, 중소기업 중에도 경쟁력이 강한 '히든챔피언'이 있기 때문입니다.

정보통신기술에 기반을 둔 새로운 기업생태계에서는 네트워크 자체가 경쟁력이고, 대기업은 중소기업을 위한 플랫폼을 만들어서 생태계의 리더 역할을 해야 하는 상황입니다. 애플, 구글, 네이버, 카카오, 알리바바 등 새롭게 부상하는 인터넷기업에는 건전한 생태계 자체가 기업의 생존기반입니다. 연구개발도 개방형이 대세가 되고 있고, 고객을 끌어들이는 신제품 개발이 새로운 조류이지요. 온라인사업이 확대되고 오프라인과 결합되는 새로운 환경에서 기업 간 협업은 생존을 위한 필요조건이고, 강건한 기업생태계가 경쟁력의 근간이 되고 있습니다. 이제 정부나 사회의 개입 없이도 개방과 협업이 대세가 되고 있어 시장의 역할을 믿는 것이 더 바람직합니다. 강건하고 지속가능한 기업생태계가 대기업과 중소기업 모두에게 유리하기 때문입니다.

24 중소기업 지원정책은 정말로 중소기업을 돕고 있나요?

　"형님, 왜 자꾸 사업을 확대하려고 하세요? 이제 좀 편하게 사세요." 필자가 최근에 만난 경영자 P 씨는 지금 나이가 60대 초반인데, 맨손으로 사업을 시작해서 현재 매출이 2,000억 원이 넘고 영업이익이 업계 평균의 두 배가 넘는 서비스회사를 키워냈습니다. P 씨는 요즘도 계속해서 새 사업기회를 찾고 있는데 동료나 후배 사업가들이 한사코 P 씨의 사업확장을 말린다는 것입니다. 그들의 논리는 "한국에서는 기업이 너무 크면 다친다"는 것입니다. 왜 한국의 많은 기업인은 그냥 중소기업으로 남아 있으려고 할까요?

　한국에서 중소기업은 '기업'이 아니라 정부가 지원해야 하는 시혜의 대상이 되었습니다. 정부정책 가운데 중소기업을 위한 지원액이 사업 예산의 30% 이상을 차지하면 중소기업지원정책이라고 합니다. 정부의 중소기업지원정책은 300가지가 넘고 지난 40여 년간 정부가 중소기업에 쏟은 재정도 200조 원이 넘는다고 합니다. 국회예산정책처(2015)에 따르면 중소기업에 대해 조세지원을 하는 조세지출*액도 2016년 2조 원으로 추정되고, 2016년 중소기업은 5조 7천억 원의 조세혜택을 받아 기업 전체 조세수혜액 9조 7천억 원의 58.8%를 받지요. 중앙정부의 중소기업 정책자금지원은 2016년 계획상 3조 5천억 원이 넘고 소상공인에 대해서는 1조 5천 6백억 원이 넘습니다. 각 지

＊조세지출
사회적·경제적 목적을 달성하기 위해 특정한 경제활동 또는 특정한 집단에 대해 세액 감면이나 세율 인하 등을 해 주는 조세지원

방자치단체도 다투어 중소기업지원정책을 추진하고 있지요.

중소기업지원정책을 통해 강소기업 및 중견기업을 육성하는 것은 정부의 중요한 정책목표입니다. 대기업 중심의 성장패러다임을 극복하기 위해 중소기업 활성화는 매우 중요합니다. 그러나 새로운 정책을 더 만들고 예산을 증액한다고 중소기업이 성장하는 것은 아닙니다. 이제까지 수많은 정책과 지원에도 불구하고 중소기업들은 여전히 어려움을 호소하고 있는 현실은 중소기업지원정책에 문제가 있다는 것을 보여주지요.

무엇보다도 한국경제에서 차지하는 중소기업의 비중을 재검토해야 합니다. 기업체 단위가 아닌 사업체 단위로 추정한 중소기업의 비중은 과다하게 계산되었습니다. 예를 들어 사업체 기준으로 평가한 중소기업청의 중소기업은 대체로 우리나라 사업체 수의 99.9%, 종사자 수의 87.7%를 차지합니다. 그러나 기업체 단위로 분석한 장우현 외(2013)에 따르면 대기업의 종사자 수는 전체 종사자 수의 22.45%이고, 중소기업은 소상공인을 제외하면 총 244,524개(소속 사업체 수 320,712곳)로 전체 종사자 수의 37.49%를 고용하고 있습니다. 통계청의 '기업생멸행정통계'에 따르면 2013년 기준 대기업과 중소기업의 기업 수 비율은 1:99이고 총 종사자 수 비율은 24:76입니다.

중소기업정책은 중소기업이 약자이니까 도와주어야 한다는 사회정책적 프레임에서 벗어나야 합니다. 중소기업도 적자생존을 위한 경쟁을 해야 하며, 개별기업에 대한 정책자금 지원이나 세제혜택 중심의 지원을 하는 정책은 폐지되어야 합니다. 다수의 기업이 존재하고 기업들이 시장에서 경쟁하는 상황에서는 개별기업에 대한 지원이 아니라 금융, 노사관계, 직업훈련, 기술혁신 및 연구개발 등 다양한 요소가 상호작용하는 기업생태계가 중요합니다. 개별기업에 대한 지원은 재정의 특성상 예산제약이 있으므로 모든 기업이 혜택을 보는 것은 불가능하며 기업활동에 대한 공공의 자의적 개입도 우려됩니다. 기업생태계가 부재하고 시장인프라가 부족한 상황에서 개별기업들에 대한 재정지원은 예산낭비만을 초래하고 실질적인 기업의 성장에는 전혀 기여하지 못하는 결과를 초래할 수 있지요.

또한, 중소기업의 성장 전망에 근거한 지원정책이 필요합니다. 지금의 중소기업지원 정책은 중소기업이어야 받을 수 있는 혜택이기 때문에, 중소기업은 성장하려 하기보다 오히려 그 위치에 안주하려고 합니다. 따라서 중소기업의 지원목적을 중소기업의 강소 기업화, 중견기업화로 두고 이에 해당하지 않는 지원은 모두 배제해야 합니다.

성장하는 것이 싫어요!: 중소기업의 피터팬 증후군

국내 중소기업들이 중견기업이나 대기업으로 성장하기를 싫어하는 현상을 중소기업의 '피터 팬 증후군'이라 부른다. 중소기업들은 성장으로 얻는 이익보다 중소기업의 혜택을 받지 못하는 불이익이 더 크기 때문에 성장을 꺼린다. 중소기업법에 따르면 자기자본이 1,000억 원이 넘거나 지난 3년 평균 매출이 1,500억 원이 넘는 기업은 자동으로 중견기업에 편입된다. 중견 기업이 되면 47개의 혜택이 사라지고 200여 개의 추가적인 규제를 받는다고 한다. 기업의 자본금과 자산규모가 커질수록 공정거래법상 규제는 늘어난다. 자산이 1,000억 원 이상인 기업은 부채와 관련된 규제를 받고, 2,000억 원 이상인 기업은 기업결합 시 공정거래위원회에 신고해야 한다. 대기업집단으로 지정되면 지주회사 관련 규제와 상호출자금지, 계열회사 채무보증 금지 등의 규제를 추가로 받고 공공구매시장에 대한 입찰 참여도 제한된다. 중견기업은 중소기업으로 남아 있기 위해서 기업을 나누거나 계열사를 만드는 등의 회사 쪼개기, 해외진출 등을 한다. 중소기업은 소기업이 되기 위해 인원 감축을 하는 부작용이 있어 정부는 2015년부터 최근 3년간 평균 매출액을 기준으로 소기업을 분류하고 있다. 관계부처 합동(2015)에 따르면 성장걸림돌 규제는 2013년 83개에서 2015년 73개로 줄었지만, 중견에서 중소기업으로 회귀한 기업은 2011~13년 217개이다. 기업의 피터팬 증후군을 없애고 역동성을 높이려면 기업 규모와 상관없이 업종을 중심으로 지원하면서 대기업에 대한 규제는 폐지해야 할 것이다.

기업정책에서 정부 및 공공의 역할도 재정립될 필요가 있습니다. 시장의 변화는 당사자인 기업이 가장 잘 알고 있고 기업은 자신의 생존을 위해 시장에 적응해 나가는 존재입니다. 따라서 정부나 공공부문이 자신들의 기준을 가지고 기업을 선택하여 지원하는 정책은 더는 유효하지 않습니다. 중소기업을 육성한다는 평계로 공무원들이 자의적으로 선택한 일부 기업들에 예산을 나누어주는 것은 기업경쟁력을 약화시키고, 기업 간 형평성에도 맞지 않으며 예산낭비를 초래할 뿐입니다. 정부는 그저 사업하기 좋은 환경을 만들고 공정한 시장의 규칙을 확립하기 위해 노력하면 됩니다.

25 사회적 기업의 역할과 한계는 무엇인가요?

 사회적 기업이란 수익도 창출하면서 사회적인 목적도 달성하는 복수의 목적을 가진 조직입니다. 사회적 기업은 수익성(경제적 목표)과 사회적 목표를 동시에 달성하기 위해서 영리법인의 형태를 취할 수 있습니다.

 사회적 기업은 전통적으로 정부와 시장의 힘이 충분히 미치지 않는 복지 사각지대에 대한 보완책으로 등장하였습니다. 유럽에서는 복지국가 모델이 한계에 오면서 민간조직이 사회서비스를 제공할 필요성이 생겼고, 미국에서는 빈부격차의 확대라는 경제체제의 실패를 보완하는 방안으로 사회적 기업이 활성화되었습니다. 한국의 사회적 기업은 취약계층에 일자리와 사회서비스를 제공하는 목적으로 정부가 인증제를 채택하여 고용보조금을 지급하는 정책을 통해 증가해 왔습니다. 한국사회적기업진흥원에 따르면 인증을 받은 사회적 기업은 2016년 5월 현재 1,526개입니다. 그러나 정부가 채택한 사회적 기업 제도는 너무 좁은 개념입니다. 실제 사회적 목표가 경제적 목표 못지않게 중요한 기업은 모두 사회적 기업이라고 할 수 있습니다.

 어떻게 보면 훌륭한 기업은 단순히 돈을 버는 것이 목적이 아니라고 할 수도 있습니다. 모든 기업은 상품과 서비스를 공급하는 것을 기본 존재이유로 하는데, 이러한 물건이나 서비스 자체가 사회적 목적을 달성하는 셈입니다. 또한, 기업이 사회적으로 유익한 일을 하고 그러한 이미지를 가지고 있을 때 유능한 인재가 기업으로 오겠지요. 그런 관점에서 보면 모든 기업은 사회적 기업의 성격을 조금씩은 다 가지고 있다고 하겠습니다. 국내에서도 청년들이 유한 킴벌리같이 사회적 공헌을 많이 하고 사회적 이미지가 좋은 기업에서 일하려고 하는 경향을 보입니다.

사회적 기업 현상을 확대해 보면 사회적 경제란 새로운 패러다임이 그 배경에 있습니다. 사회적 경제는 정부정책과 시장경쟁의 한계와 모순을 연결하는 혼합형 공유경제로 해결하겠다는 접근방법으로, 경쟁과 협력을 바탕으로 새로 형성되고 있는 기업생태계의 움직임과 맥을 같이 합니다. 기업을 시장의 불완전성을 극복하기 위한 수단으로 여기는 거래비용 관점에서는 시장거래가 시장에서의 기회주의적인 행동이며, 그로 인한 비용을 줄이기 위해 거래를 내부화하는 것이었지요. 그러나 정보기술의 발달과 평판의 중요성이 커지면서 시장에서의 신뢰가 쌓이고, 그 결과 사회적 네트워크가 시장거래와 기업의 대안으로 등장하였습니다. 과연 앞으로 사회적 경제나 공유경제의 패러다임이 전통적인 시장경제를 얼마나 대체할지 두고 볼 일입니다. 마찬가지로 경제적 목표와 사회적 목표를 동시에 추구하는 사회적 기업이 얼마나 그 이상을 달성할지도 더 두고 보아야 할 것입니다.

성공적인 사회적 기업: 탐스슈즈TOMS Shoes

2006년 블레이크 마이코스키에 의해 설립된 탐스슈즈는 미국 캘리포니아에 본사가 있으며, "내일을 위한 신발Shoes for Tomorrow"이라는 슬로건 하에 운영되는 사회적 기업으로 유명하다. 블레이크 마이코스키는 아르헨티나 여행 중 신발조차 신을 수 없이 가난하여 맨발로 돌아다니는 아동들을 본 후 일회성이 아닌, 지속적인 도움을 주기 위해 기업을 설립하였다. 탐스슈즈는 소비자가 한 켤레의 신발을 사면 한 켤레의 신발을 제3세계 어린이들에게 기부하는 일대일 기부방식으로 영업한다. 이는 사회적 목표와 영리 목표를 연결하는 일종의 공익연계마케팅 cause-related marketing이다. 최근 탐스슈즈는 무료신발 제공이 저개발국의 신발산업 발전에 악영향을 끼친다는 비판을 받고, 피해를 최소화하기 위해 판매용 신발은 기존의 중국공장에서 생산하고, 기부용 신발은 신발을 많이 기증하는 지역에 공장을 세워 공급하기로 하였다. 탐스슈즈는 남미 아르헨티나와 아프리카 에티오피아에 기부용 신발공장을 설립하여 해당 지역에 일자리도 창출하고 있다. 저개발국 아이들에게 신발을 직접 주는 것보다 공급망을 바꿔 저개발국 국민에게 일자리를 만들어 주는 것이 더 큰 사회적, 경제적 영향을 줄 것으로 기대된다.

개 같이 벌어 정승처럼 쓴 '석유왕' 록펠러

　록펠러(John Davison Rockefeller, 1839~1937년)는 미국 역사상 최고의 부자로 평가받는다. 그의 재산은 사망 당시 미국 GDP의 1.5%가 넘었고 2013년 기준으로 3,000억 달러가 넘어 현재 세계 최고의 부자라는 빌 게이츠의 재산 785억 달러의 4배 가까이 된다. 록펠러는 석유를 발견하지 않았지만, 석유를 이용하여 부자가 되어 '석유왕'으로도 불렸다. 록펠러는 경영의 귀재로 '리베이트'와 '트러스트'라는 용어를 대중화시켰고, 1890년 미국 최초의 반트러스트법인 셔먼법은 록펠러를 타깃으로 하여 제정되었다.

　석유의 상업적인 생산은 1859년 펜실베이니아 주 타이터스빌에서 석유 시추가 성공하면서 시작되었다. 펜실베이니아와 오하이오 주에는 석유를 캐서 백만장자가 되려는 사람들이 수없이 몰려들면서 오일 러시(Oil Rush)가 본격화되었다. 록펠러는 1862년 석유정제업을 시작하고, 1870년 다섯 개의 회사를 사들여 '스탠더드 오일(Standard Oil)'을 설립했다. 록펠러는 안정적인 운송물량이 있어야 하는 철도회사에 매일 유조차량 60대의 운송을 보장해 주고 리베이트를 받았다. 리베이트제도는 이후 담배, 제당, 위스키, 소금, 제과 등으로 광범위하게 퍼졌다.

　록펠러는 경쟁업체들을 제거하기 위해 은행 간부들에게 스탠더드 오일의 주식을 뇌물로 양도하여 경쟁자들을 지원하지 못하게 하고, 경쟁업체 직원을 매수해 정보를 빼내 덤핑가격을 제시해서 경쟁업체의 판매계약을 취소하게 하였다. 정치인에게 뇌물을 주어 경쟁회사가 사업을 못 하도록 압력을 행사하기도 했다. 록펠러는 1871년 12월부터 1872년 3월까지 '클리블랜드 대학살'로 알려진 기업 인수합병을 통해 뉴욕에서 15개, 필라델피아에서 12개, 피츠버그에서 22개, 석유지대에서 27개 등의 정유사를 인수했다. 그리하여 스탠더드 오일은 1878년 미국 전체 정유 물량인 360만 배럴 중 대부분인 330만 배럴을 취급하였다. 록펠러는 독점으로 인한 규모의 경제를 기

스탠더드 오일 트러스트 주식 증서

반으로 경쟁사를 죽이기 위해 가격을 인하하여 등유 가격을 80% 이상 인하하였고, 품질을 혁신해 정유산업이 비약적으로 발전하는 기회를 만들었다. 스탠더드 오일은 지주회사로 개편되어 은행, 선박, 철강, 석탄 등으로 사업을 확대했고, 도로 건설을 위한 타르부터 가정용 바셀린까지 300여 종류의 석유 부산물도 개발하였다.

그러나 록펠러는 직원들을 벌레로 부르며 저임금으로 착취하였고, 노조를 죄악시하여 노동조합의 결성을 막았다. 1914년 콜로라도에서 록펠러 소유의 콜로라도 주 남부의 탄광 노동자들이 비인간적인 대우와 열악한 노동조건에 항의해 파업을 일으키자, 민병대가 광산 보안요원들과 함께 광부와 어린이 11명, 여성 5명 등 53명의 민간인을 죽이는 러드로 대학살(Ludlow Massacre)이 일어나기도 했다.

록펠러와 스탠더드 오일에 대한 미국 사회 전체의 반감이 커지면서 오하이오주 법무부는 1892년 스탠더드 오일이 다른 회사의 주식을 보유하는 것이 주법에 위반되는 것으로 판정하였다. 그러자 록펠러는 뉴저지로 회사를 옮겨 스탠더드 오일 트러스트를 통한 문어발식 확장을 계속했다. 뉴저지의 스탠더드 오일은 스탠더드 오일 그룹 41개사의 지주회사 격이었다. 1902년부터 연방정부는 스탠더드 오일이 철도요금, 파이프라인 등을 통제하여 다른 기업들과의 자유경쟁을 저해했다며 독점금지법에 따라 조사에 착수했다. 1911년 연방대법원은 스탠더드 오일이 석유산업을 불법적으로 독점했다고 판결하고 스탠더드 오일을 해체하여 34개의 독립된 회사로 분산시켰다. 지금의 엑손모빌, 셰브런 등의 석유 대기업이 당시 스탠더드 오일에서 분리된 것이다.

산업의 황제가 된 록펠러를 풍자한 잡지 펵Puck의 1901년도 만평

악덕 기업가로 악명을 날린 록펠러는 스탠더드 오일이 해체되면서 일선에서 물러나 자선사업에 몰두하였다. 록펠러는 미국 최초의 의학연구소인 록펠러의학연구소를 건립하고, 시카고대학을 지원하는 록펠러재단을 설립했다. 록펠러는 1920년대 말 대공황기에는 엠파이어스테이트빌딩 건립을 주도하였고, 록펠러센터는 실업 해소를 위해 애초 계획보다 훨씬 큰 고층빌딩으로 건설되었다. 록펠러재단은 제2차 세계대전 후 뉴욕의 땅을 매입해 UN 부지로 무상기증도 하고 세계 곳곳의 문화유적 복원이나 자선사업에 많은 기부를 하고 있다.

석유왕 록펠러가 부를 축적하는 과정은 비도덕적이었고, 미국 자본주의를 발전시킨 철도왕 밴더빌트, 강철왕 카네기, 금융왕 JP 모건 등도 비도덕적으로 부를 쌓았다고 한다. 경쟁이 치열한 시장에서 생존하고 발전하기 위해서는 어느 정도의 냉혹함이 필요하기 때문일 것이다. 그러나 사업에서 무자비한 잔혹함의 대명사였던 록펠러는 독실한 기독교 신자였으며 근검절약하고 근면성실한 사람으로 평생을 거르지 않고 매일 개인 회계장부를 썼다고 알려져 있다. 록펠러의 개인적 특성과 부의 축적과정은 청교도적 자본주의 국가인 미국 현대사의 축소판으로 평가될 수 있을 것이다.

Q26~
Q39

제 3 부

산업과 노동

지금도 정부의 **산업정책이** **효과가** 있나요?

한국경제의 성공을 이끌었던 핵심적인 동력 중의 하나가 정부의 적절한 산업정책이었습니다. 자원도 경험도 없고, 시장도 기업도 없는 빈곤국가에서 정부는 가장 강력한 소비자이자 생산자이며, 자원을 거의 모두 소유하고 있었기 때문에 산업정책을 주도적으로 이끌어 나갈 수 있었습니다. 식민지와 한국전쟁을 겪으면서 피폐화된 한국은 1960~1970년대 강력한 정치적 리더십의 주도로 자원을 배분하고 생산을 할당해 특정 산업을 집중적으로 육성하면서 한국의 경제성장이 시작되었지요.

1970년대 중화학공업육성정책의 성과와 한계

중화학공업육성정책은 우리나라 산업정책의 대표적인 예이다. 1973년 박정희 대통령은 연두 기자회견에서 '중화학공업선언'을 하고 철강, 비철금속, 조선, 기계, 전자, 화학 등 6개 전략업종의 성장계획에 대한 청사진을 발표했다. 중화학공업육성은 100억 달러 수출달성과 자주국방을 목표로 하였다. 중화학공업은 대규모 투자가 필요하지만, 당시 투자능력이 있는 기업은 별로 없었다. 따라서 정부는 소수 기업들에 저렴한 정책자금을 대출해주고 세금감면 등 조세 혜택과 보조금 지원 등 모든 정책적 자원을 집중시켰다. 당시 현대, 삼성, 럭키금성LG, 선경SK, 쌍용, 한진 등은 조선, 자동차, 항공 등 중화학공업에 투자하고, 정부의 집중적 지원과 후원을 받아 재벌로 성장하게 된 것이다. 중화학공업육성정책을 통해 한국은 수출 대국과 제조업 강국의 초석을 다지게 되었다. 그러나 정부의 집중적인 지원은 자원분배의 왜곡을 가져왔다. 중화학공업에 대한 과잉·중복투자로 인해 1979년부터 1980년대 초반까지 지속해서 구조조정이 진행되었다. 중화학공업육성정책은 한국의 수출주도 성장전략의 성공에 크게 기여하였지만, 정부에 의한 자원배분은 기업들이 시장보다 정부지원을 목적으로 투자하도록 만들기 때문에 결국 과잉투자를 초래할 수밖에 없었다는 것이 역사적 교훈이다.

개발연대의 기술추격형 경제에서는 '무엇을 해야 할지'(what to do)와 '어떻게 해야 할지'(how to do)의 목표가 분명했지만, 민간의 자원이 부족했으므로 정부가 적극적으로 민간을 주도해 가는 것이 효율적일 수 있었습니다. 정부가 산업정책을 채택하면 기업은 정부가 밀어주기 때문에 망하지 않는다는 믿음으로 단기적인 수익성이 없더라도 정부의 지원을 받아 과감하게 투자를 했습니다. 그러나 개방화와 세계화가 진전되어 세계적으로 자유화가 추진되는 상황에서 국내 산업육성을 위한 관세보호나 수입규제는 점점 어려워지고, 보조금을 주거나 투·융자를 지원하는 것도 한계에 이르게 됩니다. 더욱이 세계 10대 경제강국으로 꼽히는 21세기 한국에서 정부가 나서서 미래 유망산업을 찾고 자원을 집중하는 산업정책은 더는 유효할 수 없게 되었습니다. 한국의 시장경제가 이미 양적·질적으로 성장하였고, 산업과 시장은 갈수록 급속하게 변화하고 있어 정부가 기술과 시장의 변화를 파악하고 관리하는 것은 거의 불가능한 시대가 되었습니다. 기업들도 이제 역량과 자원을 갖추고 있으므로 정부의 불필요한 간섭보다는 스스로 사업영역을 개척하기를 원하고 있지요.

이제 정부가 특정 산업의 발전을 위해 연구개발을 지원하는 정책 이외의 산업정책을 추진하기는 어렵습니다. 또한, 민간기업과 시장이 미래 유망산업을 선택하고 육성하는 것이 더 효율적입니다. 특히 창조경제에서는 정부도 민간도 '무엇을 해야 할지' 확실히 알지 못합니다. 창조경제의 가장 중요한 특징이 바로 불확실성이기 때문입니다.

기술을 모방하던 시기에는 주어진 기술을 활용해서 더 싸게, 더 잘 만들면 되었습니다. 바로 '빠른 모방자(fast follower)'의 역할을 하면 되었지요. 그러나 첨단기술 시대에 접어들면서 기술을 개발하는 일이 매우 어려워지고, 특히 이를 사업화하는 데도 불확실성이 많이 따릅니다. 결국, 정부가 주도해서 기술을 개발하기도 어렵고, 안정성을 추구하는 보수적인 관료들이 미래기술을 선도할 수도 없지요. 정부의 특정

부서가 미래 신산업을 육성한다고 나서서 유망산업을 지정하거나 연구개발비를 직접 주는 것은 해당 부처가 자신의 영향력을 확대하는 시도라고 볼 수도 있습니다.

따라서 한국경제의 미래를 위해서는 전면적으로 관치에서 민치로 전환하는 것이 핵심적인 과제입니다. '간섭하는 정부'의 전통은 국민의 과도한 정부의존성과 관료의 권한강화 욕구가 결합한 일종의 역사적, 문화적 풍토이지요.

자본축적 수준이 낮고, 시장경제가 발전하지 않았던 개발연대에는 정부의 간섭이 성장동력이 되기도 했습니다. 엘리트 관료주의는 경제성장이라는 순기능과 시장경제 저해라는 역기능의 양면적인 효과를 가집니다. 과거에는 유능한 관료들이 정치적 변화에도 불구하고 한국경제의 안정성과 계속성을 보장하였지만, 이들은 시장경제의 운영을 저해하는 불필요한 규제를 양산하여 이제는 시장발전과 기업활동에 장애가 되고 있는 것입니다.

이제 정부의 역할은 성공적인 기술을 개발하는 사업자나 연구자들이 자발적이고 창의적인 에너지를 발산할 수 있도록 법과 제도를 만드는 것입니다. 실제 정부가 할 수 있고, 해야 하는 일은 민간기업이 혁신을 잘하도록 시장경쟁을 촉진하고 규제완화를 추진하는 것입니다. 기업의 기술개발 초기에는 신기술에 대한 시장을 정부가 만들어 주는 역할도 중요합니다. 그러나 혁신은 건전한 시장경쟁에서 나오며, 현재 한국경제의 발전단계에서 정부가 혁신을 주도하려고 하는 것은 비용만 들고 실효성도 거의 없습니다.

이제 산업정책이라는 개념을 재정립해야 할 때입니다. 21세기의 산업정책은 정부가 특정 산업을 유망산업으로 지정하고 지원하는 정책이 아니라, 민간기업들이 시장의 수요에 따라 선택하고 집중하는 산업을 파악하여 기업이 해당 산업에서 성장하도록 필요한 정책적 지원을 하는 것을 의미합니다. 따라서 이제 정부는 규제완화, 세제지원, 시장질서 확립 등을 통해 기업활동의 기반을 조성해주는 역할을 해야 합니다.

27 기업 구조조정은 **왜** 필요한가요?

　기업의 구조조정은 원래 조직의 효율성을 높이기 위한 다양한 조직 내부의 개선을 의미합니다. 기업이 환경변화에 적응하지 못하면 기업 자체가 시장에서 도태하기 때문에 구조조정은 기업 생존전략의 일환이지요. 구조조정은 인수나 매각을 통해 사업영역을 바꾸거나, 높은 부채비율을 낮추고 고용축소를 통한 원가절감, 사업 통폐합 등을 통한 조직축소 등 기업의 상황에 따라 다양한 방식으로 이루어질 수 있습니다. 또한, 경쟁력은 있으나 일시적인 자금경색으로 어려움을 겪는 기업에는 채권자인 금융기관들이 나서서 구조조정을 요구할 수 있습니다. 이런 접근을 '워크아웃(workout)'이라고 부르며, 도산에 직면한 기업이 법원에 가서 채무동결을 요청하는 파산절차도 구조조정 방식의 하나입니다.

　시장경제에서 경기변동은 주기적으로 오며, 불황이 오면 경쟁력이 약한 기업은 도산하게 됩니다. 그렇게 되면 그 산업과 경제의 효율성이 다시 올라가게 됩니다. 우리가 산에 오를 때 보면 나무들이 바람에 쓰러지기도 하고, 뿌리가 뽑혀서 죽기도 합니다. 때로는 산불로 사라진 숲이 몇 년 후에 다시 살아나기도 합니다. 이런 자연생태계처럼 산업생태계에서도 기업이 죽고, 새 기업이 나오는 것은 매우 자연스러운 현상입니다. 모든 기업이 끝까지 살아남는다는 것은 있을 수 없는 일이며, 약한 기업은 죽고 강한 기업이 살아남아 기업 전체의 생태계는 더욱 강건해집니다.

그러나 대기업이 도산하면 고용의 감소 등 사회적인 문제가 발생하기 때문에 충격이 덜한 기업퇴출 방식을 찾게 됩니다. 따라서 구조조정은 기본적으로 기업 고유의 과제이지만, 특정 기업이나 특정 사업이 국가경제에서 차지하는 비중이 크고, 구조조정의 파급효과가 클 때는 정부가 개입하는 경우도 있습니다. 대표적인 사례가 1997년 외환위기 극복을 위한 다양한 구조조정이었지요. 정부는 기업의 재무구조를 개선하기 위해 30대 기업집단의 계열사 간 신규 채무보증을 전면 금지하고, 1999년 말까지 완전히 채무보증을 해소하도록 하였습니다. 정부는 기업의 인수합병(M&A) 활성화를 위해 적대적 인수합병을 억제하는 규제를 대폭 완화하고 워크아웃제도도 처음으로 도입해 회생 불가능한 55개 대기업을 퇴출했습니다. 정부는 기업 구조조정을 촉진하는 정리해고제와 자산의 구조조정도 지원하였습니다.

한편 1998년 2월에 출범한 김대중 정부는 구조조정 방법으로 업종을 통폐합하고 전문화하는 '빅딜'을 시도하였습니다. 삼성전자 · 현대전자 · LG반도체 등 3파전이었던 반도체 사업의 경우 현대전자가 LG반도체 지분을, 현대정유가 한화에너지 정유부문을, 현대자동차는 기아자동차를 각각 인수하였지요. 정부가 주도했고 전국경제인연합회가 중간 역할을 한 '빅딜'에 대해서는 보는 사람에 따라서 다양한 평가가 있겠지만, 국가부도의 경제위기를 극복하기 위해 단행했던 매우 예외적인 정부 주도의 대규모 구조조정이었음은 틀림없습니다.

구조조정은 기업 내부의 문제를 진단하고 기업의 체질을 바꿔 효율성을 개선하는 것이기 때문에 기업이 주도적이고 자율적으로 실행해야 합니다. 기업의 문제가 무엇인지 실태를 가장 잘 아는 것은 기업 자신이기 때문에 기업은 스스로 자가진단과 자기 혁신을 통해 적절한 구조조정을 할 수 있습니다. 구조조정에서 정부의 역할은 국가경쟁력 제고를 위해 기업의 구조조정이 활발하게 촉진되고 원활하게 진행될 수 있도록 관련 법규나 지원제도를 만드는 것이지요. 정부는 시장에서 한계기업이 자연스

기업 구조조정은 기업경영과 관련된 요소들을 재구성하고 혁신해서 기업이 다시 경쟁력을 갖도록 하는 과정이다.

럽게 퇴출당하고 자원이 효율적으로 배분될 수 있도록 구조조정의 지원자 역할을 하는 것이며, 정부가 과도하게 구조조정에 개입할 경우는 도덕적 해이를 발생시킬 수도 있습니다. 따라서 정부는 기업의 구조조정 자체에 개입하기보다 기업의 구조조정에 따른 실업문제 등 구조조정이 불가피하게 초래하는 부정적 파급효과를 최소화하는 역할을 담당해야 합니다. 정부가 구조조정이 필요한 기업을 지원한다면, 우선은 임금 동결 또는 삭감, 인원감축, 대주주의 출자, 불필요한 자산매각 같은 기업의 자구노력이 전제되어야 합니다. 기업은 정부의 지원에 의존하기보다 구조조정을 통해 새로운 성장전략을 추구해야 합니다. 기업가정신을 가진 기업만이 구조조정에 성공할 수 있습니다. 구조조정도 혁신입니다.

28 한국의 **금융산업이 낙후되어** 있는 **이유는** 무엇인가요?

    금융산업은 고부가가치를 만들고 괜찮은 일자리를 창출할 수 있는 매우 유망한 서비스산업입니다. 더욱이 금융산업은 경제의 자원배분 역할을 담당하기 때문에 금융산업이 효율적이고, 금융시장이 제대로 작동하는 것은 국민경제의 발전을 위해 매우 중요하지요. 특히 고령화가 진행되고 경제가 성숙할수록 금융자산을 잘 활용하는 것이 국민소득 증대에 크게 기여하게 됩니다.

    그런데도 한국의 금융산업은 경제발전 수준에 비해 후진적이라는 평가를 받고 있습니다. 2015년 세계경제포럼(WEF)은 한국의 금융시장 성숙도를 140개국 중 87위로 평가하면서 3대 취약부문으로 대출의 용이성, 벤처자본의 이용 가능성, 은행 건전성 등을 지적했습니다. 한국의 금융기관은 규모도 작아 세계 50위권 은행에 진입한 기관이 하나도 없습니다. 반면 하드웨어인 금융시스템에 대한 평가는 높아 IMF에 따르면 한국의 금융시스템 순위는 183개국 중 6위입니다. 그러나 한국의 금융산업은 금융혁신이나 서비스의 다양성 등에서 일본 · 홍콩 · 싱가포르 등에 비해 수준이 떨어지고, 미국 · 스위스 · 싱가포르 등에 비해 상품의 다양성이나 수익성도 낮지요.

    한국 금융산업이 낙후되어 있다면 그 이유로 두 가지를 생각해 볼 수 있습니다. 하나는 지배구조가 애매해서 성과지향적인 기업이 되지 못하는 것이고, 또 하나는 정부의 규제가 심해서 금융기관 간에 경쟁도 별로 없고 혁신을 위한 노력이 부족하기 때문일 것입니다. 자원이 부족했던 개발연대에 금융은 정부가 육성하는 산업을 지원하여 정책목표를 달성하기 위한 도구였지요. 당시 관치금융은 정부의 자원배분의 방식이었던 것입니다. 관치금융의 전통은 쉽게 사라지지 않아 아직도 정권이 바뀔 때마다 녹색금융, 창조금융, 기술금융 등 이름만 달리하면서 각종 금융상품과 펀드들이 만들어지고, 은행들은 그에 따른 대출을 해야 합니다.

정부가 원하는 방식으로 금융을 활용하기 위해서는 정권과 이해관계를 같이하는 경영진이 필요하겠지요. 따라서 정부의 정책목표를 기관의 수익성 보다 우선시하는 낙하산 인사가 경영진을 구성하게 됩니다. 임기는 짧고, 무탈하게 업무를 마치는 것을 목표로 하는 경영진들은 강력한 노조와 담합하거나 보신주의적 경영을 하면서 기관의 경쟁력과 효율성 강화를 어렵게 만드는 원인이 되었습니다. 더욱이 주인 없는 기관은 공기업과 마찬가지로 경영이 방만해지기 쉽습니다. 한국의 17개 은행 중 외국계 2개 은행과 외국계가 최대주주인 대구은행을 제외한 은행들은 정부, 예금보험공사, 국민연금 등이 사실상 소유하고 있는 '주인 없는 기관'입니다.

한편 과도한 규제는 금융산업의 경쟁력을 저하시키고 금융혁신을 저해합니다. 산업자본은 금융을 소유할 수 없다는 엄격한 금산분리제도가 세계적인 금융·IT 융복합 추세 속에서 한국 금융산업의 발전을 가로막고 있습니다. 비은행권의 경우 주인이 있어도 정부는 수많은 규제를 통해 경영에 영향력을 행사할 수 있습니다. 정부가 수수료와 가산금리 등 금융상품의 가격까지 결정하여 시장구조를 왜곡시키고 있는 것이지요.

다른 한편, 전문성이 부족한 관료 중심의 금융감독은 금융시장의 건전성을 약화시켰습니다. 금융감독정책과 국내 금융정책을 관장하는 금융위원회가 산하에 금융기관 감독을 집행하는 금융감독원을 가지는 중첩구조는 업무 중복과 정책 혼선, 책임 소재 불분명, 감독부실 등의 문제를 유발하였지요. 2010년 부산저축은행사태나 2014년 카드 3사의 대규모 개인정보 유출사고 등이 대표적인 예입니다. 정치와 긴밀하게 연계된 관치금융과 비전문적인 관료들에 의한 금융감독이 금융산업을 낙후시

전 세계 핀테크 기업의 금융업종 진출

출처: 한국인터넷진흥원(2016), p. 10

키면서 금융시스템의 위험도 높이는 것입니다.

금융산업을 선진화하기 위해서는 관치금융에서 탈피하고, 과감한 규제철폐로 주인 있는 금융기관을 만들어 금융기관의 자율성을 높여야 합니다. 주인 있는 기관이 되도록 은행의 소유제한을 대폭 완화하고, 민간부문의 발전을 위해 산업은행 등 정책금융을 최소화하면서 금융을 정책수단으로 생각하는 정권들의 관행도 없어져야 하지요.

정부와 정치권의 낙하산 인사를 금지하는 법도 제정해야 합니다. 금융산업의 발전과 소비자 보호를 위해 금융감독기구의 독립성을 강화하고, 시장을 통한 금융감독을 위해 관료 중심의 금융감독 조직과 기능을 축소해야 합니다. 금융정책을 공급자 중심에서 수요자 중심으로 전환하여 금융기관 간 경쟁을 촉진하여 시장수요를 충족시키지 못하는 금융기관은 시장에서 퇴출되어야 합니다. 금융기관도 고비용·저효율의 개선, 금융서비스의 양질 제고, 과도한 고임금 타파 및 성과주의 도입 등을 실현하여 스스로 개혁을 해야 합니다. 금산분리규제를 합리화하여 인터넷전문은행을 육성하고, 세계적 추세인 핀테크 비즈니스 활성화를 위해 과감한 금융규제개혁도 필요합니다.

농업을 계속 **보호해야** 하나요?

한국에서 농업은 경제성장을 위한 희생양으로 대접받고 있습니다. WTO의 다자간 무역자유화와 FTA로 인한 수입관세 인하로 인하여 농산물시장의 개방이 지속적으로 확대되면서 농업이 무조건 피해분야로 여겨져 농업에 대한 지원방안만 논의됐습니다. 한국은 과거 농경국가를 기반으로 했기 때문에 제조업 강국인 지금까지도 농업은 헌법에 규정된 보호·육성대상입니다. 헌법에 따라 국가는 농업과 어업을 보호·육성하기 위하여 농·어촌종합개발과 지원 등 필요한 계획을 수립·시행해야 하고, 농수산물의 수급균형, 유통구조의 개선과 가격안정을 도모하여 농·어민의 이익을 보호해야 합니다.

한국 농업의 경제적 비중은 그동안 많이 축소됐습니다. 통계청(2016a)에 따르면 2015년 12월 1일 기준 농가 수는 108만 9천여 가구로 전체 가구의 5.8%, 농가인구는 256만 9천여 명으로 전체 인구의 5.1%로, 2000년 기준 농가 수 138만 3천여 가구(전체 가구 대비 9.7%), 농가인구 403만 1천여 명(전체 인구 대비 8.8%)에 비해 현저하게 감소하였지요. 고령화도 급격하게 진전되어 2000년 기준 65세 이상 농민은 21.7%, 경영주 나이는 58.3세였던 것에 비해 2015년에는 65세 이상 농민이 38.4%, 경영주 평균연령은 65.6세가 되었습니다. 농림어업의 GDP 대비 비중은 1981년 9.0%에서 2015년 2.0%로 하락하였습니다. 그러나 농업 및 농촌에 대한 2015년 재정지출규모는 14조 5천억 원으로 정부 재정규모 386조 4천억 원의 3.7%에 달합니다.

농업보호가 필요하다는 중요한 근거 중의 하나가 식량안보론입니다. 식량안보론은 저개발상태에서 경험한 심각한 식량부족과 1970년대의 자원민족주의의 대두를 배경으로 하는 개발연대의 이념적 산물입니다. 개방화 시대에 들어서면서 식량안보론의 근거는 무역제재, 곡물가격 급변, 기상이변 등에 의한 곡물생산 감소, 국제곡물시장의 독과점적 공급구조, 경제위기로 인한 외화부족 등으로 다변화되어 왔습니다. 특히 식량 수급의 불균형 심화와 우리나라의 낮은 식량자급률은 식량안보론의 핵심 근거이지요. 그러나 농업부문의 중요성이 크게 줄어들고 개방화의 진전으로 농산물시장이 개방되어가는 상황에서 식량안보가 농업보호의 근거가 될 수는 없습니다. 더욱이 우리 주곡인 쌀은 이미 과잉생산되고 있어 소비촉진을 위해 노력하는 상황입니다. 식량안보를 위해 식량자급률을 높이는 방법은 농업생산성의 증가이며, 농업에 대한 과보호는 오히려 농업의 경쟁력을 저하시킵니다.

글로벌 경쟁이 격화되는 상황에서 농업정책의 핵심은 농업의 경쟁력 확보와 농민들의 삶의 질을 끌어올리는 것이어야 하며 이를 위해 새로운 정책패러다임이 필요합니다. 농업도 이제는 시장원리에 따라 작동하는 하나의 산업으로 간주해야 하지, '계륵'으로 취급해서는 안되는 것입니다. 글로벌 세계경제에서 농업개방을 반대하고 농업을 영세화시키는 정부의 농업보호정책은 폐기되어야 합니다. 농업을 단순히 식량을 생산하는 토지와 노동력 중심의 산업으로 여길 것이 아니라 미래 성장산업으로 일자리 창출의 관점에서 바라보아야 하지요. 귀농과 귀촌도 필요하지만, 농업을 살리는 방법은 생산성을 높이고 고부가가치를 창출할 수 있도록 농업의 질적 변화를 모색하는 것입니다. 농업의 산업적 잠재력이 높아지면 당연히 젊고 유능한 인재들이 농업에서 새로운 미래를 찾게 될 것입니다.

농업의 발전을 위해서는 먼저 농지규제부터 개선되어야 합니다. 농가인구의 고령화와 노동력 부족 등에 의해 휴경농지가 심각한 문제인 상황에서 농지의 양적 보전을 위한 규제는 불합리하며, 농지의 효율적 활용을 저해합니다. 규제로 인해 농지가 저평가되고 전용이 상대적으로 어려워 재산가치의 실현이 쉽지 않기 때문에 농민이 빈곤해지고 농촌은 정체되며 농지이용의 효율성도 낮아집니다. 또한, 경직적인 농지 규제로 인해 지역에서 필요로 하는 산업용지의 공급이 제대로 이루어지지 못해 지역 발전도 지체되지요. 규제를 완화해 법인경영을 도입하고, 주식회사의 농지소유도 허용해 농업구조를 개선하면서 농업인들의 경영도 안정화하는 합리적 농지이용이 필요합니다.

산업으로서의 농업을 발전시키기 위해서는 연구개발과 기술혁신을 통해 생산성과 효율성을 높이는 것도 필요합니다. 농업보호를 목적으로 하는 투·융자정책보다 생명공학기술, 친환경 농업기술, 정보기술, 바이오·자원에너지기술 등 원천기술과 직결된 기초연구에 지원을 집중해야 합니다. 기업이 새로운 농업기술개발에 참여할 수 있도록 연구개발을 지원하고 농업기술 클러스터 조성 등 인프라 구축도 반드시 필요합니다.

한국 농축산업 최초의 대기업: 하림

닭고기회사 하림이 2016년 한국 농축산업 최초로 공정거래위원회에 의해 대규모 기업집단으로 지정되었다. 이로 인해 하림그룹은 비록 수 십 가지의 대기업 규제를 더 받게 되겠지만, 한국 농축산업의 미래에 대한 희망을 보여준다. 1978년 육계농장으로 출발한 하림은 1990년 축산가공업 전문기업으로 설립되었다. 하림그룹은 1995년 6월 농축산업계 최초로 KS마크를 획득하고 1997년 8월 코스닥시장에 주식을 상장했다. 하림그룹은 생산(농장), 가공(공장), 판매(시장)의 삼장통합경영모델을 만들어 농업을 고부가가치산업으로 발전시켰다고 평가받는다. 삼장통합경영은 수직계열화사업 모델로, 원재료의 생산부터 판매까지 모두 관리하는 시스템이다. 현재 하림은 자산총액 9조 9천억 원으로 한국에서 38위의 대기업집단이며 곡물유통·해운·사료·축산·도축가공·식품가공·유통판매 등 7개 영역에 58개의 계열사를 보유하고 있다. 하림그룹의 연간 총매출액은 2016년 4월 기준 6조 2,080억 원에 달하고 중국, 필리핀, 베트남, 미국 등지에도 사업장이 진출해 있다.

30 의료기관의 **영리법인화는** **왜** 안 되나요?

영리법인과 비영리법인의 근본적인 차이는 주주가 있는가, 주주에게 배당하느냐의 여부입니다. 비영리법인은 자본을 제공한 사람이 주주가 아니고 기부자이며, 따라서 기부자는 비영리법인 설립 후에 이사장으로 지배구조에 참여할 수는 있으나 본인이 출연한 돈을 다시 찾아가거나 배당을 받을 수 없지요.

사실 우리나라의 의료법인 영리화를 둘러싼 논쟁은 국내 실상과는 동떨어져 있습니다. 이미 한국의 많은 민간 비영리의료법인이 영리법인처럼 운영되고 있고, 국세청도 이들 의료법인을 영리법인으로 취급하여 과세하고 있습니다. 우리나라의 민간 비영리법인병원은 의료인 개인에 의해 창설된 병·의원이 성장해 설립된 경우가 대부분으로, 종교단체나 지역사회에 의해 설립되어 순수하게 비영리를 목적으로 운영하는 미국이나 유럽 등의 비영리법인병원과는 다릅니다. 또한, 의료법인에는 상당한 자본투자가 이루어지고 있는데, 이 자본이 명목적으로는 사회를 위한 공익목적으로 기부되는 형태일 뿐입니다. 결국, 의료법인의 영리화문제는 의사가 가진 자본이 아닌 일반투자자의 자본이 의료서비스산업에 투자될 수 있는가의 문제로 귀결됩니다.

우리나라 의료서비스산업의 경우 기술경쟁력을 가지고 있지만 자본투자에 대한 규제로 인해 산업적인 성장을 할 수가 없습니다. 영리병원을 허용하지 않고 병원의 자본도입을 제대로 할 수 없기 때문이지요. 영리법인병원을 제한하는 정책은 의료서비스시장에서의 병원 간 경쟁을 저해하고 있습니다. 또한, 이윤의 내부 유보와 부채가 중요한 자기자본 조달방법인 대부분의 비영리법인병원들은 대규모 투자가 필요한 첨단의료기술 개발투자를 제대로 못하고 있지요. 자본투자가 가능한 기업과 연계가 있는 일부 병원 역시 투자수익 회수가 금지되어 있어 관련 기업으로부터 충분한 투자를 끌어내기가 쉽지 않습니다. 따라서 전반적으로 상당히 높은 국내 의료 기술 수준에도 불구하고, 변화하는 다양한 의료수요에 적절히 대응하지 못하고 해외 의료 소비자 유치도 활발하지 못한 상황입니다.

일부에서 우려하듯이 영리의료법인의 도입이 국가 전체의 의료체계를 붕괴시키는 것은 아닙니다. 실제 세계 선진국들은 영리병원을 도입해 시행하면서 공공의료시스템도 함께 유지하고 있습니다. 전체 병원 중 영리병원이 차지하는 비중은 미국, 프랑스, 싱가포르 등에서 20% 내외입니다. 싱가포르의 영리병원은 대표적인 성공사례로 손꼽히지요. 싱가포르는 정부가 의료체계를 통제하고 관리하여 공공부문의 보장성을 유지하면서도 의료서비스산업이 성장 동력이 되고 있습니다. 싱가포르에서는 주식회사형 민간병원이 주식상장, 의료광고, 프랜차이즈사업, 해외 마케팅 등 수익사업을 영위할 수 있습니다. 영리병원들은 공공병원보다 높은 질의 서비스를 제공하여 소비자들의 고급 서비스에 대한 수요를 충족시키고 해외 환자도 유치하고 있습니다. 덕분에 싱가포르는 명실상부한 아시아의 의료허브로 성장하였지요.

우리나라도 제한적이나마 영리의료법인을 특정 지역에 설립할 예정입니다. 지난 2015년 12월, 중국의 녹지그룹은 녹지국제병원을 제주도에 건립할 수 있도록 정부의 허가를 받았습니다. 녹지국제병원은 제주도를 방문하는 중국 관광객을 대상으로 성형수술과 피부미용시술을 할 예정이며, 2017년에 개원합니다. 정부는 향후 경제특구에도 영리의료법인을 허용할 것으로 보입니다.

의료는 공공성을 가지기 때문에 정부는 모든 국민을 위한 기본적인 의료서비스를 제공하고, 건강보험제도를 발전시키면서 건강보험의 보장성을 높이도록 노력해야 합니다. 그러나 고부가가치산업이자 고용을 창출할 수 있는 의료서비스도 하나의 산업으로 육성해야 합니다. 의료서비스산업이 발전하려면 시장경쟁이 필요하고, 성과가 좋은 기업에 자원이 집중되어야 하며, 이러한 관점에서 영리의료법인의 도입이 필요합니다.

소비자 입장에서는 비영리법인이든 영리법인이든 구분이 별로 의미가 없지요. 소비자는 제값을 내고 제대로 된 서비스를 받고 싶어 할 뿐입니다. 비영리법인들이 하지 못하는 서비스를 영리법인들이 제공한다면, 의료서비스의 질도 개선되고 새로운 국내외 사업기회도 만들어질 것입니다. 영리든 비영리든 경제주체의 선택 폭이 확대될 때 궁극적으로 산업의 경쟁력이 높아지고 서비스의 질 향상은 물론 새로운 일자리가 창출될 수 있습니다. 이제 의료기관에도 다양성이 필요합니다.

이익집단의 반대로 암초에 걸려 있는 병원의 영리법인화 정책

31 임금은 어떻게 결정되고 경제에 어떤 영향을 미치나요?

　노동은 자본과 함께 가장 중요한 생산요소입니다. 그리고 생산에 참여한 노동에 대한 대가가 임금이지요. 근로기준법에 따르면 임금이란 근로의 대가로 사용자가 근로자에게 임금, 봉급, 그밖에 어떠한 명칭으로든 지급하는 일체의 금품입니다. 육체노동이든 정신노동이든 시장에서 노동력을 판매한 근로자의 소득이 임금이며, 자영업자의 수입은 임금이 아니지요. 임금에는 유급휴가, 병가, 고용주가 지급하는 연금이나 건강보험료 등의 부가급여, 성과에 따른 보너스나 스톡옵션 등도 포함됩니다. 식사제공과 같은 현물급여도 취업규칙 또는 단체협약에 따라 임금으로 간주할 수 있습니다. 그러나 근로의 대가가 아닌 시혜적인 성격을 가지는 선물이나 현금, 실비변상비나 출장비 등은 임금에 포함되지 않지요.

　노동시장에서 임금은 노동력의 가격입니다. 따라서 임금은 다른 상품과 마찬가지로 수요와 공급의 법칙에 따라 노동시장에서 결정됩니다. 노동에 대한 수요가 많아지면 임금이 상승하는 것이 시장원리이며, 경제가 성장하면 임금 수준이 높아지는 것이 일반적입니다. 노동력에 대한 수요자인 기업은 일정한 수준의 임금을 제시하면서 필요한 근로자들을 구하고, 노동력을 공급하는 근로자는 자신이 원하는 수준의 임금을 주는 기업에서 일하기를 원합니다. 그러나 현실경제에서 임금 수준은 단체협약, 취업규칙, 급여규정, 근로계약, 사용자의 방침이나 관행 등에 따라 노사협상을 통해 결정되지요. 특히 노동조합이 실질임금의 하락을 막기 위해 최소한 물가상승률 이상의 임금 수준을 요구하기 때문에, 임금은 한 번 오르면 하락하기 어려운 하방경직성이 있습니다. 임금의 하방경직성은 해고의 어려움과 함께 한국기업이 유연한 고용조정을 할 수 없게 만들어 비정규직이 늘어나는 이유의 하나가 됩니다.

임금 수준은 경제에 여러 가지 영향을 미칩니다. 임금이 근로자의 생산성보다 높으면 기업의 비용부담이 커져 기업은 고용을 줄이고 생산을 감축하여 경제활동이 위축됩니다. 또한, 과도하게 높은 임금은 국내기업들이 생산기지를 해외로 이전하는 주요한 원인의 하나가 될 수 있지요. 세계화와 개방화로 인해 경제활동에 있어 국경이 없어진 상황에서 생산비용을 줄이기 위해 해외에서 생산할 수 있기 때문입니다. 기업의 해외이전은 국내 경제활동을 위축시키고 일자리를 축소하는 국내경제의 공동화를 유발할 수도 있습니다. 지속적인 일자리 창출과 유지를 위해서는 기업과 근로자가 대화를 통해 적정한 임금 수준을 결정해야 합니다.

임금 수준이 너무 낮으면 근로자들은 소득이 낮아 소비를 할 수 없게 되고, 소비가 줄면 기업은 생산할 수 없으므로 생산감축이 고용축소로 이어지면서 경제 전체가 침체합니다. 너무 적은 임금은 근로자들의 근로의욕을 저하해 기업의 생산성도 낮아질 수 있습니다. 만약 임금증가율이 물가상승률보다 지속해서 더 낮으면 실질임금과 근로자들의 구매력이 감소하여 소비도 하락하고, 경기침체에 따라 실업은 증가합니다. 반대로 임금이 물가보다 더 빨리 증가하면 경제 전반에 인플레이션을 유발할 수도 있습니다.

기업이 저임금을 성장의 기회로 생각하여 투자를 증가하고 고용을 확대하여 생산을 증가시키면 경제는 활성화됩니다. 좋은 교육을 받은 고품질의 풍부한 저임 노동력은 개발연대에 한국경제의 급성장을 가능하게 만든 주요한 요소였지요. 특히 저임금으로 인한 제품들의 가격경쟁력은 수출주도 성장을 달성하는 밑거름이 되었습니다. 그러나 경제가 발전하여 부가가치의 원천이 지식과 정보인 지식기반경제로 진입하면서 임금 수준이 기업의 경쟁력에 미치는 영향은 갈수록 적어지고 있습니다. 지식기반경제의 생산성과 경쟁력은 창의적인 지식에 기초한 혁신을 통해 이루어지기 때문입니다.

경제성장에 따라 임금 수준이 높아지고 근로자들의 권리가 강화되면서 1987년 민주화 이후 한국의 임금 수준은 급격하게 높아졌습니다. 1단위를 생산하는 데 소요되는 단위노동비용은 2010년을 100으로 할때 한국의 경우 2014년 105.61로 OECD 평균 104.68보다 높습니다.

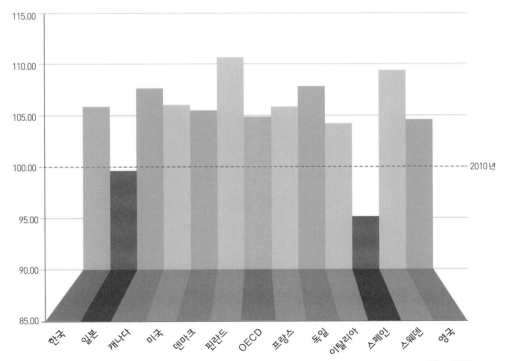

OECD 국가별 단위노동비용(2014년 기준)

자료: OECD

32 같은 일을 하는데 왜 **임금격차가** 발생하나요?

시장원리에 따르면 동일한 노동에 대해서는 동일한 임금이 시장가격으로 정해져야 합니다. 그러나 일반적으로 노동력 가치를 객관적으로 측정하기는 쉽지 않기 때문에 동일한 노동일지라도 동일한 시장가격을 적용하는 것이 어렵습니다. 사람마다 능력과 업무효율성이 다르므로 동일한 업무를 맡은 두 사람의 노동력이 같은 생산성을 가진다고 수치로 평가하기는 쉽지 않지요.

원래 동일노동·동일임금 원칙은 남녀 간 임금격차문제를 해결하기 위한 것이었어요. 동일한 생산성을 가지고 있는 경우에도 여성이 남성보다 적은 임금을 받는 것은 사회문화적 배경에서 비롯되었습니다. 과거에는 여성이 남성보다 교육수준이 낮았고 남성이 가계의 생계를 책임지고 여성의 가정 밖 노동은 가계의 부수적인 소득을 담당한다는 것이 보편적인 사회적 인식이었지요. 실제 직장을 가진 여성은 결혼 후 이직을 하고 전업주부로 전환하는 경우가 많았고 주로 저소득층의 저학력 여성들이 결혼 후 생산현장에서 저임노동을 담당하고 있었습니다.

그러나 제조업 중심에서 서비스업 중심으로 경제구조가 전환되어 남성의 힘이 필요한 직종이 적어지고 여성이 남성과 동일한 교육을 받게 됨에 따라 여성노동력의 질이 높아졌습니다. 경제성장에 따른 사회의식의 변화와 핵가족화로 인해 많은 여성의 직업의식도 강화되고 있어 선진국일수록 남녀 간 임금격차는 축소되고 있습니다.

향후 과학기술의 발전은 인간의 근로형태를 바꾸고 지적 근로의 역할을 더욱 강화할 것으로 기대되어 남녀의 육체적 차이에서 비롯되는 생산성 격차는 모두 사라질 것입니다.

국제노동기구(ILO)는 고용 및 직업에서의 차별철폐를 위한 기본인권의 하나로 동일노동·동일임금 원칙을 국제노동기구헌장에 규정하였습니다. 국제인권법에서도 근로권에 대해 이 원칙을 명시하고 있지요. 그러나 능력이나 성과의 차이에 따른 임금격차는 정당한 것으로 평가받습니다. 임금격차는 근로자의 직업능력 및 업무성과에 대한 보상이라는 특성이 있어 노동력을 적재적소에 배치하는 기능을 합니다. 임금격차가 너무 크거나 인적자본 등에 의해 설명되지 않는 비합리적 요인이 크다면 부당한 차별이 존재하는 것이므로 이를 수정하기 위한 제도는 필요합니다.

우리나라의 경우에는 동일노동·동일임금이 적용되지 않고 있어요. 성별·경력 및 근속연수별·연령별·학력별·고용형태별·직종별·기업규모별 임금격차 등 다양한 요인에 따라 임금격차가 큰 편입니다. 성별 임금격차는 주로 여성의 결혼·임신·출산으로 인한 경력단절에서 비롯됩니다. 2013년 평균임금 기준 남녀 임금격차를 보면 우리나라 여성임금은 남성임금의 63%로 OECD 평균 85%에 비해 매우 낮아요. 2014년 기준 한국 여성들은 남성임금의 63.1%를 받고 있습니다.

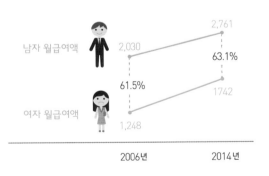

남성 대비 여성 임금 비중(단위 : 천원)

남자 월급여액 2,030 ───── 2,761

63.1%

여자 월급여액 1,248 ───── 1742

61.5%

2006년　　　　2014년

주: 월급여액은 정액급여 + 초과급여(상여금과 특별급여는 제외)

출처: 고용노동부 고용형태별 근로실태조사(1인 이상 기준)

고용형태에 따른 임금격차는 비정규직에 대한 차별적 처우에서 비롯됩니다. 한국에서는 호봉제와 연공서열의 전통이 강하기 때문에 경력인정을 제대로 받지 못하는 비정규직은 정규직과 같은 일을 해도 임금이 정규직의 절반 수준에 불과합니다. 통계청 조사에 따르면 2015년 6~8월 월평균 임금이 정규직 근로자는 269만 6천 원이고, 비정규직 근로자는 146만 7천 원으로 정규직 근로자 임금 대비 54.4%입니다.

대기업과 중소기업의 임금격차도 갈수록 커지고 있지요. 1998년에는 중소기업 평균 임금 수준이 대기업의 66.6%였지만 2014년에는 52.5%에 불과합니다. 이는 대기업 노조가 강력한 힘을 가지고 있고 1997년과 2008년의 위기를 거치면서 대기업 위주의 성장이 이루어졌기 때문입니다.

제조업 부문 대기업 임금 대비 중소기업 임금 비중

(대기업=100, 단위: %)

자료: 통계청

한국에서는 호봉제와 연공서열이 근로의 효율성을 저하시키고 임금격차를 심화시키고 있습니다. 효율성과 형평성을 달성하기 위해서는 근속연수가 아닌 생산성과 연계된 성과급 임금체계로 전환해야 합니다. 갈수록 심화하는 임금격차를 해결하기 위해 맡은 업무를 기반으로 급여를 결정하는 직무급으로 임금체계가 개편되어야 하지요. 대기업과 중소기업의 임금격차를 완화하기 위해서는 기업 단위를 넘어 산업 단위의 직무급 임금 기준을 만드는 것도 유용할 수 있습니다.

33 최저임금제는 정말 **근로자를** 보호하는 제도인가요?

최저임금제는 근로자의 생활을 안정시키기 위해 기업이 최저 액수 이상의 임금을 지급하도록 법으로 강제하는 제도입니다. 우리나라의 최저임금제는 헌법에 규정되어 있고 1986년 12월 31일 「최저임금법」이 제정 · 공포되어 1988년 1월 1일부터 시행되고 있지요. 고용노동부 소속 최저임금위원회는 근로자위원, 사용자위원, 공익위원 각 9명씩 총 27명으로 구성되어 매년 최저임금 수준을 의결하고 최저임금과 관련된 중요 사항을 심의합니다. 고용노동부 장관이 최저임금위원회로부터 최저임금 안을 받아 고시하고 매년 8월 5일까지 최저임금액을 결정하면 다음연도 1월 1일부터 효력이 발생합니다. 2016년 최저시급은 6,030원으로 월급으로 환산하면 1,260,270원입니다. 독일의 경우에는 2015년부터 최저임금제가 시작되었고 스웨덴, 핀란드, 덴마크, 스위스, 오스트리아, 이탈리아 등은 최저임금법은 없지만, 단체교섭을 통해 최저소득을 결정합니다.

최저임금제는 근로자의 최저생계 수준을 보장하여 빈곤을 줄이고 불평등도 축소할 수도 있어요. 그러나 과도하게 높은 최저임금은 미숙련 또는 경험이 부족한 근로자들의 실업과 빈곤을 증가시킵니다. 빈곤위험이 크고 생산성도 높지 않은 저임금 취약근로자들은 최저임금제의 도입에 따른 임금상승으로 인해 근로현장에서 쫓겨날 수 있지요. 우리나라 언론에서 최저임금 논쟁을 일으켰던 아파트 경비원에 대한 최저임금 적용은 결국 고령층들의 일자리를 빼앗고 고용불안정과 실업을 유발하였습니다. 최저임금제는 일반적으로 시장임금이 최저임금보다 낮은 저숙련 노동시장에만 영향을 미치기 때문에 시장의 균형임금보다 높은 최저임금의 적용은 저임금 미숙련근로자들의 고용을 줄입니다. 최저임금제로 인해 시장임금보다 더 높은 임금을 지급해야 하는 기업들은 일자리를 줄이면서 가장 낮은 기술을 가졌거나 가장 경험이 적은 젊은 사람들을 먼저 해고할 것이기 때문입니다. 시장상황을 고려하지 않고 인위적으로 최저임금을 적용하면 저임금 근로자들의 실업만을 증가시킬 수 있어요.

최저임금제는 사회 전반적으로 임금을 상승시키는 결과를 초래하여 중소기업들에 피해를 줍니다. 최저임금제가 도입되어 임금 수준이 높아지면 기존의 다른 분야의 임금도 상승할 수 있지요. 일반적으로 대기업의 경우 임금 수준이 최저임금보다 높으므로 최저임금제의 도입이나 인상은 영세한 중소기업에만 비용부담이 됩니다. 중소기업들은 최저임금제로 인해 경영이 더욱 악화할 수 있으므로 고용을 줄이고 생산을 감축합니다.

만약 기업이 최저임금의 상승분을 제품가격에 반영한다면 기업의 손실은 없지만, 소비자들이 피해를 볼 수도 있지요. 생활필수품과 같이 가격이 오르더라도 어쩔 수 없이 가계가 이용해야 하는 제품들의 경우 기업은 최저임금을 높인 만큼 판매되는 제품의 소비자가격을 높일 수 있기 때문입니다.

최저임금제는 좋은 취지에도 불구하고 취약계층들을 일자리에서 쫓아내고 영세 중소기업이나 소비자들에게 피해를 주면서 일자리를 줄이고 경제성장을 저해할 수 있어요. 최저임금이 과도하게 높을 경우 개방경제에서 기업들은 임금이 낮고 최저임금제가 없는 국가로 생산기지를 이전할 수 있어 국내경제는 지속해서 장기실업과 경제침체를 겪을 수도 있습니다.

최저임금제는 일자리를 줄이면서 일부 근로자의 임금을 상승시키지만, 전체 임금

근로자의 임금 수입에 어떤 영향을 주는지는 모호합니다. 최저임금제가 일으킬 수 있는 폐해를 최소화하기 위해서는 모든 업종, 모든 직종에 획일적인 최저임금제를 강제적으로 도입하는 것이 아니라 지역별, 부문별 특성과 노동시장을 고려하여 유연하게 적용해야 할 것입니다. 또한 최저임금의 과도한 인상에 앞서 최저임금을 받지 못하는 임금근로자들에 대한 제도적 고려도 필요합니다. 최저임금의 무리한 인상보다는 취약계층의 실질적인 후생을 높일 수 있도록 촘촘한 사회안전망을 갖추어 최저생활비를 줄여주고, 근로장려세제의 확대를 통해 근로빈곤층의 소득을 보전해주는 것도 중요하겠지요. 특히 임금근로자들의 생산성을 높여 기업이 임금을 인상할 수 있으려면 근로자들에 대한 직업훈련도 강화해야 합니다. 임금근로자들의 삶의 질을 실질적으로 높이기 위해서는 근로자들이 처한 개별적 상황에 맞게 지원을 해 주는 것이 최저임금의 획일적 적용보다 더 효과적일 것입니다.

생활임금제도의 한계

최근 일부 지방자치단체들이 최저임금과 별도로 생활임금을 제도화하여 공공부문을 중심으로 시행하고 있다. 생활임금은 가족임금의 개념으로 노동계의 표준생계비 개념과 유사하며 최저임금보다 높다. 우리나라 지자체는 재정자립도가 낮아 특정 지역의 공공부문 근로자들에게 생활임금을 주기 위해서는 세금으로 보조해야 하므로 생활임금제 도입에 대해서는 국민적 합의가 필요하다. 공공부문 위탁업체 근로자들에게 생활임금제를 적용하면 인건비 증가가 제품 및 서비스 단가 상승으로 이어져 지자체의 재정부담이 커지고, 재정상황이 상대적으로 열악한 지역의 중소기업은 공공조달에서 배제되어 지역경제에 부정적 결과를 가져올 수 있다. 공공부문 직·간접 고용 근로자들에 대한 생활임금 적용은 민간부문과의 임금격차를 심화시켜 지역 내 불평등을 확산시키고 취약계층 및 고령자의 공공부문 고용을 저해한다. 최저임금위원회에 따르면 2014년 8월 기준 227만 명의 근로자(전체 임금근로자의 12.1%)가 최저임금을 받지 못하고 있어 이들을 위한 적정임금 보장이 더 시급하다. 생활임금제의 지역경제 파급효과 및 재정부담 등에 대한 충분한 검토가 없는 상태에서 정치적 목적으로 제도를 도입하는 것은 부적절하다.

34 노동조합의 역할과 기능은 무엇인가요?

　노동조합은 우리나라를 비롯한 대부분의 선진국에서 근로자의 권익을 대표하는 조직으로 합법화되어 있습니다. 노동조합의 주요 활동은 사용자와 임금 및 근로조건을 협상하고 근로자들과 사용자 간 관계 조정, 근로자의 고용 · 해고 · 승진, 현장안전 및 정책 등과 관련된 근로자들의 이익을 대변하는 것입니다. 노동조합은 개별적으로는 교섭력이 약한 조합원을 대표해서 단체로 사용자와 교섭을 하므로 근로자의 교섭력을 강화해 임금과 고용을 증가시킬 수 있습니다. 노조는 생산성을 높이는 근로관행을 만들고 이직을 줄여 근로자와 경영자 사이의 협력을 높일 수도 있겠지요. 노조가 임금상승분을 보충할 만큼 근로자들의 생산성을 높일 수 있다면 기업과는 윈-윈 할 수도 있어요. 노동조합은 근로자들의 임금 수준을 높여 소비를 증가시키는 한편 생산성과 효율성을 높여 경제성장을 촉진하고 새로운 일자리를 만드는 선순환에 기여할 수 있습니다.

　그러나 노동조합이 생산성 향상은 없이 과도한 임금상승을 부추기면 실업과 경제침체를 초래합니다. 파업 및 태업 등을 무기로 노조는 시장의 균형임금보다 더 높은 임금을 얻을 수 있지만, 과도하게 높은 임금은 일자리를 줄이고 실업자들의 장기실업상태를 촉발할 수도 있습니다. 노조가 파업하고 비생산적인 근로관행을 만들면 이는 생산과 판매를 저해하고 생산성을 떨어트립니다. 노조의 과도한 이익추구로 기업

경영이 악화하거나 기업이 파산하면 결국 공장이 폐쇄되고 일자리가 줄어 근로자들이 피해를 보게 되겠지요. 노조는 임금이라는 가격에 영향을 주기 때문에 시장을 비효율적으로 만들고 인플레이션을 일으킬 수도 있어요. 노조가 시장임금보다 더 높은 임금을 얻게 되면 기업의 생산비용을 증가시키고 가격을 상승시켜 물가수준의 전반적인 상승을 초래하기 때문입니다.

노동조합은 이익집단이기 때문에 사회 전체의 이익과 조합원의 이익이 배치될 때 사회적 갈등을 일으킵니다. 예를 들어 지하철 공사노조는 자신들의 이익을 관철하기 위하여 시민들의 발인 지하철 운행을 무기로 삼습니다. 특히 한국에는 대부분 근무여건이 양호한 대규모 사업장을 중심으로 강력한 노동조합이 있고 이들이 귀족노조라는 비판을 많이 받고 있습니다. 대표적인 예가 우리나라 제조업 부문의 대기업 노조입니다. 높은 고용보호수준과 고임금을 누리는 현대, LG 등 대기업 생산직 노조는 자신들의 임금인상과 고용안정을 위해 총파업을 벌이지만 같은 기업 내 비정규직 근로자들이나 하청중소기업 근로자들의 어려움은 외면하고 있다는 비판을 받지요. 노조원의 자녀들이 아버지가 근무하는 대기업에 고용되는 고용세습까지 이루어져 노동시장의 경쟁을 왜곡시키는 경우도 있어요.

이렇게 보면 노동조합에도 대리인 비용이 발생합니다. 노조원의 이익을 대변해야 할 노조 간부가 사적 이익을 추구하면 대리인 비용이 1차 발생하고, 전체 노동자계층의 이익을 대변해야 할 한국노총이나 민노총과 같은 기구가 정치나 이념적인 투쟁에 몰입하게 되면 이는 근로자들의 이익과 어긋나서 2차 대리인 비용이 발생합니다. 노동조합의 대표기관이 체제전복이나 정권교체와 같은 목표를 가지고 총파업을 유도하게 되면 근로자뿐만 아니라 전체 국민에게 피해를 주게 됩니다.

한국의 노동조합이 지나치게 정치화되어 있다는 평가를 받는 것은 과거에 정치투쟁 과정에서 대기업 노동조합들이 성장하였기 때문입니다. 대기업 노동조합들은 1987년 6월 민주화 항쟁 이후 일어난 1987년 노동자 대투쟁을 주도하였습니다. 따라서 상당수의 대기업 노조들은 근로자들의 권리나 사회적 약자를 위한 정책 개선보다는 정치적 현안에 더 많은 관심을 두고 있기도 합니다. 소수 대기업 정규직 위주의 노동조합은 중상층 이상의 근로자들로 전체 근로자를 대변하지 못하고 소수를 대변하는 이익집단의 역할을 하는 기득권층입니다. 전체 근로자의 이익을 대변하는 노동조합을 만들기 위해서는 대기업 노조의 개혁이 필요할 것입니다.

고용노동부(2015)에 따르면 우리나라 전체 노동조합원 수는 2014년 기준 1,905,470명, 노조 수는 5,445개소로 조직 대상 근로자 가운데 조합원 수가 차지하는 비중인 노조조직률은 2014년 기준 10.3%입니다. 세계적으로 노동조합 조직률은 갈수록 감소하고 있고, 노동조합 조직률은 2013년 기준 미국 11.1%, 일본 17.5%, 영국 25.0% 등입니다.

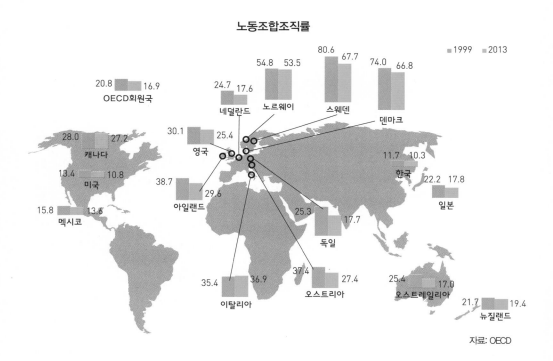

노동조합조직률

자료: OECD

35 정년연장과 임금피크제는 왜 필요한가요?

정년연장은 우리나라 노동시장의 특성상 시급하게 추진되어야 할 과제입니다. 저출산·고령화로 인해 생산가능인구가 지속해서 감소하고 있어 장기적으로 부족한 노동력을 해결하기 위해 고령층의 경제활동을 확대해야 합니다. 기대수명이 2014년 기준 82.4세인데 남성 근로자의 2015년 평균 퇴직연령은 52세이며, 많은 근로자가 50대 초반에 주된 일자리에서 퇴직하다 보니 10~20년 동안 반퇴(半退) 생활을 할 수밖에 없지요. 국민연금 평균수령액이 생활급에 크게 못 미치는 상황에서 통계청 외(2015)에 따르면 2014년 기준 은퇴연령층의 빈곤율은 48%나 됩니다.

정부는 2013년 60세 정년보장을 골자로 하는 「고용상 연령차별 금지 및 고령자 고용촉진에 관한 법률」을 개정하여 2016년부터 300인 이상 사업장, 2017년부터는 300인 미만의 사업장에 대해서까지 60세 정년을 의무조항으로 하였습니다. 정년을 연장하는 사업체에 대해서는 정부가 고용보험기금으로 고용지원금과 임금체계개편 컨설팅을 지원합니다.

정년연장은 중·고령층의 생계유지 및 노후준비, 베이비붐 세대의 대량 은퇴에 따른 숙련근로자 부족문제 완화 등에 기여할 것입니다. 급속한 고령화로 인해 기대수명과 정년의 격차가 확대되는 상황에서 정년연장은 은퇴 후 발생하는 중·고령층의 소득공백도 완화하겠지요. 또한 연금 및 의료보험 재정에 대한 정부의 부담도 줄고,

중·고령층의 구매력 향상 및 소비 촉진으로 경제활성화에도 도움이 될 것입니다. 정년연장은 청년일자리에 단기적으로는 다소 부정적 효과를 미치지만, 노인이 원하는 일과 청년이 원하는 일이 다르므로 중장기적으로는 정년연장으로 인한 고령층의 고용이 청년실업을 악화시키지는 않을 것으로 보입니다.

그러나 근무연수가 늘어날수록 임금이 오르는 현행 연공별 급여체계 아래에서 정년연장은 기업의 인건비 부담을 증가시키고 신규채용을 감소시킬 수 있습니다. 문제는 연공별 급여체계의 개혁이 쉽지 않다는 것입니다. 지금과 같이 노조가 강력하고 연공별 급여체계가 일반화된 상황에서 정년연장은 일자리를 줄이는 결과를 초래합니다. 기업의 정년연장의 성공조건은 연공제 임금제도의 철폐이지만, 그것이 여건상 가능하지 않은 경우 차선책으로 임금피크제가 필요합니다.

임금피크제 도입 없는 정년연장은 기업부담 가중

2016년부터 정년 60세가 의무화되는 상시 고용 300인 이상 300개 기업에 대한 설문조사를 실시한 대한상공회의소(2014)에 따르면 임금피크제 도입 없는 정년연장은 인건비 증가(53%), 인력운용 애로(24%), 생산성 저하(22%) 등 기업부담을 가중시킨다. 응답기업 중 임금피크제를 도입한 기업은 42.7%, 연공형 임금체계를 직무·성과급 형으로 개편한 기업은 23.7%에 불과하였다. 따라서 임금피크제를 도입하지 못하고 임금체계도 개편하지 못한 기업들은 신규채용을 줄일 것으로 조사되었다. 정부의 정년연장정책이 사전적인 임금제도 개편 없이 추진된 결과이다. 일본은 1970년부터 임금체계개편을 유도하고 1998년에 정년 60세를 의무화하여 기업들이 정년연장 충격을 흡수할 수 있었다. 현재 일본기업의 98% 이상이 정년을 65세로 하고 있다. 한국의 경우 LG전자는 2008년 임금피크제를 도입하면서 정년을 55세에서 58세로 늘렸다. GS칼텍스는 2012년부터 정년을 58세에서 60세로 연장하면서 59세가 되는 해부터 직전 급여의 80%를 준다. 포스코는 정년을 56세에서 58세로 연장하면서 58세 퇴직 후 2년간 재고용을 하면서 60세까지 정년을 연장하고 52세 이후부터 임금피크제가 적용된다. KB국민은행은 2008년 1월부터 58세 정년을 60세로 연장하면서 55세부터 임금피크제를 적용한다. 60세 정년의 법제화 이전에 정년연장을 실시하고 있던 기업들은 대부분 임금피크제를 도입했다. 임금피크제 도입 없는 정년연장은 기업활력을 저해하고 고용과 생산성의 위축을 초래할 수 있다.

임금피크제는 정년연장 또는 정년 후 재고용을 하면서 일정 나이와 근속 기간을 기준으로 임금을 감액하는 제도입니다. 임금피크제의 유형에는 정년연장형인 기존의 정년을 연장하면서 임금을 줄이는 방식과 재고용형인 정년퇴직 후 재고용하면서 임금을 줄이는 방식, 근로시간 단축형인 임금을 줄이고 근로시간을 단축하는 방식 등이 있습니다. 임금피크제는 해고를 줄이고 정년 이후에도 계속 일을 할 수 있는 여지를 만들어주는 제도이지요. 기업은 임금피크제 도입으로 절감된 인건비를 가지고 신규인력을 채용하여 생산성과 효율성을 높일 수 있습니다. 또한, 기업은 구조조정으로 인한 노사갈등을 피하고 더욱 낮은 비용으로 숙련 노동력을 확보하고 고용의 유연성도 높일 수 있습니다. 우리나라의 임금피크제는 근로자대표의 동의를 얻어서 실시해야 하며 실시 여부가 단체협약과 취업규칙 등을 통해 서면으로 확인되어야 합니다.

연공별 임금체계가 아직 개혁되지 못하고 있는 상황에서 정년연장이 생산성 하락과 청년고용 감소로 이어지지 않기 위해서는 제도적, 정책적 노력이 시급합니다. 단기적으로는 임금피크제의 도입으로 정년연장으로 인한 기업부담을 완화하면서, 중장기적으로는 연공적 임금제도를 능력·성과 중심의 인사관리시스템으로 개편하고 직무성과급 중심의 임금체계를 전면적으로 도입해야 합니다. 우선 공무원을 비롯한 공공부문이 이러한 제도적 개혁의 모범이 될 필요가 있습니다. 한국의 공무원들은 민간부문과 달리 정년까지 신분을 보장받는 고용의 안정성뿐만 아니라 퇴직 후 충분한 연금을 받는 특혜적 집단입니다. 그러나 공무원의 생산성이 민간보다 더 높지 않다는 것은 일반적인 평가지요. 그나마 공공부문에 대해서는 임금피크제도 적용되고 공공부문 직원들은 공무원 연금도 받지 않지만, 공무원들은 공공부문에 개혁을 강요하면서 스스로에 대한 어떤 개혁도 없이 임금피크제도 적용받지 않고 있습니다. 공무원의 임금체계 및 연금제도 개혁은 한국사회의 개혁을 이끄는 추동력이 될 것입니다.

우리나라의 **실업률과 고용률이** 모두 낮은 **이유는** 무엇인가요?

　실업자는 적극적으로 일을 찾지만, 일자리가 없는 사람입니다. 일자리는 모든 국민의 기본권이자 기본적인 생활을 보장하는 생계수단이 되므로 모든 국가는 완전고용을 목표로 하면서 실업률을 최소화하기 위해 노력합니다. 2013년 기준 우리나라 실업률은 3.1%지만 프랑스는 9.9%, 스웨덴 8.0%, 미국 7.4% 등으로 서구 선진국들의 실업률은 우리나라 실업률의 2~3배나 됩니다.

　2015년 기준 우리나라 실업률은 3.2%에 불과한데 언론이나 우리 주위를 둘러보면 실업문제가 심각한 것으로 보입니다. 정부는 낮은 실업률에도 불구하고 지속해서 일자리 창출을 위한 정책들을 발표하고 있고 모든 공공정책이 일자리 창출을 목표로 하고 있지요. 따라서 사람들이 실제로 느끼는 실업률과 공식적인 통계상 실업률이 다르다는 비판이 많이 나오고 있습니다.

　실업률 통계가 현실의 실업문제를 정확하게 보여주지 못하고 있다는 비판 때문에 고용률을 실업지표로 이용하게 되었어요. 고용률은 얼마나 많은 사람이 실제로 취업하고 있는지를 보여주는 지표인데, 생산가능인구 중에서 고용된 사람의 비율을 가리킵니다. 실업자와 비경제활동인구의 경계를 뚜렷하게 구분하기가 쉽지 않아 고용률은 많은 국가에서 노동시장의 현황을 보여주는 핵심 지표로 사용되고 있습니다. 그러나 근로시간이 18시간 미만인 단시간 근로자와 일시 휴직자 등 불완전 취업자가

여러 가지 실업률 계산하기

실업률을 조사하기 위한 기본 데이터는 경제활동인구이다. 경제활동인구는 만 15세 이상 65세 미만의 생산가능인구 중 조사대상 기간 수입이 있는 일을 한 취업자와 구직활동을 한 실업자의 합계. 비경제활동인구는 생산가능인구 중 조사대상 기간에 취업도 실업도 아닌 상태에 있는 사람들이다. 경제활동인구조사는 2010년 인구주택 총조사 결과를 이용하여 1,647개 표본조사구를 추출하여 표본조사구 내 3만 3천 가구를 조사하며 현역군인, 사회복무요원, 형이 확정된 교도소 수감자, 의무경찰 등은 조사대상에서 제외된다. 매월 15일이 포함된 1주간(일요일~토요일)이 조사대상 주간으로 조사대상 월 15일 현재 만 15세 이상인 자가 조사대상이다. 취업자는 조사대상 주간에 수입을 목적으로 1시간 이상 일하거나 동일가구 내 가족이 운영하는 농장이나 사업체의 수입을 위하여 주당 18시간 이상 일한 무급가족종사자, 직업 또는 사업체를 가지고 있으나 일시적인 병 또는 사고, 연가, 교육, 노사분규 등의 사유로 일하지 못한 일시휴직자 등이다. 실업자는 조사대상 주간에 수입이 있는 일을 하지 않았고, 지난 4주간 일자리를 찾아 적극적으로 구직활동을 했던 사람으로 일자리가 주어지면 즉시 취업이 가능한 자이다. 실업률의 계산 방법은 다음과 같다.

1) 경제활동참가율(%) = (경제활동인구 / 15세 이상 인구) × 100

2) 실업률(%) = (실업자 / 경제활동인구) × 100

3) 고용률(%) = (총취업자 / 생산가능인구) × 100

증가하는 경우에도 고용률은 높게 나타난다는 문제점이 있습니다. 우리나라의 고용률은 실업률이 우리보다 높은 다른 국가들에 비해 상당히 낮은 편입니다. 2014년 기준 우리나라의 고용률은 65.3%에 불과하여 우리나라보다 2배 이상의 높은 실업률을 가진 미국이나 스웨덴의 고용률보다 훨씬 낮습니다.

우리나라의 실업률과 고용률이 모두 낮고 공식실업률과 체감실업률의 차이가 큰 이유는 비경제활동인구가 비정상적으로 많기 때문이지요. 비경제활동인구는 학생, 주부, 의무군인, 취업 포기자, 취업 준비생 등 노동능력이나 노동의사가 없는 인구입니다. 비경제활동인구가 많으면 실업률에서 실업자로 분류될 사람이 비경제활동인구로 계산되어 실업률이 낮아집니다. 2015년 12월 기준 우리나라의 비경제활동인구 중 '쉬었음'인구가 173만 3천 명으로 전체 비경제활동인구 1,646만 9천 명의 10.5%

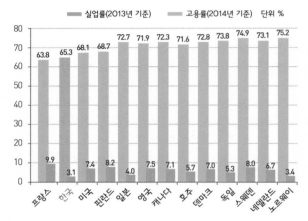

OECD 주요 국가 실업률과 고용률

■ 실업률(2013년 기준)　■ 고용률(2014년 기준)　단위 %

국가	실업률	고용률
프랑스	9.9	63.8
한국	3.1	65.3
미국	7.4	68.1
핀란드	8.2	68.7
일본	4.0	72.7
영국	7.5	71.9
캐나다	7.1	72.3
호주	5.7	71.6
덴마크	7.0	72.8
독일	5.3	73.8
스웨덴	8.0	74.9
네덜란드	6.7	73.1
노르웨이	3.4	75.2

* 주: 고용률은 15-64세 인구 중 취업자의 비율

출처 : OECD

를 차지하고 있고, 비경제활동인구 중 구직단념자는 50만 1천 명에 이릅니다. 또한, 불완전고용의 비중이 매우 높아 자영업자와 그에 속한 무급가족노동자가 많아요. 우리나라의 자영업자 숫자는 2015년 12월 기준 537만 명이고 이에 딸린 무급가족종사자만 약 102만 명입니다. 부모가 하는 치킨집에서 무급으로 일하는 딸은 실업자는 아니지만 거의 실업자와 비슷한 경제적 상황에 있을 것입니다. 더욱이 주부는 실업자가 아닌 가사근로자이지만 대부분 근로의사를 잃어버리고 비경제활동인구로 편입되어 있지요. 특히 경제활동인구조사가 매우 적은 수의 샘플을 가지고 특정한 상황에서 응답자들의 주관적 판단에 따라 진행되기 때문에 통계구축방법에 대한 신뢰성이 높지 않아 통계의 정확성에 대한 불신도 높습니다.

　실업률 통계의 문제점을 보완하기 위해 2013년 10월 국제노동기구(ILO)는 고용통계 기준을 개정하여 '일하고 싶은 욕구가 충족되지 못한 노동력'을 의미하는 고용보조지표를 도입하였어요. 고용보조지표는 취업자와 비경제활동인구를 포함한 것으로 실업률과 다른 개념으로 고용시장 분석을 위한 참고자료로 제공됩니다. 통계청은 3가지 고용보조지표를 도입하여 실업률과 함께 공표합니다. 2015년 12월 기준 실업률은 3.2%이지만 실업자 중에서 실제 취업시간이 36시간 미만이면서 추가취업을 희망하고 추가취업이 가능한 사람들을 포함한 실업률은 4.9%, 잠재취업가능자와 잠재구직자를 포함한 실업률은 9.1%, 이들 모두를 고려한 실업률은 10.7%입니다.

37 비정규직 문제는 왜 생기나요?

비정규직(non-regular)이란 용어는 한국에서 광범위하게 사용되고 있지만, 학문적으로 정확하게 정의된 개념이 아닌 정치적 표현입니다. 정년을 보장받는 정규직 근로자와 달리 비정규직 근로자는 일정 기간 일시적으로 일하는 근로자를 의미합니다. 그러나 민간부문에서는 갈수록 정년을 보장받기가 어려우므로 공공부문을 제외하면 엄격한 의미에서 정년을 보장받는 '정규직'은 많지 않지요. OECD는 우리나라 비정규직과 유사한 표현으로 고용의 한시성을 기준으로 임시직 근로자(temporary worker)라는 표현을 사용합니다.

통계청에 따르면 우리나라 비정규직 근로자는 2015년 8월 기준 627만 1천명으로 전체 근로자의 32.5%입니다. OECD의 임시직 근로자를 기준으로 하면 우리나라의 비정규직 비중은 2015년 8월 기준 22.3%이지요. 비정규직 근로자 규모가 가장 큰 산업은 사업·개인·공공서비스업으로 308만 명(49.1%)이며 도소매·음식숙박업은 123만 9천 명(19.8%), 건설업은 72만 6천 명(11.6%) 등입니다. 비정규직 근로자 가운데 여성이 54.0%이며 연령별로는 50대가 21.5%, 60세 이상 21.0%, 40대 20.4% 등이고 교육 정도는 고졸이 275만 6천 명으로 44.0%를 차지하고 있어요. 결국, 우리나라 비정규직 문제는 고졸 학력의 40대 이상 영세서비스업과 관련됩니다.

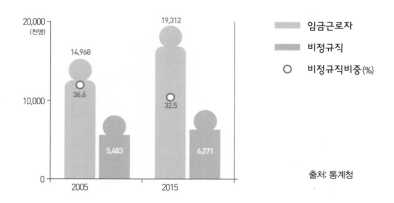

정규직과 비정규직 비중 추이

임금근로자
비정규직
O 비정규직비중(%)

출처: 통계청

　우리나라에서 비정규직 근로자가 급속하게 증가한 것은 1997년 외환위기 이후입니다. 정규직에 대한 과도한 보호로 인해 경제위기에도 불구하고 인원감축이 어려웠던 기업들은 기업경영의 효율화를 위해 임금을 적게 주고 해고를 쉽게 할 수 있는 비정규직 고용을 선호하게 된 것이지요. 비정규직의 증가는 기업의 고용유연성을 높여 경기변동에 따라 고용을 쉽게 조정할 수 있어 기업경영에 많은 편익을 제공하였습니다.

　경제의 서비스화 확대와 서비스산업의 특성도 비정규직이 증가하는 원인이 되었지요. 서비스산업은 노동수요가 심하게 변동되기 때문에 시간제 근로자를 선호하게 됩니다. 대형마트나 식당처럼 시간대에 따라 필요한 노동량이 다른 경우 시간제 근로자를 고용하는 것이 합리적입니다. 가사를 전담하는 기혼여성의 경우 풀타임으로 일하는 것이 어려우므로 시간제 근로를 선호하게 됩니다. 업종이나 일의 특성, 개인적 선호에 따라 비정규직도 필요합니다. 실제 통계청에 따르면 2016년 3월 기준 비정규직 근로자 가운데 57.2%가 자발적 사유로 비정규직을 선택하였습니다.

비정규직문제의 본질은 비정규직의 존재 그 자체나 양적 규모가 아니라 정규직보다 비정규직이 부당하게 차별받는다는 것입니다. 과도한 보호를 받는 정규직과 열악한 일자리에서 보호를 받지 못하는 비정규직이 공존하는 노동시장의 이중구조가 문제인 것이지요. 정규직과 비정규직은 임금, 고용안정성, 노동조건 등에서 격차가 과도하게 큽니다. 2016년 3월 기준 근로자의 평균 근속기간은 정규직이 7년 5개월인 반면 비정규직은 2년 5개월입니다. 비정규직 근로자들은 정규직 근로자들에 비해 사회보험에 의한 보호도 적게 받고 있어요. 국민연금 가입률은 정규직 83.2%, 비정규직 37.5%, 건강보험 가입률은 정규직 86.3%, 비정규직 46.3%, 고용보험 가입률은 정규직 84.2%, 비정규직 44.5% 등입니다. 퇴직급여나 상여금, 시간외 수당과 유급 휴일 등 근로복지 수혜율도 비정규직은 정규직의 절반 수준입니다.

비정규직 문제의 해결방법은 정규직에 대한 과도한 보호를 줄이고 정규직과 비정규직의 근로조건의 격차를 줄이는 것입니다. 비정규직의 정규직화는 기업의 비용을 높여서 사회 전체의 고용을 줄이고 현실적으로도 실현 불가능합니다. 정규직의 구조조정을 쉽게 해서 노동시장을 유연하게 하는 것도 현 상황에서 쉽지 않지요. 따라서 고용의 유연성보다는 시간제와 임금피크제의 확대 등 근로의 유연성을 통해 노동시장의 유연성을 높이는 것이 현실적입니다. 모든 직종을 근로계약서에 근거하여 무기 계약직과 유기 계약직으로만 구분하고 시간제·기간제·파견노동 등 다양한 형태의 고용이 활성화된 유연한 노동시장을 만들어야 해요. 계약기간과 상관없이 모든 근로자에게 4대 사회보험 보장, 동일 노동·동일 임금·동일 수당을 지급하고 공공기관 및 정부의 정원제는 철폐해야 합니다. 정규직과 비정규직이란 정치적 용어 자체도 폐기해야 합니다. 사회적 통합을 위해 비정규직문제에 대한 적극적 대응은 필요하지만, 비정규직의 무조건적인 정규직화는 경직적인 한국 노동시장을 더욱 경직시킬 수 있어요. 비정규직의 고용안정성은 높이되 고용의 유연성을 높이는 정책과 비정규직문제 해결방안에 대한 사회적 합의가 필요합니다.

38 청년실업률이 높은 이유는 무엇인가요?

    OECD나 국제기구들은 15~24세 연령대의 인구를 청년으로 보지만 우리나라에서는 15~29세 연령대의 인구를 청년으로 봅니다. OECD가 정의한 청년의 연령대인 15~24세에 한국 청년들은 학교에 다니거나 군 복무, 대입재수, 해외연수 등 본격적인 사회진출을 준비합니다. 한국의 청년 남자는 27세 전후에 첫 일자리를 구하기 시작하며 상대적으로 높은 학력과 눈높이 때문에 치열한 취직경쟁을 치러야 합니다.

    청년실업은 우리나라뿐만 아니라 대부분의 선진국에서 가자 중요한 노동문제로 이를 해결하기 위한 다양한 정책들이 논의되고 있습니다. OECD 국가들을 보면 독일을 제외한 주요 선진국들에서 전체 청년 가운데 실업인 채로 교육이나 직업훈련조차 받지 않는 청년들(NEET족)의 비중은 2008년 금융위기 이후 더욱 높아졌어요. 이들의 비중을 보면 OECD 평균은 2008년 13.7%에서 2013년 15.5%, 프랑스는 동기간 14.0%에서 16.3%, 스페인은 동기간 16.4%에서 26.8%로 각각 상승하였고 한국은 동기간 18.5%입니다.

    OECD 국가들의 청년실업문제의 핵심은 대체로 저학력, 미숙련 노동력 문제입니다. 반면 취학인구의 70% 이상이 대학에 가는 우리나라 청년실업문제의 핵심은 고학력 지식근로자인 25~29세 연령대의 대학졸업자들이 마음에 드는 일자리를 구하지 못하는 것이지요. 청년층의 절대 인구가 줄더라도 좋은 일자리는 항상 제한되기 때문에 대졸 청년들의 눈높이에 맞는 취업경쟁은 계속될 겁니다. 그러나 25~29세가 지나면 대부분이 일자리를 구하여 30~39세가 되면 거의 완전고용 상태에 이르게 됩니다.

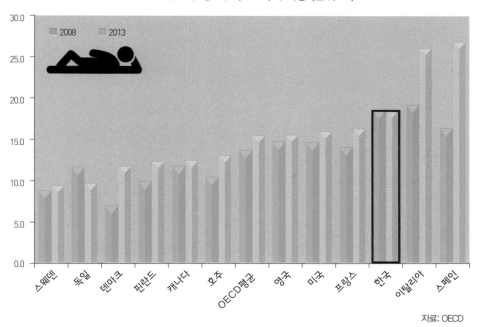

15~29세 인구 중 니트(NEET)족 비중 (단위: %)

자료: OECD

우리나라 청년실업의 근본원인은 첫째, 교육제도와 산업수요의 불일치 때문입니다. 대부분 산업에서 원하는 노동력은 고교졸업생이면 충분하지만, 청년들의 70% 이상은 대학졸업 학력을 가지고 있습니다. 청년층은 구직난에 시달리고 제조업 분야의 중소기업은 인력난을 겪고 있어요. 둘째, 대졸자들의 눈높이에 맞는 좋은 일자리가 부족하기 때문이지요. 대졸자들이 원하는 일자리는 변호사, 의사, 회계사와 같은 전문직, 공무원, 교사, 공기업과 같이 직업의 안정성이 높은 직종, 금융기관과 대기업의 사원 등입니다. 2015년 통계청 조사에 따르면 13~29세 청년들이 가장 근무하고 싶은 직장은 국가기관(23.7%), 공기업(19.5%), 대기업(18.7%) 등의 순입니다. 셋째, 정규직에 대한 보호가 과도하여 노동시장이 유연하지 않기 때문입니다. 정규직에 대한 과보호로 인해 기업들은 신규 취업자를 가능하면 비정규직으로 채용하고 싶어 합니다.

청년실업문제를 해결하기 위해서는 청년들을 비롯한 사회적 인식의 변화가 필요하지만 이를 위해서는 시간이 필요해요. 인식의 변화를 유도하면서 청년실업문제를 완화할 정책방안을 고려해야 합니다. 먼저 노동시장을 개혁해야지요. 중장년층의 임금체계를 연공제에서 성과급제로 바꾸거나 임금피크제를 도입하여 중장년층 고용의 인건비를 줄이고 청년층을 고용해야 합니다. 또한, 청년층 고용을 확대하기 위해 서비스업의 고부가가치화와 양질의 일자리 창출을 도모해야 합니다. 불필요한 규제 완화와 연구개발 투자확대 및 효과성 제고가 시급합니다. 앞으로 수요가 많을 것으로 예상하는 의료와 복지 등 지식 집약적산업에서 규제를 대폭 풀어 매력 있는 일자리를 더 많이 만들어야 합니다.

지식 중심적 교육에서 기술 중심적 교육으로 전환하여, 모든 교육제도를 노동시장과 맞추어 적절한 기술을 선택하거나 창조하는 프레임워크가 필요합니다. 일정 기준 이하의 대학을 시장에서 퇴출하고 산업인력 수요에 따라 학생들을 범용실무인력, 특정 분야/현장애로 기술인력, 중견실무/기능인력 등으로 구분하여 육성할 수 있도록 대학의 특성화를 지원해야 합니다. 산업단지 내 대학을 설립하여 높은 취업률을 유지하는 전략도 필요하지요. 기존 일자리의 질적 제고를 통해 기업들의 인력난을 해소하는 부조화(mismatch) 해소정책을 추진하면서 경험이 부족한 비정규직 젊은이들이 그의 능력과 기술을 개선해 점진적으로 정규직 고용으로 이행할 수 있도록 해야 합니다. 좋은 교육과 전문지식을 갖춘 한국 청년들이 신흥시장과 개도국에서 일자리를 찾을 수 있도록 돕는 제도적 지원도 필요합니다.

39 앞으로 일자리를 만들 수 있는 새로운 산업은?

인공지능 알파고가 인간과의 두뇌대결을 벌이는 모습이 TV로 생중계되면서 정부는 부랴부랴 인공지능사업계획을 발표하였습니다. 2016년 다보스포럼의 핵심 화두는 제4차 산업혁명과 일자리 문제였습니다. 기술의 발전은 인간의 생활을 편리하게 하고 생산성을 높이지만 그로 인한 일자리 상실의 두려움도 커지고 있어요. 산업혁명 이후 기계로 인해 일자리를 빼앗긴 근로자들이 19세기 초반 기계가 빈곤의 원인이라고 생각하여 기계파괴운동인 러다이트운동을 하였지요. 경기가 회복되고 대규모 공업이 발전되면서 러다이트운동은 끝을 맺었지만, 알파고 바람은 한국사회에서 신러다이트운동이 필요하다는 불안감을 조성시키기도 하였습니다.

산업의 발전과 변화에 따라 그에 적합한 직종이 발생하고 확대된 후 소멸하는 과정은 자연스러운 경제현상입니다. 예를 들어 기계제 대규모 공업의 시작과 함께 농민들은 모두 도시로 몰려와서 공장근로자가 되고 가내수공업자들도 공장근로자가 되었습니다. 석탄이 핵심 에너지인 시절에는 탄광이 번성하였지만, 에너지원이 석유로 변화되면서 탄광은 대부분 폐광이 되고 광부라는 직업도 거의 찾아보기가 어렵게 되었지요. 산업의 수요에 따라 일자리는 창출되고 소멸하는 것입니다. 산업의 변화에 따른 일자리의 창출과 소멸이 자연스러운 경제현상이기 때문에 중요한 것은 산업의 변화에 어떻게 유연하게 대응하면서 일자리를 만들고 그에 맞는 인력을 양성하는가입니다.

따라서 지금과 같이 일자리 특히 청년일자리의 창출이 중요한 상황에서 정책당국이 할 수 있는 일은 향후 미래의 산업수요를 파악하기 위하여 노력하고 그에 따라 인력을 공급할 수 있도록 하는 것입니다. 개발연대의 성공적인 경제성장은 산업인력들이 제때 적재적소에 공급되었기 때문입니다. 가발, 신발, 섬유 등의 경공업을 발전시키기 위해 수많은 농촌 여성들이 도시의 공장에서 노동력을 공급하였고 중화학공업 발전을 위해서는 우수한 인력들이 공업고등학교에서 기능을 쌓아 공장에 투입되었습니다.

전 세계적으로 제4차 산업혁명의 바람이 불고 있어요. 제4차 산업혁명은 제조업에 인터넷이나 클라우드, 인공지능과 같은 최신기술을 결합하여 제조업을 근본적으로 변화시키고 있지요. 제4차 산업혁명으로 인해 디지털, 물리적, 생물학적 영역의 경계가 없어지면서 기술이 융합되어 인공지능, 로봇공학, 나노기술, 3D 프린팅, 바이오기술 등의 발전이 4차 산업혁명을 주도하고 있습니다. UBS(2016)에 따르면 클라우드기술, 빅데이터 등의 과학기술이 4차 산업혁명을 주도하는 가운데 2015~17년에는 사물인터넷, 3D 프린팅 등이, 2018~20년에는 로봇, 인공지능, 바이오기술 등이 주요 성장동력입니다. 따라서 제4차 산업혁명으로 향후 5년간 과학기술 분야의 고용은 증가하지만 노동력 대체 기술의 출현 등으로 전체 일자리(15개 선진국 기준)는 5백만 개가 줄어들 것이라고 WEF(2016)는 예측하지요. 컴퓨터 및 수학, 건축공학 분야의 일자리가 큰 폭으로 증가하고, 사무·행정, 제조업 분야 등의 일자리는 감소할 것으로 전망됩니다.

제4차 산업혁명으로 인한 산업구조 및 고용시장 변화에 대응하여 우선은 과학기술 분야 및 고숙련 일자리를 위해 단기적으로는 기존 인력을 재교육하는 것이 시급합니다. 중장기적으로는 신산업의 수요에 맞는 교육시스템을 구축하여 교육내용과 교과를 개편하고 산·학 협력을 통해 인력을 양성해야지요. 그러나 현실에서 급변하는

사람 대신 로봇이 생산하는 독일 라이프치히의 BMW 공장

하루 740대를 생산할 수 있는 자동화된 조립 공정은 모두 로봇이 대신하고 있으며, 사람의 손길은 내부의 전선 작업 등 세밀한 부분에 제한적으로 필요할 뿐이다.

산업의 필요에 맞추어 전체 교육이 유연하고 신속하게 변화하기는 쉽지 않아요. 산업의 성쇠는 시장에서 결정되지만, 법과 제도에 기반을 둬 고착된 교육시스템은 시장과 상관없이 자기 관성에 따른 안정성을 추구하기 때문입니다. 따라서 기본교육을 담당하는 보편적인 교육시스템은 유지하면서 각 개인이 새로운 산업수요에 맞추어 자기학습을 강화할 수 있도록 하는 것이 중요합니다. 시장에서 원하는 새로운 인적자원이 되는 것은 본인 자신의 선택과 노력이 좌우할 것이며, 정부는 국민이 원하는 직업교육과 자기학습을 할 수 있는 인프라를 만드는 역할을 담당해야 합니다. 결국, 학교교육 중심에서 평생교육 중심으로 교육패러다임이 전면적으로 전환되어야 산업수요와 교육시스템의 부조화 문제를 해결할 수 있을 것입니다.

왜 스위스는 기본소득제도를
도입하지 않았을까?

　2016년 6월 5일 스위스에서는 기본소득(basic income) 도입을 위한 헌법개정안에 대한 국민투표가 시행되어 찬성 23.1%, 반대 76.9%로 기본소득의 도입이 좌절되었다. 기본소득이란 재산이나 소득, 노동 여부나 노동의사와 상관없이 모든 사회구성원에게 균등하게 지급되는 소득이다. 기본소득은 조건 없이 지급되기 때문에 기존의 사회보장방식과 다르며 개인 단위로 지급된다. 기본소득의 옹호자들에 따르면 경제활동은 사회구성원의 공동활동으로 가능한 것이기 때문에 특정 생산물의 산출에 직접 기여하지 않았더라도 모든 구성원에게 동등한 기본소득을 줘야 한다.

　생산력의 비약적인 증가와 과학기술의 발전은 노동력에 대한 수요를 줄이고 노동의 가치를 하락시켜 실업은 증가하고 노동을 통한 생활의 유지는 어려워지고 있다. 최근 들어 인공지능 등 과학기술의 발전과 산업자동화에 따른 일자리 수 감소가 확대되는 것에 대비하기 위한 대안으로 기본소득에 대한 관심이 높아지고 있다. 1982년부터 알래스카 주는 6개월 이상 알래스카에 거주한 모든 사람에게 나이와 거주기간에 무관하게 영구기금으로부터 매년 균일한 배당을 하고 있고, 핀란드와 네덜란드는 비슷한 형태의 파일럿 프로젝트를 추진할 예정이다. 제임스 토빈은 1968년 모든 시민에게 자동으로 지급하는 최소보장소득인 데모 그랜트(demo grant, 시민보조금)를 주장하기도 하였다. 밀튼 프리드먼은 자유주의적 관점에서 일종의 기본소득제도로 볼 수 있는 음의 소득세(Negative Income Tax)제도를 도입하고 대신 국가의 복지서비스를 철폐할 것을 주장하였다.

　스위스에서는 세계에서 처음으로 기본소득의 도입 여부가 국민적 쟁점으로 떠올랐다. 스위스는 인구 약 8백만 명의 국가로 2015년 1인당 GDP가 약 8만3천 달러로 룩셈부르크에 이어 세계에서 2번째로 소득이 높은 나라이다. 스위스는 직접민주주의 국가로 연방헌법에 따라 18개월 이내에 유권자 100,000명 이상의 서명을 받으면 누구나 헌법 개정안을 신청할 수 있다. 기본소득 도입을 국민투표에 부치려는 시도는 2011년에도 있었지만 주어진 기간 안에 유효서명인 수를 충족시키지 못하여 발의에 실패했다. 2013년 10월 4일 '기본소득 스위스(BIS)'와 '조건 없는 기본소득 이니셔티브'라는 시민단체가 126,000명의 서명을 받아 연방내각 사무처에 '조건 없는 기본소득' 조항을 신설하는 헌법개정안 관련 국민투표안을 제출하였다. 기본소득 지급액수와 재원은 헌법개정안 통과 후 법률로 제정하는 것으로 하였지만, 이들이 생각하는 기본소득 안은 매월 18세 이상 성인에게 2,500 스위스프랑(약 300만 원)을 미성년자에게는 650스위스프랑(78만 원)을 지급하는 안이며, 기본소득은 기존 사회보장제도에 통합시켜 운영하는 것으로 구상되었다. 모든 국민제안은 2년 6개월 정도의 검토 기간을 거치기 때문에 연방정부와 연방의회에서 절차를 따라 이들의 요구안을 검토하였고, 2015년 연방정부와 연방의회는 기본소득 도입에 대해 공식적으로 반대의견을 표명하였다.

기본소득의 도입을 반대하는 핵심 이유는 재정난과 이주민에 대한 두려움, 저소득층 복지 축소 등이다. 스위스 정부에 따르면 기본소득 도입 시 매해 최소 250억 스위스프랑 약 29조 9,200억 원의 예산이 필요(현재 스위스 연방정부 연간지출액인 670억 스위스프랑의 3분의 1)하여, 40%에 달하는 개인소득세도 더 인상하여야 한다. 헌법개정안에는 5년 이상 합법적으로 거주한 외국인들에게도 기본소득을 준다는 내용이 들어 있어, 이민자들이 몰려와 사회가 불안정해질 수 있다는 국민의 우려도 컸다. 또한, 소득금액이 적당히 높지 않으면 연금생활자 등 기존 복지 대상자들이 받던 혜택을 대체하지 못하는 우려도 제기되었다. 스위스 연방노조는 기본소득 도입이 시기상조라고 반대하면서 최저임금의 인상이 우선되어야 할 것을 주장하였다. 미래에 기술혁신으로 일자리가 줄어든다면 일을 하든 하지 않든 간에 모든 국민에게 일정한 소득을 보장한다는 기본소득 안은 여러 나라에서 계속해서 제기될 가능성이 있다.

Q40~
Q50

제 4 부

정부의 역할

40 정부의 **경제안정화정책이란** 무엇인가요?

현실경제에서는 시장경제의 원활한 작동을 방해하는 다양한 충격들이 발생합니다. 미국이나 중국의 예기치 못한 경기침체부터 지진이나 후쿠시마사태 같은 천재지변이나 대규모 참사까지 많은 요소가 경제에 영향을 미치지요. 부정적 충격으로 인한 경기변동의 완화를 목적으로 하는 정부의 다양한 정책이 바로 경제안정화정책입니다. 경제안정화정책은 기업과 가계 등 민간부문의 안정적인 경제활동을 보장하기 위해 정부가 실행하는 정책들의 총합으로 대체로 물가안정과 실업 감소를 목표로 합니다. 경제안정화정책은 정부가 총수요를 조절하여 경기변동을 완화하기 때문에 총수요관리정책이라고도 불리고 통화정책과 재정정책으로 구분됩니다.

경제안정화정책의 실효성에 대해서는 많은 논쟁이 있습니다. 경제성장률, 실업률, 물가상승률 등 거시경제지표는 유기체와 같은 시장의 역동적인 변화를 반영하기가 쉽지 않아 정부가 경제안정화정책의 필요성 여부를 판단하기는 쉽지 않습니다. 정부가 현재의 총수요규모를 단기에 정확하게 파악하기도 어렵고 미래의 불확실성을 예측하는 것도 힘들기 때문이지요. 특히 경제안정화정책의 목표인 물가안정과 실업축소는 근본적으로 상충되는 '두 마리 토끼'입니다. 경기가 침체하면 실업률은 높아지지만 물가는 낮아지고, 경기가 좋아지면 실업률은 줄지만 물가가 높아지지요. 정부는 자의적으로 물가안정과 실업축소의 바람직한 수준을 정하고 그에 따라 경제안정화정책을 선택할 수밖에 없습니다. 더욱이 경제안정화정책의 정책시차는 경제불안정을 더욱 가속할 수도 있어요. 경기침체를 우려하여 추진되는 경기활성화정책이 시장의 자율적인 조정 때문에 경기가 활성화되기 시작하는 시점에 물가상승과 경기과열을 초래할 수 있습니다. 통화정책보다 재정정책은 효과는 단기적으로 빨리 나타나지만, 국회통과 등 정치적 과정으로 인해 결정하는데 시간이 지체됩니다.

따라서 정책당국은 경제안정화정책이 필요한 시점을 잘 골라서 정책시차를 최소화하고 상반된 정책 목표와 수단을 조화시키며 정부실패와 시장왜곡을 최소화해야 합니다. 특히 정치적 압력과 포퓰리즘적 관점에서 경제안정화정책이라는 명분으로 반복될 수 있는 정부의 빈번한 시장개입과 정책남용을 방지하는 것이 중요합니다. 정부의 재량적 개입으로 인한 실패를 막기 위해 경제상황에 관계없이 정부정책을 미리 정한 준칙(rule)에 따라 추진해야 한다는 의견도 있습니다. 예를 들어 통화당국이 매년 3%씩 통화량을 증가시킨다는 준칙을 공표하고 그대로 실행하면 시장과 경제주체들이 그에 맞추어 행동하게 되므로 경제가 더 안정적일 수 있다는 것이지요.

사실 시장은 자율적인 조정기능을 가지고 있고 경기변동은 시장의 조정과정을 반영하는 것입니다. 경기변동에 따른 기업들의 성장과 퇴출은 시장경제의 효율성을 유지해주는 시장의 자율조정 과정이지요. 예를 들어 경기침체가 발생하더라도 경쟁력이 있는 기업들은 경쟁력이 약해 도산하는 기업들을 합병하여 오히려 기업이 성장할 수 있는 발판을 마련하기도 합니다. 시장은 경기침체를 통해 다시 자원배분을 하게 되고 이러한 자원배분이 적절하게 이루어지면 경기가 살아나게 되는 것이지요. 따라서 경제안정화정책은 시장의 자율조정기능이 작동할 수 있도록 촉매제의 역할을 하는 것이지 시장의 기능을 대신하는 것이 아닙니다.

특히 경제규모가 커지면서 정부가 개입하기에는 시장의 운영이 너무 복잡해졌고 세계화와 개방화로 인해 한 국가의 경제안정화정책의 실효성도 갈수록 사라지고 있습니다. 예를 들어 한국의 증시변동이 국내시장뿐만 아니라 해외시장의 충격에 따라 좌우되는 상황에서 증시에 대한 정부정책의 효과는 미미할 수밖에 없지요. 2008년 세계금융위기처럼 외부로부터의 충격과 위기의 전염성이 빈발하는 상황에서 국민경제의 흐름만을 보고 정부가 정책을 결정하는 것은 무의미하겠지요. 그렇다고 정부의 관료가 세계경제 전체를 보면서 적절한 경제안정화정책을 추진한다는 것은 매우 어렵습니다. 따라서 오늘날 경제안정화정책은 정책 그 자체의 효과보다는 시장과 경제주체들이 미래에 대한 합리적 기대와 예측을 형성하여 행동하도록 유도하는 시그널로서의 효과가 더 큰 것으로 보입니다.

승수효과 vs 구축효과

정부정책의 효과에 대한 논쟁은 오래된 경제적 이슈 중의 하나이다. 총수요를 구성하는 정부의 재정지출은 일반적으로 불가피한 경제활동으로 여겨지지만 어떤 상황에서 어느 정도의 규모가 되어야 효과가 있는지를 알기는 어렵다. 이론적으로 승수효과는 정부의 재정지출이 기업과 가계의 소비증가로 이어져 경제가 활성화되는 효과를 가리킨다. 정부의 지출증가나 세금감면이 물가와 금리를 상승시켜 투자위축을 초래하여 민간활동에 주는 부정적 효과가 바로 구축효과이다. 만약 정부가 지출충당을 위해 국채를 발행하면 시중 자금이 줄어들면서 자금 사정이 나빠지고 금리가 상승해 민간기업들의 투자는 위축된다. 더욱이 정부가 국채 발행으로 재원을 조달하는 것은 부채부담을 미래의 납세자에게 전가시키는 것이기 때문에 소비는 위축된다. 만약 가계가 저축하여 정부의 세금인상에 대비한다면 소비위축은 재정지출의 효과를 완전히 상쇄시킨다. 정부가 국채 대신 통화를 발행하여 재정지출을 하더라도 인플레이션이 발생하여 금리는 상승하므로 결과적으로 기업의 투자는 위축되고 경기불황을 일으킬 수 있으며 승수효과는 일어날 수 없다. 따라서 정부의 재정지출 확대는 구축효과를 고려하고 균형재정을 준수하면서 최소화하는 것이 필요하다.

41 경기조절수단으로서 재정정책은 효과적인가요?

재정이란 국가와 국가에 속한 기관들의 재원조달 및 지출활동을 의미합니다. 정부는 조세를 기본재원으로 재정지출을 통해 국방, 치안, 환경, 보육, 교육, 요양 등 공공행정과 사회서비스 등 공공서비스 제공, 사회적 불균형 개선을 위한 소득재분배, 경제성장 및 완전고용을 목표로 하는 경제정책 등을 담당합니다. 재정정책은 정부지출과 조세수입을 활용하여 총수요를 조절하는 경제안정화정책의 일환이지요. 예를 들어 경기침체기에 정부는 재정지출을 확대하는 인프라스트럭처 건설 등 공공투자사업을 벌여 총수요를 증가시켜 일자리를 만들고 경기를 활성화합니다. 세계화·개방화로 국가 간 정책이 상호 영향을 주고 글로벌 금융위기가 반복되고 경기침체가 지속하고 있지만, 확장적 통화정책이 효력을 발휘하지 못하고 있어 각국 정부는 재정정책에 대한 의존도를 높이고 있어요. 한국경제도 반복적으로 추가경정예산을 편성하고 재정을 조기 집행하여 재정지출 확대를 통한 내수활성화를 도모하고 있습니다.

정부는 일정 규모의 재정지출을 매년 증가시켜 경기를 활성화하기도 하고 재량적 재정정책으로 경기안정화기능을 하기도 합니다. 재량적 재정정책은 조세감면, 세율조정, 사회간접자본 투자 등의 확대와 축소를 통해 경기안정화를 도모하는 것입니다. 그러나 재정정책이 오히려 경기변동성을 확대하고 재정적자만 증대시키기 때문

재정의 자동안정화장치

재정은 경기변동에 따라 자동으로 경기를 조절하는 자동안정화장치automatic stabilizer로서의 기능을 가지고 있다고 평가된다. 자동안정화란 정부가 재정지출을 조정하거나 세율을 변경시키지 않아도 재정지출과 조세수입이 경기에 맞추어 자동으로 조정되어 경기변동이 완화될 수 있다는 의미이다. 경기가 침체할 때에는 개인과 법인의 세금이 줄어들고 실직자들의 실업급여 수령액이 증가하여 수요가 늘어나 경기가 활성화되고, 경기가 과열될 때는 조세수입 증가와 사회보장지출 감소로 총수요가 줄어들어 경기가 안정된다는 것이다. 그러나 경제가 불황에서 벗어나 회복국면에 접어들면 소득세가 늘어나 소비지출이 감소하고 실업수당이 줄어들면서 정부지출이 감소하면 총수요의 증가가 일부 상쇄되어 경기회복이 지연될 수 있다. 자동안정화장치는 정책당국의 자의적 정책보다 자동으로 경제적 메커니즘에 의해 작동하기 때문에 장기적으로 재정건전성이 유지될 수 있다. 재정의 자동안정화장치가 효과를 가지려면 재정규모가 커야 하고 조세체계의 누진성도 높아야 하며 실업급여도 규모가 커야 한다. 그러나 정부 규모가 너무 크면 민간부문의 투자를 위축시키며 과도한 누진세 체계는 경제주체의 투자유인을 제한하고 실업급여의 확대는 근로유인을 저하할 수 있다.

에 재정정책의 실효성에 대한 회의론도 상당히 큽니다. 특히 재량적 재정정책은 경제적 요인보다 정치적 요인에 의해 결정되거나 정책결정자의 판단오류로 경기침체를 심화시킬 수 있지요.

오늘날 시장경제에서 재정정책의 역할을 근본적으로 반대하는 경우는 거의 없습니다. 그러나 과도하고 반복적인 재정지출의 확대는 재정건전성만 손상하고 경제적 효과는 거의 없을 수 있습니다. 일본경제가 1990년대 초에 자산거품이 꺼지면서 불황에 접어들었을 때 일본정부는 경기부양을 위해 몇 차례 재정지출을 확대했으나 시장의 기대를 바꾸지 못했습니다. 그 결과 정부부채만 많이 늘어났으며, 일본경제는 1997년경부터 본격적으로 디플레이션경제로 진입했지요. 재정지출 변경이나 조세제도의 변화는 시간이 많이 소요되는 입법절차를 거쳐야 하므로 재정정책의 경기안정화 능력은 제한됩니다. 정부지출이 많아지면 경제 전반의 투자가 늘어나고 경기가 활성화되지만, 재원인 세금이 증가하여야 하므로 개인의 소비나 기업의 투자가 축소

될 수 있지요. 정부가 국채를 발행하여 재정지출을 하면 국공채의 수익률이 높아지면서 시장금리도 상승하여 기업의 투자를 축소하고 경기수축을 일으키는 구축효과가 발생할 수도 있습니다. 그러나 정부지출의 확대를 찬성하는 전문가들은 장기적으로 구축효과는 일어나지만, 단기적으로는 완전한 구축은 일어나지 않아 재정지출의 효과가 있다고 주장합니다.

재정정책의 가장 근본적인 문제는 재정이 정부와 관료들, 정치인들의 의도에 따라 낭비될 수 있다는 것입니다. 일반 국민은 복잡한 예산을 이해할 수도 없고 세금과 재정지출을 생활 속에서 연계시키면서 공공의 재정지출을 감시하기도 어렵습니다. 재정은 실제 주인 없는 돈이라는 인식이 있어 관료들은 자신들의 이해를 위한 공공기관 증설에, 정치인들은 포퓰리즘에 활용하면서 예산은 낭비됩니다.

따라서 재정을 제한적이나마 통제할 방법은 재정준칙을 만들어 재정건전성을 강제하는 것입니다. 세입에 맞추어 세출을 하는 균형예산의 원칙을 세우고 새로운 지출사업에 대해서는 "페이고(Pay as you go)원칙*"을 도입해야 합니다. 경제성장률과 재정지출 증가율을 연동시켜 예산을 편성해야 하지요. 재원배분의 효율성과 형평성을 위해 분야별 투자사업지출의 증가율을 관리해야 하며 관료들의 책임성(accountability) 강화를 위해서는 준칙 이행을 이듬해 예산 및 공무원 월급과 연계해야 합니다. 효율적인 작은 정부를 위해 국가기능을 재정비하고 부처 통폐합, 지방정부로의 사무 이양에 따른 중앙부처 기능 축소 및 폐지, 지방자치 발전에 따른 중앙공무원 감축 등도 필요하지요. 행정의 효율성과 책임성을 높이기 위해 예산, 조직 및 인력 등의 증가율을 제한해야 할 것입니다.

> *페이고 원칙
> 페이고는 지출증가나 재정수입의 감소를 가져오는 법안에 대해 재원확보방안을 함께 제출해야 하는 재정준칙

42 재정건전성은 **왜** 중요한가요?

정부의 다양한 재정활동은 대부분 민간 경제주체가 낸 세금을 재원으로 합니다. 국가는 경제위기가 있을 때 최종적으로 위기를 극복하는 역할을 담당합니다. 반복적인 글로벌 금융위기와 항시적인 세계경제의 불안정으로 인해 국내 경제위기가 촉발될 수도 있는 개방화 시대에 정부가 재정건전성을 유지하는 것은 매우 중요하지요. 평상시에 재정이 건전하면 예기치 못한 경제위기에 대응하여 재정을 확대하여 정부가 경기활성화를 추진할 수 있기 때문입니다. 2008년 글로벌 금융위기 이후 그리스, 포르투갈 등 유럽연합의 국가들이 경기침체를 극복하지 못한 이유 중 하나는 재정건전성이 악화하여 있어 적절한 정책대응이 불가능하였기 때문입니다.

정부가 경제안정화를 위해 재정정책을 자주 쓰면 재정적자가 발생할 수밖에 없어요. 한번 확대된 정부지출을 다시 줄이기는 어려우므로 결국 관련 예산과 이를 담당하는 인력이 늘어나고 이것이 다시 지출규모를 확대하는 악순환이 반복되지요. 정부가 적자를 일으키지 않고 재정지출을 확대하기 위해서는 세금을 늘려야 하는데 이는 조세저항을 일으키며, 경기침체상황에서 재정적자를 메꾸기 위한 증세는 경기를 더욱 침체시키는 악순환을 유발합니다. 정부가 재정적자를 방지하기 위해 중앙은행에서 돈을 빌리는 방법이 있지만 이는 통화량 증가로 물가를 상승시킬 수 있어요. 정부가 국채를 발행하여 필요한 자금을 마련하는 경우에도 국채발행에 따른 이자는 국민의 세금으로 지급될 수밖에 없잖아요? 정부가 세금을 더 거두거나 국채를 더 발행하거나 간에 재정적자는 결국 국민 몫이 되어 세금부담을 증가시킵니다. 재정건전성이 지속해서 악화될 경우 성장잠재력이 약화되고 미래세대에 조세부담을 전가함에 따라 세대 간 갈등도 불러일으킬 수도 있어요.

현재 한국경제의 상황에서는 고령화의 급진행으로 인하여 앞으로 사회복지지출이 큰 폭으로 증가할 것이기 때문에 재정건전성을 유지하는 것이 매우 필요합니다. 사회복지지출은 한번 시작하면 축소하기 힘든 경직성이 강한 정부지출이기 때문에 인기영합적인 사회복지프로그램의 신설에 신중을 기해야 하고, 장기적인 재정부담을 감안해서 의사결정을 해야 합니다.

재정건전성을 판단하는 대표적인 지표는 재정수지와 국가채무비율입니다. 2014년 우리나라 중앙정부와 지방정부의 채무를 합한 국가채무는 533.2조 원, GDP 대비 35.9%로 다른 선진국에 비해 양호한 것으로 평가받지요. 2014년 통합재정수지는 GDP 대비 0.6%, 관리재정수지는 GDP 대비 −2.0%입니다. 2014년 말 현재 중앙정부와 지방자치단체, 비금융공기업을 포함한 공공부문 부채는 957조 3,000억 원으로 GDP 대비 64.5%입니다. 정부가 경기부양을 위해 적자재정을 추진하고 낙관적인 경제성장률 전망에 근거한 예산을 편성하여 세수부족이 계속되었습니다. 우리나라의 국가채무는 아직 다른 OECD 국가들보다 건전한 편이지만 빠른 부채증가 속도를 우려하는 목소리가 큽니다.

재정건전성을 안정적으로 유지하기 위해서는 정부의 재정적자가 발생하지 않는 세입 내 세출이 이루어지는 균형재정*이 가장 바람직합니다. 그러나 균형재정원칙은 1년 단위로 유지되는 것보다 3~5년 정도의 중기 단위로 신축성 있게 운용되어야 합니다. 정부가 매년 균형재정에 집착

＊ 균형재정
세출과 세입이 일치하여 흑자도 적자도 없는 재정으로 세출＞세입이면 적자재정, 세출＜세입이면 흑자재정이다.

할 경우 경제상황과 동떨어진 재정지출로 인해 경기변동폭이 더욱 커질 수 있어요. 경제가 호황일 때는 재정수입이 늘어나는 가운데 물가가 오르는 경향이 있으므로 정부가 인플레이션 억제를 위해서는 지출을 줄여야 하는데, 만약 균형재정원칙을 지키려 한다면 늘어난 재정수입만큼 지출을 오히려 늘려 인플레이션 억제가 더욱 어려워질 것입니다. 경제안정화를 위한 확장적인 재정정책은 최소화하고 중기 균형재정을 유지하는 것이 중요합니다.

한국경제는 대외의존도가 높고 국외자본 유출 위험 등에 취약한 소규모 개방경제이기 때문에 외부충격에 대비하는 최후의 보루가 재정건전성입니다. 고령화와 남북통일 등의 요인을 고려할 때 최근에 상당히 악화된 재정건전성을 회복하는 노력은 매우 중요합니다. 공기업 채무, 한은의 통안채, 정부보증채, 연금의 잠재적 채무 등이 국제기준상 국가채무에 포함되지 않는다고 하더라도 이들의 적절한 관리는 필요하지요. 공기업 운영에 대한 적절한 관리와 경영혁신, 연금의 수급구조 개혁 등은 국가채무 논쟁과는 별도로 매우 중요하고 반드시 해결해야 할 국가적 과제입니다.

재정건전성 관련 지표 이해하기

우리나라 국가재정법상 국가채무는 중앙정부의 채무로 지방자치단체의 채무를 포함하지 않지만, 정부가 발표하는 국가채무는 중앙정부와 지방자치단체의 채무를 합한 것으로 국가재정운용계획에서 활용된다. 일반정부부채는 국가채무에 비영리공공기관의 부채를 더한 것으로 국제비교에 활용되며, 공공부문부채는 일반정부부채에 비금융공기업의 부채를 합한 것으로 공공부문의 재정건전성을 관리하기 위한 지표이다. 2014년말 기준 국가채무는 533.2조원 GDP 대비 35.9%, 일반정부부채는 620.6조원 GDP 대비 41.8%, 공공부문 부채는 957.3조원 GDP 대비 64.5%이다. 한편 통합재정수지는 당해 연도의 일반회계, 특별회계, 기금을 모두 포괄한 수지로 경상수입과 자본수입을 합한 세입에서 세출 및 순융자를 차감한 것으로 순수한 재정수입에서 순수한 재정지출을 뺀 것이다. 관리재정수지는 재정건전성 여부를 판단하기 위해 통합재정수지에서 사회보장성기금 수지를 차감하여 구한다.

43 세금이 기업과 개인의 경제활동에 미치는 영향은 무엇인가요?

정부의 재정지출을 위한 재원은 조세이며 흔히 세금이라고 불립니다. 세금은 국적을 가지거나 해당 영토 내에서 경제활동을 하거나 거주하는 사람들에게 '국가의 이름'으로 강제적으로 부과되는 의무입니다. 개인이든 기업이든 소득이나 이윤을 얻거나 재산을 취득하거나 매각하는 등 모든 경제적 활동에는 반드시 세금이 부과되지요.

조세는 재정지출을 충당하는 것이 주된 목적이지만, 기업투자와 소비지출을 촉진하거나 억제하는 등 경제안정을 도모하기 위한 수단으로도 활용됩니다. 경기가 침체되면 정부는 기업의 투자를 늘리기 위해 법인세율을 인하하지요. 개인이나 가계의 소비를 늘리기 위해서는 소득세 부담을 줄여 처분가능소득을 늘여주거나 개별소비세 등 소비와 관련된 세금부담을 줄여줍니다. 조세정책은 소득격차를 완화하는 소득재분배의 역할도 하지요. 누진세제를 통해 저소득층에 대해서는 낮은 세율을 적용하고, 고소득층에 대해서는 높은 세율을 부과합니다. 또한 고소득층으로부터 징수된 세금으로 저소득층을 지원하기도 합니다.

조세는 누구에게 어느 정도의 세금을 부과하는가에 따라 경제주체들의 행위를 변화시킬 수 있어요. 근로소득세율을 낮추면 처분가능소득이 더 높아지므로 사람들은 더 많이 일하려고 할 것입니다. 그러나 소득세율의 누진성이 너무 높으면 열심히 일해 더 많이 벌어도 누진적으로 세금이 많아지므로 근로의욕을 저하시키고, 생산성을 떨어뜨릴 수 있습니다. 반대로 이자소득에 대한 소득세율을 인하하면 가계의 저축이 늘어납니다. 기업의 경우 고용증대나 연구개발투자 등에 대한 조세감면은 고용을 늘리고 투자를 증대시킬 수 있습니다. 알코올이나 담배에 대해 징벌적 성격의 무거운 세금을 부과하는 것은 세수입의 증대와 함께 국민의 건강을 지킨다는 의미도 있지요. 어떤 종류의 세금을 누구에게 얼마를 부과할 것인가를 결정하는 것이 바로 조세정책입니다.

그러나 조세는 기본적으로 경제 전체의 효율성을 떨어뜨립니다. 소득세 부담을 줄이기 위해 사람들은 더 적게 일한다거나 저축을 줄일 수 있다는 것이지요. 기업에 대한 부당한 세금 부과는 생산의욕을 저하하거나, 국내생산을 포기하고 해외로 생산기지를 이전하는 원인이 될 수도 있습니다. 과중한 세금은 경제활동을 위축시키고 일자리를 줄이며 지하경제를 확대할 수도 있습니다. 납세자들은 본인들의 세금이 부당하다고 생각되어 소득신고를 피하거나 거짓으로 신고하여 탈세하게 됩니다. 세무공무원들에 대한 뇌물이나 로비활동을 통해 세금을 줄이려는 납세자가 늘어나고, 그만큼 부패도 많아지게 되겠지요. 따라서 조세로 인한 경제적 효율의 손실을 최소화할 수 있는 조세제도가 필요합니다.

특히 세계경제의 장기침체 문제가 경제학자들 사이에서 논쟁이 되고 있고, 한국경제도 불황의 늪에서 벗어나지 못하고 있는 상황에서는 세율의 인하가 더욱 필요합니다. 경기가 침체되면 기업의 투자를 늘리기 위해 법인세율을 인하하고 개인이나 가계의 소비를 늘리기 위해 세금부담을 줄여주는 것이 일반적이지요. 그러나 지금 한국에서는 불경기임에도 불구하고 복지재원을 확충하기 위해 증세를 해야 한다는 정치권의 주장이 많습니다. 증세는 단순히 복지재원을 조달하기 위한 수단으로서만 여겨져서는 안 됩니다. 법인세든 소득세든 증세는 국민 모두의 부담을 늘리는 것이며 부자에게만 세금을 걷는다는 부자증세는 환상입니다. 증세로 인한 경기침체의 피해자는 결국 일자리를 잃어버리는 일반 서민들이기 때문입니다.

정부의 경제활동 영역이 넓어지면서 조세부담이 늘어나는 경향이 있습니다. 국민의 조세부담을 어느 수준으로 할 것인지는 '큰 정부'와 '작은 정부' 가운데 어느 것이 더 바람직한가 하는 문제와도 관련됩니다. 모든 조세는 시장을 왜곡시키고 경제적 비효율성을 초래하며 조세저항을 불러올 수 있습니다. 따라서 정부가 제공하는 공공서비스로부터 얻는 혜택에 비례하여 세금의 수준을 정하는 것이 가장 바람직하지요.

2014년 기준 우리나라의 조세부담률은 18.0%이고 사회보장기여금 부담률은 6.6%로 이 둘을 합한 국민부담률은 24.6%입니다. 이는 다른 선진국들보다 낮은 편이며 OECD 평균에도 훨씬 못 미칩니다. 조세부담률이나 국민부담률이 아직 낮아 우리나라는 조세규모를 기준으로 보면 작은 정부에 속합니다.

4부

Q40~50

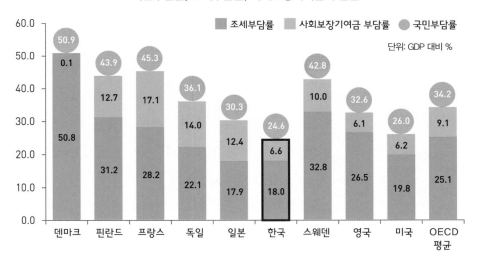

국민부담률, 조세부담률, 사회보장기여금 부담률

44 통화정책의 내용과 필요성은 무엇인가요?

통화정책은 시장경제의 원활한 운영과 경제성장을 목적으로 거래수단인 통화량을 조정하는 정책입니다. 생산, 소비, 투자와 같은 실물경제활동을 위해 경기상황에 따라 필요한 돈을 시장에 공급하는 것이지요. 경기가 침체하면 통화당국은 통화공급을 증가시키는 확장적 통화정책으로 경기를 활성화합니다. 경기가 지나치게 활성화되어 인플레이션 위험이 커지면 통화공급의 속도를 줄이거나 통화공급량을 줄여 경기과열을 진정시키는 긴축적인 통화정책이 시행됩니다.

통화정책의 목표는 물가안정, 경제성장, 국제수지균형, 환율안정, 금융안정, 완전고용 등 다양할 수 있습니다. 일반적으로는 통화정책의 가장 핵심적인 목표는 물가안정으로 인식됩니다. 한국은행도 성장이나 고용보다는 물가안정을 최우선 목표로 하는 물가안정목표제(inflation targeting)*를 채택하고 있지요.

*물가안정목표제
(inflation targeting)
정부나 중앙은행 등 통화당국이 물가안정 달성을 통화정책의 최우선 목표로서 명시적으로 선언하고 통화정책을 운용하는 제도로, 1990년 뉴질랜드가 최초로 도입. 한국은행은 1998년에 채택하였다.

통화정책은 다양한 경로로 경제에 영향을 미칩니다. 통화당국이 금리를 인하하면 채권의 수익률이 낮아지기 때문에 주식이나 부동산에 대한 수요가 커집니다. 그러면 이들 자산의 가격이 높아져 가계의 재산이 증가하고 소비가 늘어나서 경제가 활성화되지요. 주가가 오르면 기업도 높은 가격으로 주식을 발행할 수 있어 더 많은 투자를 할 수 있습니다. 국내금리가 하락하면 원화표시 금융자산의 수익률이 떨어져 상대적으로 달러표시 금융자산의 수익률은 올라갑니다. 그러면 이에 대한 수요가 증가하며 원·달러 환율의 상승으로 달러표시 수출품 가격은 낮아지고 수입품 가격은 상승하게 되지요. 결국, 수입은 줄고 수출은 늘어 경상수지가 개선되고 국내물가는 상승합니다. 특히 통화당국이 통화량을 늘리면 은행은 대출 여력이 커진 만큼 대출을 늘리기 때문에 기업의 투자와 가계의 소비가 확대되어 경기가 활성화됩니다.

대부분 국가에서는 중앙은행이 통화당국으로서 통화정책을 전담합니다. 중앙은행은 국가화폐의 발권은행이고 정부와 은행에 돈을 빌려주기도 합니다. 금융위기 시에 중앙은행은 유동성(돈)이 부족한 금융기관에 대출하여 사후적으로 위기를 해결하는 최종대부자(lender of last resort) 역할도 담당하지요. 중앙은행의 최종대부자 역할은 금융시스템의 안정을 위해 필요하지만, 금융기관들로 하여금 위기가 오면 도움을 받을 수 있다는 생각을 하게 해 제대로 된 경영을 하지 않는 도덕적 해이를 초래하기도 합니다.

중앙은행의 통화정책 수단으로는 은행 여수신금리 규제, 대출규모통제 등의 규제 이외에 공개시장조작정책, 여수신정책, 지급준비정책 등이 있습니다. 공개시장조작정책은 중앙은행이 국공채 등을 금융시장에서 사거나 팔아 시장금리와 통화공급량을 조정하는 것입니다. 중앙은행이 국공채를 사면 매입대금으로 지급한 돈이 시중에 유통되어 통화량이 증가하고, 국공채를 팔면 매각대금으로 돈을 거둬들여 통화공급량이 줄어듭니다. 중앙은행이 금융기관에 부족한 자금을 대출해 주거나 여유자금을 예금으로 받아주는 것이 여수신정책입니다. 지급준비정책은 은행이 고객의 예금 인출 요구 등에 대비하여 예금 및 은행금융채 발행액의 일정 비율을 중앙은행에 예치하거나 현금으로 보유하게 하는 지급준비율을 조정하는 정책이지요. 중앙은행이 10%인 지급준비율을 20%로 높이면 은행들은 더 많은 지급준비금을 가지고 있어야

한국은행은 1950년에 창립된 우리나라의 중앙은행으로 물가안정을 목표로 한다. 한국은행의 정책결정기구인 금융통화위원회는 통화신용정책에 관한 사항과 한국은행 운영에 관한 사항을 심의·의결한다.

하므로 대출할 수 있는 금액이 줄어 통화 공급량이 줄게 됩니다.

중앙은행의 통화정책은 필요하지만, 관료적 관행과 정치적 압력에 대한 취약성 때문에 중앙은행이 경제에 선제적으로 대응할 수 있는가에 대해서는 의문의 여지도 있습니다. 중앙은행이 섣부르게 거품이 있다고 판단하여 미리 대응하면 경제성장을 저해하고 사회적 비용이 크기 때문에 중앙은행은 금융시장의 위기 시에만 대응해야 한다는 것입니다. 적절한 통화정책을 수행하기 위해서는 중앙은행이 정부로부터 독립적으로 운영되어야 한다는 것이 오늘날 중앙은행의 우선적 원칙으로 여겨집니다. 이와 함께 과도한 재량을 막기 위해 정책의 투명성과 책임성도 함께 고려해야 합니다.

45 정부의 **규제는 왜** 필요하고 **부작용은** 무엇인가요?

원래 규제는 경쟁을 활성화하고 더욱 공정한 경쟁을 만들기 위해 도입한 제도입니다. 외부성이나 규모의 경제가 존재하면 사적 이해에 기반을 둔 경쟁이 사회적 이해와 일치하도록 만드는 '보이지 않는 손'의 작동이 저해되기 때문에 시장의 실패를 바로잡기 위해 규제가 필요한 것이지요. 이처럼 규제는 원래 시장의 작동을 원활하게 하기 위한 것인데 관료제와 결합되면서 관료와 정부가 민간을 통제하는 수단으로 변질되어 시장기능을 왜곡하고 있습니다.

전통적으로 사용되는 규제 개념에는 경제적 규제, 사회적 규제, 행정적 규제 등이 있습니다. 경제적 규제는 기업의 진입·퇴출, 투자, 가격 등 경쟁과 관련한 정책에 규제로 효율성을 높이기 위한 것이며, 사회적 규제는 경제 외적인 환경, 보건, 안전 및 소득재분배 등 공익을 목적으로 하는 규제입니다. 행정적 규제는 규제와 관련한 각종 행정적, 절차적 요소들과 연관이 있습니다. 지금까지 많은 정부가 규제개혁을 강조하였음에도 불구하고 1998년 10,185개였던 등록규제는 외환위기 극복을 위해 대폭적인 규제완화를 추진한 여파로 1999년 7,128개로 급감하였었으나 그 후 지속해서 증가추세를 보여 왔어요. 2016년 5월 기준 우리나라의 규제는 총 14,608개이고 소관 부처별로는 국토교통부 2,303개, 해양수산부 1,476개, 보건복지부 1,181개, 산업통상자원부 1,064개, 금융위원회 1,057개 등입니다.

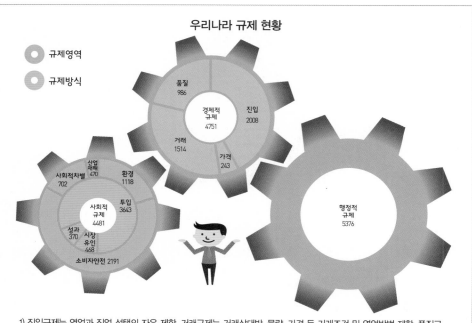

우리나라 규제 현황

규제영역

규제방식

품질
986

경제적
규제
4751

진입
2008

거래
1514

가격
243

산업재해
470

사회적차별
702

환경
1118

사회적
규제
4481

투입
3643

성과
370

시장유인
468

소비자안전 2191

행정적
규제
5376

1) 진입규제는 영업과 직업 선택의 자유 제한, 거래규제는 거래상대방, 물량, 가격 등 거래조건 및 영업방법 제한, 품질규제는 상품품질을 확보하기 위해 성분, 규격 등 제한, 가격규제는 상품의 가격, 요금 등을 일정 수준 범위내로 제한한다.
2) 사회적 규제의 규제방식에서 투입은 원료, 기술, 공정, 설비, 고용 등의 투입기준 및 제조과정 규제를, 성과는 수질오염 배출량 제한과 같이 성과 관리를, 시장유인은 쓰레기봉투 판매와 같이 시장기능을 활용한다.
3) 행정적 규제는 자료 제출, 행정조사 등 규제집행 과정에서의 실무적 규제를 말한다.

자료: 규제정보포탈, 2016년 5월 기준

    사실 규제는 하나의 제도이기 때문에 급변하는 경제환경에 맞추어 유연하게 변화하기가 쉽지 않습니다. 새로운 기술의 출현으로 산업구조 자체가 기존의 규제방식과 양립하기 어려우며, 특히 정보통신이나 방송 등 기술혁신이 급속하게 진행된 분야에서는 규제개혁의 필요성이 급증하고 있습니다. 따라서 대부분의 선진국은 규제를 최소화하고 합리화하기 위해 규제개혁을 가장 중요한 정책목표의 하나로 하고 있지요.

    규제개혁은 새로운 기업들의 진입을 허용하고 경쟁을 촉진하여 시장기능을 극대화하는 것인데, 이를 막는 것이 오히려 정부입니다. 해외 명품브랜드들이 관세청에 항의서한까지 보내 국제적 망신을 당했던 2015년의 '면세점허가제 촌극'은 우리나라 규제의 현주소를 극명하게 보여주었지요. 중국 관광객의 증가로 인해 면세점은 황금알을 낳는 거위로 인식되어 왔고, 정부는 특정 기업에 대한 특혜 방지를 명분으로 2013년 관세법을 개정하여 면세점 특허권의 10년 단위 자동갱신을 폐지하고 특허 기간을 5년으로 단축하였습니다. 정부가 사업자 선정에 개입하고 심사과정이 모두 비공개인 데다 면세점 선정기준에 경제 · 사회발전 공헌도나 기업이익의 사회 환원 및 상생협력 정도 등과 같은 주관적 지표까지 포함되어 있어 공정성과 특혜 논란이 유발되었지요. 더욱이 면세점 특허권제도 덕분에 관세청 퇴직공무원들은 로비스트로 활동할 수도 있다고 합니다. 특허 기간이 단축되고 자동갱신이 폐지되면서 사업의 불확실성이 커졌고, 이에 따라 투자가 위축되고 국제 면세점시장에서의 경쟁력 저하도 우려되고 있습니다. 기존 업체의 허가권 박탈로 인한 고용불안과 재고처리, 협력사들과의 계약 파기 등의 문제도 불거졌습니다. 기본적으로 정부에 의한 사업 허가제는 진입장벽을 만들어 특정 기업의 특혜를 보장해주고 시장경쟁을 저해하게 됩니다. 면세점 사업을 원하는 모든 기업이 시장에 자유롭게 진입하여 경쟁이 격렬해지면 결국 소비자들에 의해 선택받은 면세점들만 살아남을 것입니다. 누가 운영하든 간에 경쟁은 소비자들의 효용을 높이고 기업의 경쟁력도 강화할 것입니다. 정부가 특혜를 보장하는 면세점 허가제에서 시장경쟁을 촉진하는 신고제로 전환하면 이러한 특혜논란은 사라지겠지요.

모든 정부가 새로 집권할 때마다 규제개혁을 외치지만 제대로 성공하지 못하는 것은 규제가 관료들의 '먹거리'이기 때문입니다. 관료들이나 정부 부처는 규제를 많이 만들어야 자신의 권한이 강화되기 때문에 시민사회나 언론의 당면 문제해결의 요구가 있을 때마다 새로운 규제를 만들어 내곤 했습니다. 따라서 진정한 규제개혁을 하기 위해서는 규제를 없애면서 관련 부서를 같이 없애야 하며 궁극적으로 공무원 수를 축소해야 규제가 함께 줄어들 것입니다.

46 정부실패는 왜 일어나나요?

　정부실패는 시장실패에 대한 대칭적 개념입니다. 외부효과나 공공재와 같은 이유로 시장이 실패하면 그 대안으로 정부가 나서서 시장의 실패를 보전하게 됩니다. 공공재의 특성상 민간부문은 사회간접자본이나 치안과 같은 공공재를 충분히 공급하지 못하므로 정부가 이를 제공하는 것이지요. 그러나 정부의 서비스 제공에도 비용이 들며 또한 상당한 비효율이 발생합니다.

　정부실패의 근본적인 원인은 정부가 시장의 규율을 받지 않는다는 점입니다. 민간기업은 끊임없이 경쟁에 노출되며, 시장이 원하는 제품과 서비스를 제공하지 못하거나 방만한 경영으로 이익이 발생하지 못하면 결국 도산하게 됩니다. 도산의 위험이나 주식시장에서의 인수 위협 때문에 기업은 항상 효율성을 유지해야 합니다. 그러나 정부는 효율성이 낮아도 결코 문을 닫는 일이 없습니다.

　정부실패의 유형은 다양하겠지만, 정책실패, 규제의 비효율, 이익집단에 의한 포획의 세 가지 형태로 나눌 수 있습니다. 정책실패는 자주 발생하는데, 실패의 비용은 결국 국민의 부담으로 돌아옵니다. 대표적인 사례가 정부 주도의 해외자원개발입니다. 2000년대 들어와서 급증한 중국의 수요로 원유 및 원자재 가격은 크게 올랐으며, 2006년에 최고조에 달했습니다. 원유가격이 크게 오르자 정부는 원유의 자급률을 높인다는 명분으로 해외유전과 가스공사에 수십조 원을 투자했어요. 그러나 이 투자를 담당할 공기업들은 해외유전을 개발하고 운전하는 노하우가 거의 없었습니다. 또한, 2008년 세계금융위기 이후 원자재 가격이 급락하면서 정부가 나서서 매입한 해외 자원회사들의 가치도 급락해서 정부는 엄청난 손해를 입게 되었지요.

1997년의 IMF 위기도 정책실패의 사례입니다. 당시 정부는 OECD 가입조건으로 자본시장을 개방했는데, 당시 국내와 해외의 매우 큰 금리차를 이용한 단자회사들은 해외에서 단기자금을 차입해서 금리 차이로 큰 이익을 보고 있었습니다. 그러나 아시아 외환위기가 오면서 이들 단기자본이 대거 한국에서 빠져나가게 되었고, 외환위기가 촉발되었습니다. 1997년 IMF 위기의 원인은 복합적이지만 크게 보면 정부의 개방관리 및 거시정책의 실패였습니다. 그런데도 개혁의 부담은 고스란히 민간부문에 안겨졌으며, 정부나 공무원들은 실업이나 긴축의 아픔을 거의 겪지 않았지요.

정부실패의 두 번째 유형은 규제의 비효율입니다. 환경오염 억제나 소비자 보호 등 여러 가지 이유로 규제가 필요하지만 문제는 어떻게 하면 시장의 작동을 크게 방해하지 않고 규제를 할 것인가입니다. 예를 들어 정부의 면세점사업자 허가제도는 사업자를 제한하는 불필요한 규제입니다. 면세점의 허가 기간을 5년으로 제한한다면 어느 사업자가 미래를 보고 필요한 투자나 사원의 훈련을 할까요.

정부실패의 세 번째 유형은 정부가 이익집단에 포획(capture)되는 경우입니다. 시장에는 강력한 이익집단이 존재합니다. 어느 나라에서나 의사협회나 변호사협회는 막강한 힘을 가지고 있으며, 그 외에도 원자력산업, 방위산업과 같이 소수의 사업자가 강력한 협회를 만들어서 정부를 상대로 로비하는 경우는 흔합니다. 이때 정부 부처가 이들 이익집단에 의해서 매수 또는 포획되어 국민의 이익보다 집단의 이익을 우선하는 정책을 선택할 수 있습니다. 이럴 경우에 이익집단과 부처가 그럴듯한 명분을 가지고 반대하기 때문에 대통령이나 국회라고 하더라도 정책을 쉽게 바꾸지 못하게 됩니다.

어느 집단이나 그렇지만 관료들도 계속해서 자기들의 조직과 영향력을 확대하려는 경향을 가집니다. 이러한 욕구는 정부의 비대화와 규제 남발로 이어지게 됩니다. 이 문제를 해결하려면 선거로 당선된 대통령이나 의회가 관료집단을 제대로 감시하고 규율해야 하는데, 이때 정치인들의 역량이나 자원이 약하면 관료들을 제대로 관리할 수 없게 됩니다. 그래서 정부실패를 줄이는 제일 나은 방법은 정부의 역할을 최소화하고 시장의 기능과 역할을 최대화하는 '작은 정부'라는 결론에 도달하게 됩니다. 작은 정부를 만들기 위해서는 공무원의 전체 정원을 점진적으로 줄이면서 기능직이나 전문직 공무원의 비중을 높이고 일반 행정직 공무원의 비중은 대폭 낮추어야 합니다. 중앙정부와 지방자치단체의 역할도 분명하게 구분하여 중복업무를 정리하면 공무원의 수도 그만큼 줄일 수 있겠지요. 공공부문을 통폐합하고 공기업은 가능한 민영화하여 공공부문의 비중도 낮추어야 합니다. 작은 정부만이 국민들의 세금부담을 줄여주면서 시장경제를 활성화시킬 수 있습니다.

포획되는 규제기관 : 금융비리원으로 불린 금융감독원

조지 스티글러George Stigler의 포획이론capture theory에 따르면 규제기관은 피규제자에 의해 포획되어 피규제자의 이해를 대변한다. 규제자는 피규제자가 있어 조직과 인력을 유지할 수 있고 피규제기관은 자신의 이익을 위해 규제기관에 로비를 하여 규제기관은 피규제자를 보호하며 양자는 서로 협력관계가 된다. 2011년 저축은행사태는 대표적인 예이다. 당시 부동산 프로젝트파이낸싱 대출부실로 퇴출에 몰린 저축은행들이 재무제표를 조작하여 당국으로부터 영업정지를 당하면서 많은 예금자와 투자자가 피해를 보았다. 검찰 조사 결과 금감원의 전·현직 직원들이 저축은행의 부실을 덮어주고 뇌물을 받아 금융비리원이 금감원의 별칭이 되었다. 금감원의 일부 직원들은 저축은행에 검사 사실을 미리 알려주거나 감독업무의 편의를 봐주고 거액의 뇌물을 받았다. 부산저축은행의 경우 임직원들이 영업정지 전날 밤 친인척과 VIP에게만 예금을 찾아 주었는데, 당시 부산저축은행에는 금감원 감독관이 3명이나 파견되어 있었지만 고객예금의 무단 송금 금지라는 공문만 보냈을 뿐 사실상 특혜 예금인출을 방관했다. 수년간 부산저축은행 검사를 맡았던 금감원 간부는 대출 알선을 해주고 거액의 수수료를 챙기기도 했다. 피규제기관인 저축은행은 규제기관인 금감원 출신 인사들을 사외이사나 감사로 영입하고 금감원 출신 감사들은 저축은행의 불법대출이나 분식회계를 도왔다.

왜 **공기업이** 필요한가요?
민영화는 꼭 해야 하나요?

한국에서 공기업은 정부가 소유한 기업을 의미합니다. 한국 정부는 공공기관을 공기업과 준정부기관, 기타 공공기관의 세 유형으로 분류하고 있는데, 그중에서 중앙 정부가 관리하는 공기업은 2015년 8월 현재 30개이며, 한국전력, 토지주택공사, 철도공사, 석유공사, 가스공사, 도로공사, 수자원공사 등이 대표적인 공기업입니다.

그런데 공기업, 즉 국유기업은 왜 필요할까요? 하나의 이유는 공공재를 공급하기 위한 것입니다. 공공재는 여러 사람이 동시에 사용해도 소비의 몫이 줄어들지 않고 (비경합성) 또한 대가를 치르지 않고 소비하는 사람을 배제할 수 없는(비배제성) 성격을 가진 상품입니다. 이러한 공공재의 특성은 무임승차의 유인이 강해서 시장에만 맡기면 충분한 공급을 기대하기 힘듭니다. 따라서 정부가 나서서 공공재를 제공하면 소비자와 국민의 후생이 올라갑니다. 국방, 치안, 방송, 통신, 공원, 도서관, 도로, 항만, 공항 등이 공공재의 성격을 갖고 있지요. 공공재는 대부분 공기업에서 공급하지만, 일부 국가는 민간기업에 위탁해서 서비스를 제공하기도 합니다.

국유기업이 필요한 두 번째 이유는 자본이 부족한 경제발전 초기에 정부가 재정을 투입하여 창업하는 경우입니다. 한국에서는 포항제철이 대표적인 예인데, 지금은 민영화되어 정부가 지분을 갖고 있지 않습니다. 한국통신공사(현재 KT)가 다른 예로, 이 회사는 원래 체신부라는 정부의 한 부처였는데 공사로 독립되어 민영화가 된 기업입니다. 포스코와 KT는 정부의 지분이 하나도 없지만, 대주주가 없는 전문경영체제이기 때문에 여전히 정부의 영향을 받습니다. 한국의 대기업이 앞으로 전문경영체제로 잘 운영될 수 있는가를 가늠하는 중요한 척도는 앞으로 이 두 회사가 독립성과 효율성을 달성할 수 있는가에 달려 있다고 해도 과언이 아닙니다.

경제발전 초기에 자본이 부족하고 제도가 미비해서 정부가 시작한 기업이라고 하더라도 민간의 자본과 경영역량이 크게 향상되면 민간에게 경영을 맡기는 것이 더 효율적입니다. 이를 민영화(privatization)라고 하는데, 민영화를 해야 하는 이유는 민간기업이 되어야 상품시장과 자본시장의 압력을 받아서 계속해서 효율성을 유지할 수 있기 때문이지요. 따라서 현재 30개에 달하는 한국 공기업의 상당수를 민영화하는 것이 바람직합니다. 그런데도 민영화를 반대하는 세력이 많아서 KT와 포스코의 민영화 이후 이렇다 할 민영화의 성과가 없습니다. 특히 한국전력은 여러 지역발전회사로 나눈 뒤에 발전과 송·배전으로 나누어 민영화하려던 계획이 현재 중단된 상태입니다.

공기업의 민영화가 중단된 데는 국내에서 좌파의 선전이 성공적으로 먹혀들고 있으며 이에 정치권과 관료들도 암묵적으로 동조하고 있기 때문입니다. 최근에 민영화를 시도하다가 중단된 것이 인천국제공항공사입니다. 인천공항은 세계적으로 성공한 공기업으로 이를 민영화한다면 정부는 우선 상당한 수입을 얻어 유익한 곳에 사용할 수 있을 것이며, 인천공항은 계속해서 세계적으로 우수한 공항으로 유지될 수 있겠지요. 그러나 야당과 일부 시민단체가 "왜 성공적인 공기업을 민간에게 넘기려고 하느냐?" 또는 "왜 이런 성공적인 기업을 외국기업에 넘기려고 하느냐?" 와 같은 논리로 민영화를 좌절시켰습니다. 외국기업에 매각하지 않는 방법은 얼마든지 있을 것이고, 민간기업이 운영한다면 더 효율적인 경영이 가능할 것입니다. 민영화를 적극적으로 추진해야 할 정치인이나 관료는 공기업이 있어야 자신들이 나중에 갈 자리가 유지되기 때문에 민영화에 소극적입니다.

'공기업'에 대한 올바른 이해가 필요하다

공기업이라는 단어는 국제적으로 통용되는 용어는 아니다. 영어로 공기업public enterprise이라는 용어는 상장기업publicly listed company을 가리킨다. 기업이 주식시장에 상장하기 전에는 이를 私企業이라고 부르며 上場go public을 하면 公企業이 된다. 기업이 다수의 투자자에게 지분을 팔면 더는 사적 영역에 있는 것이 아니기 때문이다. 한국에서 '공기업'은 정부소유기업 state-owned enterprise을 가리키며 국제적으로 SOE로 통한다. 우리나라에서도 전에는 국영기업state-managed enterprise이라는 단어가 사용되었는데, 언제부터인가 공기업이라는 단어가 사용되고 있다. 공기업이란 용어는 우리 사회의 공과 사에 대한 잘못된 인식을 반영하고 있다. 공기업이라는 말은 정부소유기업만이 공적이라는 것을 암시하는데 그것은 잘못된 인식이다. 公은 官의 전유물이 아니기 때문이다. 공이란 공공성, 즉 "일반 국민을 위한 것"이라는 뜻인데 정부만이 공공성을 갖는 것이 아니라 민간도 공공성을 가질 수 있으며, 공익을 위한 민간영역이 바로 시민사회이다. 公이 官의 전유물이 아니듯이 民이 반드시 私가 되는 것도 아니다. 그러나 한국에서는 민간기업은 상장했더라도 모두 사기업이라고 생각하고 정부기업은 공기업이라고 부르고 있다. 이렇게 된 이유 중의 하나는 가족 지배 아래 있는 상장기업이 마치 사기업처럼 운영되기 때문이기도 하다.

한국에서 그동안 민영화가 부진했던 이유 중 하나는 규모가 큰 공기업을 재벌에게 매각하면 재벌의 경제력집중이 더 심화한다는 논리 때문이었습니다. 그래서 KT나 포철은 '국민주 방식'이라고 해서 매우 광범위하게 주식을 분산하여 민영화를 했는데, 여기에는 장단점이 있습니다. 기업의 분명한 주인이 없다 보니 이들은 여전히 공기업처럼 운영되고 있어 성과에 대해 책임을 지는 경영진도 없고 낙하산 인사 등 정부의 간섭도 여전히 심합니다. 말로는 국민기업이지만 실제로는 일종의 변형된 공기업인 셈이지요. 이제는 재벌 외에도 사모펀드와 같은 다른 대안이 있는 만큼 더 과감한 민영화를 추진해야 합니다. 공기업의 민영화는 한국경제가 다시 한 번 효율화를 할 수 있는 기회인데, 이념적인 이유와 관성 때문에 15년 이상 거의 중단되다시피 한 것은 너무나 안타까운 일입니다.

우리나라는 **부패가 심하다고** 하는데, **원인이** 무엇인가요?

　부패는 좁게 '지위를 이용해서 개인적인 이득을 취하는 비윤리적인 행동'이라고 정의할 수 있으며, 공직이나 민간부문 어디서든지 일어날 수 있습니다. 또한 어느 나라에서나 정도의 차이는 있지만 부패는 존재합니다. 모든 사람이 다 정직하지 않을 뿐만 아니라, 정직한 사람도 상황에 따라서 부패의 유혹을 받기 때문입니다.

　한 나라의 부패정도를 정확하게 측정하기는 힘들지만 일종의 NGO인 국제투명성기구(Transparency International, TI)는 매년 부패인식지수(Corruption Perceptions Index)를 발표합니다. 이 지수는 주로 공직사회의 부패정도를 설문조사를 통해 만들어집니다. 2015년 TI가 발표한 한국의 부패인식지수는 56으로 조사대상국 167개국 중에서 37위였습니다. 이 조사에서 가장 '깨끗한 나라'는 덴마크로 지수가 91점이며, 상위 10개국은 대부분이 북유럽 국가이고, 아시아 국가 중에서는 싱가포르가 8위입니다. 2015년 기준 세계 185개국 중에서 한국의 일인당 명목 GDP가 28위(27,513달러)인 점을 감안하면 한국은 경제수준에 비해 부패정도가 조금 더 심하다고 하겠지요.

　일부 미국학자들은 1997년 아시아 경제위기의 원인으로 아시아 자본주의가 정실자본주의(crony capitalism)이기 때문이라고 주장했습니다. 그러나 2008년의 세계금융위기도 미국 금융회사의 과욕과 부도덕이 문제의 근원이었지요. 최근에는 세계에서 가장 모범적인 법치국가로 알려진 독일에서 지멘스와 같은 대기업이 거액의 뇌물

공여로 기소되었고, 2015년에는 폭스바겐이 조직적으로 배기가스를 조작한 것이 드러나기도 했어요. 본국에서 엄격한 부패방지법의 규제를 받는 다국적 기업들이 해외에서 공무원에게 뇌물을 공여하는 일이 많아 미국은 1977년부터 해외부패방지법을 시행하고 있습니다.

구조적인 부패는 경제발전에 매우 큰 부정적인 영향을 미칩니다. 부패는 광범위한 탈세와 세수 부족을 초래하고 소득분배를 불공평하게 만듭니다. 그리스에서는 국민이 탈세를 당연시하고 자랑까지 한다고 합니다.

또 하나의 구조적인 부패는 뇌물과 관련된 특혜나 정부의 인허가제도입니다. 기업에서 구매를 결정하는 부서의 사람들은 상당한 뇌물이나 킥백(구매액의 일정 비율을 받는 행위)을 받는 것이 관행으로 알려져 있고 이는 조직의 효율성을 약화시키는 원인이기도 합니다. 품질이나 가격이 더 불리한 업자로부터 부품이나 소재를 구매하면

주: 지수가 100에 가까울수록 깨끗한 국가이고 0에 가까울수록 부패한 국가

출처: 국제투명성기구 Transparency International

그 회사의 경쟁력은 약화됩니다. 정부의 구매나 사업허가에서 조직적으로 뇌물이 공여된다면 이 또한 경제효율을 상당히 저하시킬 것입니다.

동아시아경제, 특히 중국에서 사업을 하려면 인맥(guanxi)이 있어야 한다고 하는데 이는 부패와 관련이 있지요. 인맥 또는 인간관계란 "내가 아는 사람은 믿을 수 있으나 모르는 사람은 믿기 어렵다"는 제한된 신뢰관계의 표시입니다. 물론 어느 나라에서나 아는 사람을 더 신뢰할 가능성은 있지만, 제한된 신뢰가 광범위하게 퍼져있는 경제는 '관계기반경제'입니다. 경제발전 초기에는 개인 간 신뢰와 인적 네트워크를 토대로 거래비용을 줄일 수 있어 경제발전에 도움이 됩니다. 그러나 경제가 커지고 복잡해지면 이러한 관계기반거래는 비용이 오히려 커지게 되지요.

따라서 경제가 고도화되려면 관계기반에서 '규칙기반경제'로 전환해야 한다는 주장이 있습니다. 규칙과 계약에 의해 거래가 형성되는 것이 더 효율적이라는 것이지요. 특히 외국과의 거래가 많아지면서 규칙과 계약에 의한 거래가 불가피해집니다. 그렇게 되면 효율성도 높아지고 부패의 개연성도 낮아질 것입니다. 일부에서는 동아시아의 관계기반경제는 문화적인 특성이어서 쉽게 바꿀 수 없을 것이라고 주장하지만, 그것이 사실이라면 동아시아경제의 발전에는 한계가 있을 수밖에 없을 것입니다.

국제투명성기구에 의하면 기업부패의 최고봉은 정부나 정치의 포획입니다. 포획이란 특정 기업이나 이익집단이 조직적인 로비와 영향력을 통해서 정부정책을 좌지우지하는 것을 가리킵니다. 미국 정계도 월가(Wall Street)에 의해 좌우된다는 시각도 있지요. 많은 개도국이 발전하지 못하는 중요한 이유는 경제 전체가 소수의 재벌이나 가문에 의해 포획되어 지배되고 있기 때문입니다. 조직적인 부패가 경제발전을 저해하는 폐해를 최소화하는 길은 정부가 개인의 사유재산을 보호하고 시장의 자유로운 작동을 보장하며 법치를 세우는 것입니다.

49 왜 공무원은 관피아와 부패 등으로 비판을 받나요?

　청년들이 가장 선호하는 직업인 이른바 공무원은 관피아, 복지부동, 부패 등으로 많은 비판을 받고 있습니다. 사회적으로 비판받는 직업을 청년들이 가장 선호한다는 것은 씁쓸한 일이지요. 청년들이 공무원이 되고 싶어 하는 이유는 신분이 보장되어 있고 연금혜택도 좋으며, 비교적 편한 직장생활을 할 수 있는 데다가 상당한 권력도 누릴 수 있기 때문입니다. 그런데 직업으로서 공무원의 매력이 바로 비효율과 복지부동, 부패 등 공무원 사회의 문제와 직결됩니다.

　한국사회에서 최근 관료제의 병폐가 지적되는 것은 관료제의 비효율과 문제점이 많이 나타나기 때문입니다. 한국은 관료제의 전통이 매우 강하여 조선시대부터 과거제도로 우수한 인재를 선발하고 이들에게 상당한 권한을 주었습니다. 이러한 전통으로 한국사회는 고시에 합격하여 고위관료가 되는 것을 출세의 지름길로 생각하게 되었고, 그 때문에 과거부터 우수한 인재들이 관료의 길을 선택했지요. 박정희 대통령은 이러한 관료집단과 대기업을 잘 조직화하고 활용해서 산업화에 성공하고 한국경제의 급성장을 이룰 수 있었습니다. 그 결과 1970년대 경부터 관료집단은 한국사회에서 전문성과 역량을 가진 가장 강력한 권력집단이 되었지요. 그러나 어느 시점부터인가 한국의 관료들은 비효율과 복지부동, 부패한 집단으로 보이기 시작했습니다.

원래 관료제bureaucracy란 큰 조직을 움직이는 전문관리자 집단을 가리킨다. 사회학자인 막스 베버는 근대사회에서 큰 조직을 움직이려면 관료제가 발달하여야 한다고 생각했다. 관료제란 다음과 같은 몇 가지 특징을 가진다. 첫째는 분업과 전문화이다. 정부나 대기업과 같이 큰 조직에서는 업무가 부서bureau 별로 나뉘어 있고 이런 업무를 수행하려면 전문지식과 경험이 있는 관리자가 필요하다. 관료제의 두 번째 특징은 엄격한 위계질서이다. 관료제는 조직의 상하가 분명하며, 부하가 상관의 명령에 복종해야 조직의 규율이 선다고 믿는다(상명하복). 세 번째 특징은 신분보장이다. 공무원이 소신껏 일하려면 상관이 마음대로 공무원을 해고할 수 없게 되어야 한다. 그래서 채용과 승진, 해고 등 인사관리가 엄격한 기준에 의해서 행해진다. 관료제의 네 번째 특징은 업무처리에 관한 규정과 절차이다. 민주정부에서 관료란 비선출직 직책을 가리키는데, 관료들은 규정과 절차를 중시하여 대통령이나 국회의원과 같은 선출직의 명령이나 지시가 규정에 맞지 않을 때 이를 거부할 수 있다. 이러한 관료제의 장점은 운영을 잘못하면 바로 단점이 된다. 분업과 전문화는 부서이기주의나 할거주의가 된다. 각 부처가 이익집단화되는 것이다. 엄격한 위계질서는 개인의 창의력을 약화시키고 조직을 경직시킨다. 이렇게 되면 조직이 변화에 제대로 적응하지 못하게 된다. 신분보장은 바로 복지부동과 연결된다. 일하지 않더라도 인사 조처가 어려우므로 상당한 비효율을 가져온다. 규정과 절차를 중시하는 것은 바로 경직적인 조직운영의 원인이 되며, 이는 다시 민간부문에 대한 관료적 규제의 병폐와 연결된다.

한국의 발전에 순기능을 했고 경제성장에 크게 기여했던 관료집단이 언제부터, 왜 역기능을 하게 되었는지는 분명하지 않지만 몇 가지 이유를 생각할 수 있습니다. 하나는 1987년 민주화 이후 국가거버넌스의 변화입니다. 권위주의 정부에서 강력한 권력자의 지휘와 통제를 받던 관리들이 5년 단임제 대통령과 국회의원들의 지휘를 받기 시작했습니다. 그러나 이들 선출직 정치인들은 역량이나 지식이 관리들보다 뒤떨어지기 때문에 정보 비대칭과 설득력 부족의 문제가 있으며, 또한 단기업적주의와 대중인기영합(populist)정책을 추구하기 때문에 지휘의 정당성이 약화된 면도 있을 것입니다.

두 번째는 채용, 승진, 보상 등 공무원 인사제도의 문제입니다. 공무원은 채용부터

5급, 7급 시험 등을 거쳐 정해진 승진의 한계를 가지고 일을 하기 때문에 업무실적보다는 출신 배경에 따라 승진이 크게 좌지우지됩니다. 철저한 실적 위주의 보상과 승진보다는 연공서열과 때로는 연고를 통한 배치 등이 지배하게 되니 공무원이 된 이후 역량을 개발하고, 열심히 할 인센티브가 별로 없지요. 또한 1년 정도의 단기간 근무 후에 순환보직으로 계속 새로운 자리로 이동하기 때문에 전문지식을 쌓을 이유도 없을 뿐만 아니라, 맡은 업무에 대해서도 책임을 질 필요가 없어 아무도 책임지지 않는 풍토가 된 것입니다. 이런 시각에서 공무원의 인사는 업무 실력주의보다는 시험 실력주의가 지배하게 된 것입니다. 실제로 한국의 공무원은 OECD 국가들보다 나이가 들수록 업무역량이 떨어지는 것으로 나타나고 있어요.

결국, 1960~1970년대에는 민간부문보다 관료들이 더 우수하고 전문지식도 많았지만 1990년대 이후에는 민간기업이 크게 발전하면서 공무원의 전문성도 약화되고 역량도 뒤떨어지게 되었습니다. 그런데도 관료들은 계속해서 민간부문을 감독하고 규제하려는 경향을 보입니다. 시장과 기술이 아주 빠르게 변하고 있는데, 이런 변화를 좇아가기 힘든 공무원들이 계속해서 규제하려고 하니 엄청난 비효율이 야기되는 것이지요.

어느 개인이나 집단이나 자기 이익을 챙기려고 하는 것은 기본 속성입니다. 따라서 관료제 개혁을 위해서는 개인이나 어느 부서를 비난하기보다는 시스템적으로 문제에 접근해야 합니다. 관료개혁을 하려면 현재의 국가거버넌스 체제를 바꾸어야 하고, 공무원 인사제도의 개혁을 포함한 광범위한 시스템 변화를 시도해야 합니다. 예를 들어 무늬만 지방분권을 실질적인 지방분권체제로 만들기 위해 중앙정부에 집중된 권한과 예산을 지역으로 분산시키고, 중앙정부와 지방자치단체는 상하관계가 아니라 수평적 협력관계로 운영되어야지요. 이렇게 되면 불필요한 중앙정부의 부처들을 통폐합하고 기능을 축소시킬 수 있습니다. 행정고시도 점진적으로 폐지하고 공무원의 외부 충원률을 높이고, 인사는 각 해당부처의 장관이 전적으로 책임지도록 하여 부처의 자율성을 높여야 합니다. 관료제도의 전면적인 개혁이 시급합니다.

50 시장실패와 **정부실패** 중 어느 것이 더 나은가요?

시장실패는 '보이지 않는 손'이 제대로 작동하지 못하여 자원배분이 효율적으로 이루어지지 못하는 것입니다. 시장실패를 초래하는 대표적인 원인은 외부성, 공공재, 정보의 비대칭성 등으로 사적인 비용편익과 사회적인 비용편익이 일치하지 않아 시장이 실패하는 것입니다. 그러면 시장실패의 경우 정부가 개입하면 시장의 효율성이 달성될 수 있을까요?

먼저 시장실패와 시장기능의 한계를 구분해야 합니다. 예를 들어 경기변동은 시장경제뿐만 아니라 모든 경제에서 발생되는 현상이고, 소득불평등은 시장경쟁에서 파생되는 결과입니다. 따라서 정부는 수시로 경기변동마다 개입하기보다는 급격한 경기변동으로 인해 실업이 발생하고 소득감소로 인해 고통받는 국민이 급증할 경우에만 개입해야 하지요. 시장경제에서는 생산성에 따라 소득이 분배되기 때문에 어린이나 노약자, 장애인 등에 대해서는 사회적 통합을 위한 복지정책이 필요합니다. 하지만 근로무능력자는 어떤 경제체제에서든 사회적 차원에서의 배려가 필요하기 때문에 엄격한 의미로 시장경제의 한계로 보기에는 어려운 측면도 있지요.

또한, 정부는 시장을 대체할 수 없습니다. 정부는 시장경제의 한 요소이며, 정부를 운영하는 정치인과 관료들은 시장을 대체해서 다른 시스템을 만든다는 생각을 버려야 합니다. 정치인들은 선거의 당선을 목표로, 관료들은 부처의 이익이나 관료집단의 이익을 목표로 각각 정책을 결정합니다. 정부는 중립성을 표방하고 있지만, 실제로는 다양한 이해집단의 관계를 조정하면서 정부 구성원들의 이해를 극대화하는 집단입니다. 따라서 정부의 시장개입은 표방하는 정책의도와 상관없이 자원배분의 왜곡과 비효율성을 초래할 가능성이 큽니다.

뷰캐넌(James Buchanan)은 정부개입이 문제를 악화시키는 현상을 시장실패와 대비하여 정부의 실패라고 비판하였지요. 따라서 정부가 개입하기 전에 시장실패 원인에 대한 자세한 분석이 필요합니다. 시장제도가 확립되어 있지 않거나 제도의 비효율적 운용으로 인해 시장실패가 발생하기도 하며, 정부의 부적절한 정책이 시장실패를 초래할 수도 있기 때문입니다. 시장의 실패나 왜곡을 바로잡으려면 정부도 시장의 일원으로 참여해 이를 바로잡는 노력을 해야 합니다.

정부 주도의 해외자원개발사업 실패

우리나라와 같은 자원빈국이 자원을 안정적으로 확보하는 것은 지속적인 경제성장을 위해 매우 중요하다. 그동안 정부는 한국석유공사, 한국가스공사, 한국광물자원공사 등 에너지 공기업을 앞세워, 해외자원개발을 위해 약 36조 원을 투자했고 이 가운데 이명박 정부는 27조 8,400여억 원을 투자하였다. 실제 이명박 대통령은 자신의 중요한 치적의 하나로 해외자원개발사업을 꼽았다. 그러나 해외자원개발사업은 정권 실세들의 비리 온상이었으며 '돈먹는 하마'로 전락하였다. 해외자원개발사업의 손실로 인해 에너지 공기업들의 부채비율은 크게 높아졌고, 주력사업들은 유동성 위기와 사업지연, 대규모 손실 위험 등의 문제를 겪고 있다. 에너지 공기업들은 자원의 국내 도입 가능성이나 사업의 경제적 타당성에 대한 제대로 된 평가 없이 해외광구 지분인수를 통한 외형확대에 치중하여 사업들은 부실화되었다. 그동안 투자비 회수도 없었고 향후 수익성도 없을 것으로 전망된다. 해외자원개발사업 실패는 공기업을 관리하는 정부 관료들의 책임인데도 관료들은 누구도 책임지지 않고 공기업에 책임을 떠넘기고 있다. 공기업의 경영진이 정권의 낙하산 인사로 결정되기 때문에 공기업은 사업의 타당성에 상관없이 상위기관인 부처의 뜻을 따를 수밖에 없다. 해외자원개발사업은 정권의 보여주기 치적을 위해서가 아니라 국가대계의 관점에서 추진되어야 한다. 사업의 수익성과 안정성을 위해서는 민간이 주도하여 사업을 추진해야 한다. 정부의 역할은 민간이 해외자원개발사업을 할 수 있도록 외교적 인프라를 확충해 주고 민간부문을 지원하는 것이다. 정부는 해외자원개발사업의 실패를 무마하기 위해 에너지 공기업들의 개혁을 추진하고 있지만, 이를 적극적으로 밀어붙인 관료들은 사업실패에 대해 누구도 책임지지 않는다. 한국은 여전히 '관료공화국'이자 '공무원 천국'이다.

사실 외부효과와 공공재 문제는 기본적으로 사적 재산권이 확정되어 있지 않기 때문에 발생할 수도 있습니다. 외부효과는 객관적 효과의 크기를 측정하기도 어렵고 제3자에 미치는 효과를 규정하기도 쉽지 않아 아무리 정교한 계측방법을 쓰더라도 정부가 외부효과를 해결하기는 불가능합니다. 이 경우 외부효과와 관련된 당사자들끼리 문제를 해결하도록 유도하는 것이 더 합리적입니다. 재산권 설정이 가능하다면 그 범위를 법규로 정하고 이를 운영할 수 있게 하여 주는 것이 더 유용하지요. 공공재의 경우에도 기술이 발전함에 따라 민간이 충분히 시장원리에 따라 공급할 수 있게 되었습니다. 건설과 같은 인프라사업은 정치인들과 관료들이 민간에게 특혜를 주는 사업이 되기 쉽고, 관과 기업의 유착관계로 인해 많은 비리의 온상이 되어 왔지요. 더욱이 실제 필요한 공공재보다는 정치인들의 득표를 위한 선거사업으로 공급되는 경우도 많아 공공재의 범주를 확정지을 필요도 있습니다. 특히 민간기업이 충분히 할 수 있는 사업을 정부나 공기업이 독점적으로 수행하면 심각한 비효율과 비리를 초래하게 됩니다.

정보의 비대칭성에 따른 시장실패 역시 정부가 해결하기에는 오히려 역부족입니다. 정부는 다른 경제주체와 마찬가지로 제한적인 정보만을 지니고 있지요. 대규모 재정사업은 종종 비용편익분석의 결과에 따라 수행 여부를 판단하게 되지만, 적절한 비용편익분석을 수행하는 데 필요한 정보가 충분한 경우는 거의 없습니다. 더욱이 시장규모가 갈수록 커지고, 세계화와 개방화로 인해 한 나라 차원의 경제정책의 역할과 효과가 제한적인 상황에서 정부가 시시각각 변하는 정보를 모두 모아 정책을 집행하는 것은 불가능합니다. 특히 정부정책은 시장에서의 문제인식 후 정책결정과 집행 그리고 효과가 나타날 때까지 상당한 시간이 걸려 정책의 실효성이 떨어지는 경우도 많습니다.

시장경제에서 정부의 역할은 시장제도를 확립하고 효율적으로 운용하는 것이며, 이는 시장에 정부가 개입하는 것과는 다릅니다. 정부는 시장을 대체할 수도 없고 대체해서도 안 되지요. 시장실패가 정부실패보다 국민에게 미치는 폐해는 훨씬 적습니다.

'작은 정부'로 '강한 미국'을 만든 레이거노믹스

세계경제는 1970년대 두 차례의 오일 쇼크를 겪으면서 스태그플레이션을 경험하였다. 재정확장으로 불황을 극복하는 '케인지안 거시경제정책'이 스태그플레이션을 극복하지 못하면서 1970년대부터 정부지출 억제와 감세, 긴축 통화정책 등이 경기를 부양하고 물가도 안정시킬 수 있다는 공급경제학이 대두하였다. 래퍼, 펠드스타인, 보스킨 등이 주도한 공급경제학파는 조세감면으로 총공급을 확대할 것을 주장하였다. 이들에 따르면 소득세 인하는 근로자들의 근로의욕을 촉진하고 저축을 증가시키며 법인세 인하는 기업의 투자를 증가시켜, 세율인하에도 불구하고 오히려 조세수입은 더 증대된다.

1981년에 제40대 미국 대통령으로 취임한 레이건(Ronald Wilson Reagan, 1911~2004년)은 공급경제학의 아이디어를 기반으로 1988년까지 8년의 재임 기간에 시장

취임 첫 해, 레이건 미 대통령이 집무실에서 TV를 통해 세율인하 방안을 설명하고 있다.

중심의 경제정책을 추진하였다. 흔히 신자유주의적 경제정책으로 불리는 레이거노 믹스(Reaganomics)의 핵심은 세율인하, 규제완화, 정부지출 삭감, 긴축 통화정책 등 이었다. 레이건 정부 아래 개인소득에 대한 최고 한계세율은 70%에서 28%로, 법인 세율은 48%에서 34%로 각각 인하되었다. 석유, 천연가스, 케이블 TV, 장거리 전화, 버스 등에 대한 가격규제가 완화되고 독점은 사후관리체제로 전환되어 자본이 대형 화되고 대형 투자은행도 성장하였다.

레이건은 불법 파업에 대한 엄격한 법 집행으로 노동시장의 유연성도 확대하였다. 지나치게 확대된 사회복지프로그램의 예산을 삭감하고 복지, 지역개발, 의료, 교육사 업 등의 기능을 지방정부에 이양시켜 연방정부의 고용 비중과 지방정부 지원금 비중 도 축소했다. 1981~1988년 연평균 물가상승률도 3.8%로 안정화되었다.

레이건은 철저한 시장주의자이자 자유주의자로 작은 정부를 강조하였다. 그는 정

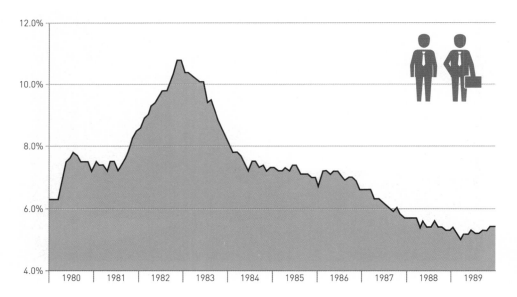

1980~1989 미국 실업률 변화

부의 역할을 감소시켜야만 경제성장을 촉진할 수 있으며, 정부가 문제 해결책이 아니라 정부 자체가 문제라고 지적하였다. 또한, 레이건은 큰 정부는 개인의 자유와 기업활동을 방해할 뿐이므로 간섭보다는 자유, 집단보다는 개인, 분배보다는 성장, 의존보다는 자치를 강조했다.

레이건은 철저한 반공주의자로 소련 및 공산권에 대항하기 위한 군비확장에도 집중했다. 1983년, 레이건은 소련의 핵미사일을 우주공간에서 격파할 수 있는 전략방어계획(Strategic Defence Initiative)을 발표하고, 유럽에 미사일방어프로그램(missile-defense, MD)을 주도적으로 설치하였다. 막대한 군비지출로 재정적자는 심화되었지만, 레이건은 소련과의 군비경쟁을 통해서 소련경제의 파탄을 초래하였고, 그 결과 1991년에 소련의 해체를 유발하고 냉전을 종식하는 역할을 하였다.

레이건의 임기 말에는 정부부채가 증가하고 저축대출조합의 파산이 급증하였다. 소련과의 군비경쟁에 의한 국방비 지출증가로 인해 연방정부 부채는 1981년 GDP 대비 22.3%에서 1989년 38.1%로 증가했다. 규제완화의 부작용에 따른 저축대출조합 파산은 약 1,250억 달러의 부채를 발생시켰으며, 금융기관 파산율도 1930년대 대공황 이래 가장 높은 수준이었다.

그러나 레이건은 '강한 미국'을 복원하여 1970년대와 1980년대 초에 위축되었던 미국민의 자존심을 회복하고, 공산권의 몰락을 촉진해 세계 자유민주주의질서를 강화하였다. 또한 '작은 정부'를 지향한 레이거노믹스는 미국경제의 성장잠재력을 확충하고 기업의 경쟁력 강화에 기여하여 1990년대 미국 IT산업의 비약적 발전을 위한 경제적 기반이 되었다. 레이건은 링컨, 워싱턴과 함께 미국의 위대한 대통령으로 손꼽히고 있다.

Q51~
Q63

제 5 부
성장과 분배

51 성장과 분배는 두 마리 토끼인가요?

성장과 분배는 시장경제에서 효율성과 형평성을 어떻게 조화시킬 것인가의 문제입니다. 시장의 효율성을 극대화하는 것이 성장을 위해서는 가장 좋지만 이로 인해 분배가 악화될 수 있고, 형평성을 위한 분배를 과도하게 강조하면 오히려 성장을 저해할 수 있기 때문이지요. 시장경제에서는 시장이 경쟁을 통해 효율성을 추구하는 과정에서 경제성장을 촉진하며, 성장에 대한 기여도에 따라 각 경제주체가 소득을 배분받습니다. 이러한 관점에서 보면 성장과 분배를 기계적으로 분리하여 사고하는 것이 적절하지 않게 되지요.

사람마다 능력도 다르고 노력의 정도도 다르므로 모든 사람에게 동일한 기회가 주어질지라도 소득은 달라질 수밖에 없습니다. 더욱이 사적 재산권이 확립된 현대의 시장경제에서 각자가 부여받은 재산상태도 다르므로 기회 자체가 불균등한 것은 사실입니다. 날 때부터 근로할 수가 없어 사회적으로 보호와 지원을 받아야 하는 사회 구성원들도 있기 때문입니다. 결국, 이렇게 다양한 이유로 인해 소득격차가 누적되면서 빈부격차가 커지는 것이 시장경제의 일반적 경향입니다.

그러나 시장경제에서의 소득불평등을 가장 부자인 사람과 가장 가난한 사람의 빈부격차로 보는 것은 정책적으로 큰 의미가 없습니다. 가장 부자인 사람에게는 그것에 맞게 조세를 투명하게 부과하고, 빈곤층에게는 적절한 사회복지 지원을 하면 됩니다. 소득불평등을 완화하기 위한 실질적인 정책은 중산층을 많이 만드는 것에 집중되어야 합니다. 이런 관점에서 보면 경제성장은 충분히 소득불평등을 완화할 수 있습니다. 경제성장으로 일자리가 늘어나고 임금이 높아지면 실업자가 줄어들고 근로자들의 소득도 전반적으로 높아져서 중산층을 두텁게 할 수 있지요. 또한, 성장으로 더 많은 세금을 거둘 수 있게 되면 재정이 건전해지고, 저소득층에 대한 재분배정책이나 복지정책도 확대할 수 있습니다. 따라서 소득불평등이 완화되기 위해서는 경제성장이 필수적입니다.

시장원리와 맞지 않는 분배를 강제적으로 시도하면 경제적 유인이 없어져 전반적으로 생산성과 효율성이 떨어지게 되는데, 사회주의경제의 붕괴가 이를 잘 보여주었습니다. 물론 과도한 불평등은 사회적 갈등을 유발하고 사회계층 간 이동성을 저해하여 사회적 역동성을 약화시키고, 사회불안을 초래하여 투자를 저해하고 경제를 침체시킬 수 있습니다.

우리나라의 경우 1997년 외환위기 이후 소득불평등이 사회문제로 제기되면서 분배에 대한 요구가 높아졌습니다. 그러나 한국경제는 성숙단계에 들어서면서 저성장이 구조적으로 정착되는 경향도 보여 성장과 분배를 둘러싼 사회적 갈등은 높아지는데 정책적 결정은 쉽지 않은 상황에 직면하고 있습니다.

성장과 분배의 선순환은 좋은 정치적 슬로건이 될 수 있지만 정책적으로는 쉽지 않은 과제입니다. 성장과 분배의 선순환이 이루어지려면 근로자들의 생산성이 계속 상승하고, 기업은 이를 임금에 반영시켜 근로자의 소득이 증가해야 하지요. 그리고 증가한 임금은 소비를 증가시키고 기업은 이로 인해 이윤이 증가하며, 지급능력이 생긴 기업은 설비투자를 증가시키면서 근로자의 생산성이 더욱 증가해야 합니다. 경제가 이러한 선순환에 들어가면 성장과 분배는 동시에 달성 가능 하지만, 반면에 악순환에 빠지면 정반대의 현상이 발생하게 됩니다. 1970년대부터 2010년까지 40년 동안 한국경제는 크게 보면 이러한 선순환의 구조였으며, 그 결과 경제도 크게 성장하고 국민의 생활수준도 놀랍게 향상되었지요. 그러나 2010년 이후 구조적인 이유로 경제가 저성장 시기에 접어들면서 한국경제는 성장과 분배 모두 어려운 시기를 맞이하고 있습니다.

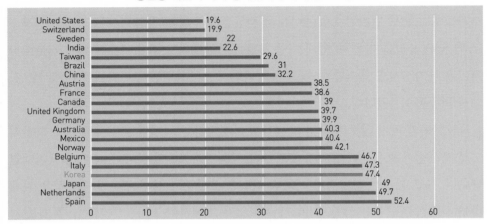

중산층 자산이 국가 총자산에서 차지하는 비중

국가	비중
United States	19.6
Switzerland	19.9
Sweden	22
India	22.6
Taiwan	29.6
Brazil	31
China	32.2
Austria	38.5
France	38.6
Canada	39
United Kingdom	39.7
Germany	39.9
Australia	40.3
Mexico	40.4
Norway	42.1
Belgium	46.7
Italy	47.3
Korea	47.4
Japan	49
Netherlands	49.7
Spain	52.4

주 1) 자산(wealth)은 가계가 소유한 금융자산과 실물자산 가치의 합이며 민간연금기금은 포함하지만 국가연금은 제외
  2) 중산층의 기준이 되는 자산 범위는 5〜50만 달러의 자산을 가진 미국 중산층 성인이며, 다른 국가들의 경우 IMF의 구매력평가
     지수(ppp)를 적용하여 미국 중산층 기준 자산으로 환산

출처: Credit Suisse(2015)

　저성장 시대에 맞춰 한국경제는 나름의 선순환 구조를 만들어 나가야 하며, 이를 위해서는 인적자원과 교육의 역할이 매우 큽니다. 지속적인 성장을 목표로 경제의 효율성 강화를 기본방향으로 하면서 불평등은 완화해야 합니다. 이를 위해 우선 공정한 시장경제 질서가 확립되어 사람들이 능력과 노력에 따라 정당한 분배를 받을 수 있어야 합니다. 그리고 기회의 평등을 높여 분배를 개선해야 합니다.

　성장과 분배를 동시에 충족시킬 수 있는 정책이 바로 교육이지요. 노동과 자본의 규모를 늘려 성장하는 양적 성장을 지나 지식과 기술에 기반을 둔 질적 성장의 경제로 변모하기 위해서는 질적으로 우수한 인적자원의 증가가 핵심적인 요소입니다. 교육을 제대로 받지 못하는 저소득층에 대한 양질의 교육은 저소득층에게 고숙련·고임금의 일자리에 취업할 기회를 줍니다. 변화하는 산업구조에 맞추어 일자리의 이동성과 근로의 유연성을 높일 수 있게 하는 평생 교육시스템은 근로자들이 빈곤의 늪에 빠지는 것을 방지할 수 있습니다. 따라서 성장과 분배의 조화를 위해서는 일자리 중심의 교육을 강화하고 생애주기별 평생 교육시스템을 확립하는 것이 필요합니다.

왜 경제는 **계속 성장해야** 하나요?

경제성장이란 제품과 서비스의 생산이 증가하면서 사회적으로 자산의 축적이 지속되어 물질적으로 풍요해지는 과정입니다. 거래되는 제품과 서비스의 규모가 커지면서 시장이 확대되고 생산이 계속 늘어나면서 경제규모가 확장됩니다. 오늘날 경제는 대부분 국가 단위로 조직되어 있으므로 경제성장은 국민경제의 지속적인 성장을 의미하며, 모든 국가는 경제성장을 핵심적인 경제목표로 하고 있지요. 경제성장은 부가가치를 증가시켜 결국 여럿이 나눌 수 있는 파이를 키우는 것입니다.

경제성장은 일자리를 창출하여 가계의 소득을 증가시키고 이는 다시 소비 확대로 이어져 증가한 소비가 다시 생산을 촉진하는 국민경제의 선순환을 만듭니다. 경제성장은 각 개인의 생활 수준과 삶의 질을 높입니다. 텔레비전, 전화, 자동차 등은 30년 전만 해도 귀한 제품이고 일종의 사치품이었지만 이제는 각 가정의 생활필수품이 되었습니다. 해외여행도 예전에는 일부 사람들만 할 수 있었지만, 지금은 많은 사람이 유학과 어학연수, 해외여행을 즐기고 있지요. 이처럼 국민 삶의 질적 향상은 경제성장 없이는 불가능합니다. 장기적으로 성장은 삶의 수준에 큰 영향을 미치며, 국가적 관점에서 경제성장의 목적은 모든 국민이 잘 살 수 있도록 국민의 소득을 높이는 것입니다.

경제성장을 촉진하기 위해서는 천연자원뿐만 아니라 교육을 잘 받은 우수한 노동력과 기업가정신을 가진 기업의 끊임없는 투자 그리고 효율성의 확대가 필요합니다.

토지나 공장설립 등 생산요소의 투입증가에 기반을 둔 양적 성장은 일자리를 창출합니다. 그러나 고령화 사회에 진입하면 노동력이 부족하고 자본투자에도 한계가 있습니다. 이렇게 되면 기술진보와 혁신을 촉진하고 혁신이 다시 성장을 이끄는 프로세스가 만들어져야 지속적인 경제성장을 이룰 수 있지요. 그러나 혁신과 생산성 향상을 통한 질적인 경제성장은 요소투입에 의존하는 양적 성장보다 '고용 없는 성장'이 될 수도 있는데, 그 이유는 많은 기술혁신이 노동을 더 효율적으로 쓰도록 하기 때문입니다.

지속적인 경제성장을 위해서는 합리적인 성장전략을 추진하고 효율적인 제도를 만드는 것이 중요합니다. 우리나라처럼 내수시장이 상대적으로 작은 국가는 개방형 경제가 되어야 시장의 확대가 가능하여 생산을 증가시킬 수 있습니다. 실제 한국의 놀라운 경제성장은 좁은 내수시장을 넘어 수출주도 성장전략을 추진하였기 때문에 가능했던 것이지요.

또한, 사적 소유권의 확립과 경제활동의 자유 없이 경제성장은 불가능합니다. 정부가 시장에 과도하게 개입하거나 규제를 남용하면 경제성장에 부정적 영향을 줍니다. 예를 들어 국내기업들은 수도권에 투자하기를 원하는데 정부가 투자하지 못하도록 규제하면 기업들은 해외로 이전하게 되고, 투자 없는 국내경제는 일자리가 줄어들며 침체합니다. 전면적인 규제개혁만이 기업의 투자확대를 유도하여 지속적인 경제성장의 발판을 만들 수 있지요. 정부의 과다한 적자재정도 거시경제를 불안정하게 만들 우려가 큽니다. 결국, 정부의 과도한 시장개입은 기업환경을 열악하게 만들고 비효율적인 관료는 규제뿐만 아니라 부정부패로 기업활동을 저해하여 경제성장에 나쁜 영향을 미칩니다. 과거의 개발연대에는 시장이 충분히 발전하지 않았고 기업도 자본도 없는 상황에서 국가가 나서서 경제성장을 주도하였지요. 그러나 1인당 국민소득 3만 달러와 세계 10대 강국이 된 현재 한국경제에서 정부가 경제성장을 주도하는 것은 불가능합니다. 기업의 자유로운 활동을 보장하고 정부의 역할을 최소화하는 것이 경제성장을 위한 지름길입니다.

　최근 들어 소득불평등을 해결하기 위해 경제성장보다 소득분배를 우선시해야 한다는 주장이 있습니다. 우리 경제가 충분히 성장했으니 이제는 부를 균등하게 나누어야 한다는 것이지요. 그러나 시장경제의 발전을 통한 경제성장은 시장소득의 불평등을 초래하면서도 각자가 나눌 수 있는 파이의 크기를 더 크게 만드는 과정입니다. 경제성장을 포기하는 것은 나눌 수 있는 파이의 크기를 축소시켜 국민들의 소득을 하향평준화 시키는 결과를 가져올 것입니다. 분배의 몫을 키우기 위해서도 경제성장은 필요합니다.

경제성장을 측정하는 여러 가지 지표

경제성장률은 국민경제가 일정 기간 얼마나 많이 성장하였는가를 보여 주는 지표다. 2015년 한국의 경제성장률이 2.6%라는 것은 2015년 한국에서 생산된 제품과 서비스의 규모가 2014년에 비해 2.6% 증가하였다는 의미이다. 잠재성장률은 국민경제가 얼마만큼 성장할 수 있는가를 보여주는 지표로 모든 자본과 노동력을 최대한 활용하였을 때 물가상승을 유발하지 않고 달성할 수 있는 경제성장률이다. 잠재성장률이 3%라는 의미는 3%를 넘는 성장이 되면 경기과열과 인플레이션이 발생할 수도 있다는 것이다. 안정적이고 지속적인 경제성장을 위해서는 잠재성장률을 높여야 한다. 경제성장률의 대표적인 지표는 국내총생산Gross Domestic Product, GDP으로 전년 대비 올해의 실질 GDP 증가율이 보통 사용되는 경제성장률이다. GDP는 일 년 동안 내국인과 외국인이 국내에서 생산한 모든 제품과 서비스의 합계로 부가가치의 증가를 측정한 것이다. 국민총생산Gross National Product, GNP은 일 년 동안 그 나라 국적의 사람이 외국과 국내에서 생산한 제품과 서비스로 국내에서 일하는 외국인의 제품과 서비스는 제외된다. 국민경제의 수준을 보여주는 가장 대표적인 지표는 국민소득National Income이다. 국민소득은 가계, 기업, 정부 등 모든 경제주체가 1년 동안 생산한 제품과 서비스 가치의 합계이며, 국민소득을 국민 수로 나누면 1인당 국민소득이다. 국민의 실질적인 소득을 보여주는 지표는 국민총소득Gross National Income, GNI이다. 경제가 개방되고 국제무역이 활발해지면서 무역에 따른 손실과 이익이 국민소득에 큰 영향을 줄 수 있다. GDP는 이러한 손익을 고려하지 않기 때문에 GNI가 사용된다. 실질 GDP는 생산활동의 수준을 보여주는 생산지표이고, 실질 GNI는 구매력을 기준으로 소득수준을 나타내 주는 소득지표이다.

53 **수요는** 경제에 어떻게 **영향을** 미치나요?

국민경제의 총수요는 모든 경제주체가 소비와 투자를 목적으로 사는 제품과 서비스의 총량입니다. 총수요는 가계의 소비, 기업의 투자, 정부의 재정지출과 수출에서 수입을 제외한 순수출 등으로 구성됩니다. 단기적인 경제성장은 총수요의 수준에 좌우됩니다.

소비자의 수요는 제품가격에 민감하게 반응합니다. 제품가격이 올라가면 수요가 줄고 가격이 내려가면 수요가 증가합니다. 가격이 같은 경우에는 디자인이나 브랜드 등 개인적 기호나 취향도 수요에서 중요합니다. 소득은 가계의 소비를 결정하는 핵심적인 요인입니다. 가계나 개인은 소득이 높으면 많이 소비하고 소득이 낮으면 적게 소비합니다. 소비에 주요한 영향을 미치는 소득은 1인당 GDP에서 세금을 내고 남은 돈인 '처분가능소득'입니다. 세금이 적을수록 처분가능소득이 커지므로 소비증대를 위해서는 세금을 줄여야 합니다. 제품에 부과하는 세금을 줄이면 제품가격이 낮아져 소비를 촉진할 수 있어요. 따라서 경기가 침체하면 정부는 소비진작을 위해 자동차나 소비물품에 대해 한시적으로 세금감면을 하지요. 소비에 영향을 주는 또 하나의 중요한 요인은 물가입니다. 물가가 오르면 같은 액수의 돈으로 살 수 있는 제품의 양이 줄어 소비와 총수요가 위축됩니다. 따라서 대부분 국가에서 물가안정은 주요한 정책목표의 하나이며 중앙은행의 목표이기도 합니다.

투자를 결정하는 주체는 기업입니다. 기업은 경제나 사업을 낙관적으로 전망하면 투자를 늘리고 비관적일 경우에는 투자를 줄입니다. 기업이 투자를 확대하기 위해서는 외부자금의 조달이 필요하므로 은행의 대출금리가 높아지면 투자비용이 커져 투자를 감축합니다. 기업의 투자는 정부정책이나 규제 등에도 민감하게 반응하지요. 예를 들어 정부가 법인세율이나 준조세를 과다하게 부과하면 기업은 투자를 줄이게 됩니다. 토지이용규제, 환경규제 등 과도한 규제의 벽이 있는 경우에도 기업은 투자를 포기하거나 규제가 없는 해외로 투자처를 바꾸기도 합니다. 기업의 투자를 촉진하여 경제성장을 하기 위해서는 투자비용을 경감시키고 규제를 합리화하는 것이 가장 중요합니다.

정부는 국가와 국민을 위하여 생산과 소비를 하는 경제주체입니다. 정부지출의 크기는 정부가 거두어들인 조세규모에 의해 먼저 결정됩니다. 그러나 정부는 다른 경제주체들과 달리 예산제약을 거의 받지 않고 정책의 필요에 따라 지출의 크기를 결정하지요. 정부는 국채를 발행하거나 통화량을 증가시켜 지출을 확대할 수 있기 때문입니다. 정부는 경기침체에 직면하면 내수활성화를 위해 공공투자와 공공부문 소비 등 공공지출을 증가시킵니다. 또한 세금을 인하하여 민간소비를 활성화하거나 기업의 투자를 지원합니다. 그러나 과도한 정부지출은 민간소비와 투자를 위축시키고 국민의 조세부담을 가중하게 합니다. 더욱이 세계화와 개방화로 인해 각국 경제가 상호 긴밀하게 연계되어 있으므로 정부정책의 효과는 제한적일 수 있어요.

수출과 수입에서는 환율이 가장 핵심적인 요소입니다. 특히 기축통화인 미국달러와의 환율은 국제무역에서 가장 중요합니다. 원·달러 환율이 1달러당 1,000원에서 1,100원으로 오르면 한국 원화의 가치가 떨어져 2,000원짜리 국산품의 달러표시 가격은 2달러에서 1.81달러로 낮아집니다. 외국인들은 값이 싸진 한국제품을 더 많이 사기를 원하므로 수출은 증가하고 1달러짜리 수입제품은 1,000원에서 1,100원으로 오르므로 수입은 감소됩니다. 그러나 변동환율제에서 환율은 정부가 주도적으로 개입할 수 없는 외환시장에서 결정되는 가격이기 때문에 이를 정책변수로 하여 총수요를 진작시키기는 쉽지 않지요. 정부의 섣부른 외환시장 개입은 시장을 왜곡시키며 때로는 외국정부의 견제를 받기도 합니다.

결국, 총수요를 결정하는 주요 요인들 가운데 정책당국이 노력할 수 있고 부정적 파급효과가 적은 수요확대 방법은 민간소비를 촉진하고 기업투자를 증진하는 것입니다. 특히 기업의 투자확대는 단기적인 일자리 창출뿐만 아니라 중장기적으로 경제성장을 위한 인프라를 조성하는 것이기 때문에 경기가 침체될수록 투자촉진을 위한 환경을 만드는 것이 중요합니다.

담배값이 인상되면 금연하는 사람이 많아질까?

가격이 오르면 수요가 감소하는 것이 수요의 법칙이다. 하지만 제품의 성격에 따라 가격이 변동해도 수요가 크게 변하지 않는 경우도 많다. 가격변동에 따른 수요변동을 보여주는 이른바 '수요의 가격탄력성'이 크지 않기 때문이다. 가격이 오를 때 가격탄력성이 높은 제품의 경우 판매수입이 줄지만, 비탄력적인 재화라면 수입이 증가할 수 있다. 반대로 가격이 내릴 때는 가격탄력성이 높은 제품의 수입은 증가하는 반면 비탄력적인 제품의 수입은 감소한다. 따라서 수요의 가격탄력성이 높은 제품은 가격을 인하하는 것이 판매수입을 증가시키고, 수요의 가격탄력성이 낮은 제품은 가격을 인상하는 것이 더 많은 판매수입을 올리는 방법이 된다. 그러나 생활필수품이나 특정 제품 및 서비스는 수요의 가격탄력성이 크지 않아 가격관리를 통한 수요조절이 쉽지 않다. 담배도 그중의 하나다. 담배는 특수한 기호품으로 서민층들의 애호품이며, 흡연을 줄이기 위한 수단으로 징벌세가 부과되어 담뱃값에는 높은 세금이 부과된다. 2014년 정부는 국민건강을 증진한다는 명분으로 담뱃값을 2,500원에서 4,500원으로 대폭 인상하였다. 담배 한 갑에 붙는 세금은 1,550원에서 3,318원으로 2배 이상 높아졌다. 그러나 정부의 담뱃값 인상은 금연에 미치는 효과가 거의 없어 담뱃세 수입만 많이 늘어났다. 담배 관련 세수는 2014년 7조 원, 2015년에는 10조 5,000억 원에 달하였고 2016년에도 세수가 13조 원에 가까울 것으로 전망된다. 담뱃값 인상에 따른 소비량 감소효과보다 가격인상에 따른 매출액 증가가 훨씬 크기 때문이다. 고소득층보다 저소득층의 흡연율이 훨씬 높으므로 담뱃세 인상은 결국 저소득층의 세금부담만 높였다. 담뱃값 인상은 정부의 세수보전을 위해 서민들의 쌈짓돈을 뺏고 조세의 역진성만 높이는 결과를 낳았다.

54 경제성장을 위해서는 **소비와 저축** 중 무엇이 **더** 필요한가요?

가계는 처분가능소득을 현재의 소비와 미래의 불확실성에 대비하기 위한 저축으로 나누어 씁니다. 주요국의 총저축률*을 보면 아시아 국가들의 저축률이 높아 2015년 기준 우리나라는 35.4%, 대만은 34.4%지만 2014년 기준 미국 18.3%, 일본 21.7%, 중국 48.6%, 영국 12.8%, 유로 지역 22.3%, 독일 26.8% 등입니다. 일반적으로 경제가 성숙되면 금리하락으로 저축의 유인이 약해지며 연금 등 노후복지가 보장되는 국가일수록 저축에 대한 인센티브도 작습니다.

*총저축률
국민총처분가능소득(GNDI)에서 최종소비지출을 뺀 값인 총저축액을 GNDI로 나누어 산출한다.
총저축률 = [국민총저축(소득 − 소비) / 국민총처분가능 소득] X 100

저축은 경제적 상황과 경제발전단계에 따라 중요성과 의미가 달라집니다. 저축이 늘어나면 자금시장에 공급이 증가하므로 금리가 하락하고, 은행은 대출을 늘리며 기업들은 낮아진 금리와 확대된 대출로 인해 투자를 늘립니다. 투자증가가 고용증가와 소득증가로 이어지면서 소비가 증가하고 총수요가 늘어나 경제가 활성화되는 선순환구조가 만들어집니다. 투자의 재원이 되는 저축은 미덕입니다. 한국경제의 발전에서 저축은 정책적으로 매우 중요하였고 1964년 정부는 '저축의 날'을 지정하였으며 저축은 국가주도 경제개발에 필요한 막대한 투자자금의 역할을 하였지요.

반면 "저축(절약)의 역설"에 따르면 모든 사람이 저축을 늘리면 총수요와 소득이 하락하여 총저축도 줄기 때문에 저축은 경제에 부정적 영향을 미칩니다. 케인스가 제기한 저축의 역설은 사람들이 소비를 줄이고 저축을 늘리면 내수가 줄고 경제활동이 침체되어 불황을 초래할 수 있다는 것을 의미합니다. 저축이 늘면 소비가 감소하고 이는 총수요를 위축시켜 기업은 생산과 고용을 줄입니다. 고용이 줄면 소득이 줄어 소비가 위축될 뿐만 아니라 저축도 줄게 되지요. 총수요를 위축시킨 저축이 결국에는 소득을 감소시키고 소득이 줄어드니 저축을 늘릴 수가 없게 되는 것이지요. 건전한 소비는 유효한 수요로서 국민경제를 활성화한다는 것이 케인스의 주장입니다.

한국의 저축률과 투자율

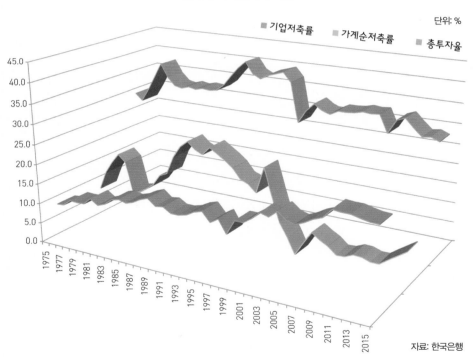

자료: 한국은행

주 1) 가계순저축률: [가계순저축/(가계 순조정처분가능소득+연금기금의 가계순지분 증감)]×100, 가계저축률은 개인순저축률이라고도 하며 국민계정 상에서 세금과 이자 등을 제외하고 개인이 쓸 수 있는 처분가능소득 중 소비지출에 쓰고 남은 돈의 비율
   2) 기업저축률: (기업저축/국민총처분가능소득×100), 기업저축률은 비금융법인기업과 금융기관의 저축률의 합계이며, 법인저축은 민간법인기업의 잉여로 법인세 등의 세금(세외부담도 포함)과 개인에의 이전, 개인 배당을 공제한 후의 미분배 이윤
   3) 투자율: (투자/국민총처분가능소득×100)

우리나라의 경우 1998년 외환위기를 겪은 이후 가계저축률은 1998년 이전 수준을 회복하지 못하고 있습니다. 반면 기업저축률은 지속해서 높아져 가계저축률의 2배 이상이지요. 또한, 투자율은 지속해서 하락하고 있습니다. 가계저축의 감소는 미래소비 여력의 축소를 의미하며, 이는 장기적으로 투자수익률이 낮아질 것이라는 전망을 낳게 하여 국내투자를 위축시키지요. 기업저축률의 상승이 가계저축률의 감소와 같이 나타나는 것은 경제성장에 부정적인 영향을 미칠 수 있습니다.

2008년 글로벌 금융위기 이후 경기회복을 위한 소비진작이 정부의 최대 정책과제가 되었습니다. 최근 한국경제는 저성장과 소득정체에도 불구하고 저축률은 높아지는 저축의 역설을 겪고 있습니다. 처분가능소득의 감소, 가계부채의 급증, 소득불평등의 문제가 소비부진을 유발하는 측면도 있지만, 노후 불안이나 일자리 불안정 등 국민의 불안감이 소비부진의 원인이 되고 있지요. 경기침체의 장기화, 베이비붐 세대 은퇴, 고령화가 상호 맞물리면서 돈을 쓰지 않고 모아두려는 경향이 강해져 저금리에도 불구하고 가계저축률은 2012년 3.4%에서 2015년 7.7%까지 높아졌습니다. 가계동향조사에 따르면 2010년 77.3%로 정점을 찍었던 가계의 평균소비성향*은 2015년 72.9%로 역대 최저치를 기록하여 100만 원의 돈을 쓸 수 있는 사람들이 72만 9,000원만 쓰고 나머지는 저축합니다. 어두운 경제전망과 현재와 미래에 대한 불안감이 커지는 상황에서 물가마저 내림세여서 소비유예 현상이 더욱 강해지고 있어요.

> **＊평균소비성향**
> 가구나 개인의 소비 정도를 보여주는 지표로 가구나 개인의 최종소비지출을 가처분소득으로 나눈 후 백분율로 계산

시장의 개방화와 세계화로 인해 가계저축 등 국내저축의 중요성은 과거보다 감소하였습니다. 기업은 원하면 언제든지 해외에서 돈을 빌릴 수 있기 때문입니다. 경제발전 단계에 따라 필요한 저축 수준이 있겠지만, 지속적인 경제성장을 위해서는 저축을 통한 자본축적은 필요하므로, 장기적 관점에서 보면 저축은 미덕일 수 있습니다.

55 지속적인 **경제성장을** 위해서 필요한 **조세개혁은 무엇**인가요?

우리나라는 조세부담률이 다른 OECD 국가들보다 상당히 낮은 편이며 조세수입에서 소득세 비중이 낮지만 소비세 비중이 높고 복잡한 조세감면제도로 인해 과세의 중립성과 형평성이 훼손되고 있습니다. 전체 조세수입 가운데 소득세 비중이 OECD 평균의 절반 수준도 안 되는 이유는 다양한 공제제도로 인해 모든 소득계층의 실질적인 세 부담이 다른 국가들에 비해 상당히 낮기 때문이지요. 소득과세의 비중이 낮다 보니 부가가치세율이 상대적으로 낮음에도 불구하고 조세수입 가운데 소비세의 비중이 가장 높게 되었지요. 소득세 비중이 낮은 것은 조세의 재분배적 효과가 낮아 소득불평등을 완화하는 효과가 작다는 것을 의미합니다. 또한, 조세감면제도가 복잡한 이유는 개발연대부터 정부가 정책목표를 달성하기 위해 기업과 개인에게 다양한 조세혜택을 주었고 조세지원을 통해서 취약계층을 지원했기 때문이지요.

사람들은 대부분 세금을 많이 내는 것을 싫어하기 때문에 정부가 증세하는 것은 쉽지 않습니다. 세율을 인상하면 경제활력이 떨어져 경제성장을 저해할 수 있고, 경기가 침체하면 조세수입이 늘어나지도 않지요. 따라서 조세개혁의 목표는 지속적인 경제성장을 촉진하면서 조세의 효율성과 형평성을 높이고 과세기반을 확충하는 방향이 되어야 합니다.

경기활성화를 통한 경제성장을 위해서는 법인세율을 인하해 역동적이고 수익성이 높은 기업들의 성장과 발전을 촉진해야 합니다. 대기업, 중견기업, 중소기업 등 기업 규모와 상관없이 새로운 사업과 기술에 투자하는 모든 기업에 세제혜택을 주어야 하지요. 고수익의 가능성이 있음에도 불구하고 높은 리스크와 불확실성으로 인해 투자가 어려운 R&D 투자에 대한 공제는 확대하고, 전체적인 법인세율을 인하하면서 기존의 복잡다기한 공제를 축소해야지요. 투자촉진에 대한 감면은 경제활동이 외부성이 있을 때나 임시투자세액공제처럼 경기조절의 목적을 위해서만 시행되어야 합니다. 대부분이 영세한 중소기업은 세금감면의 혜택이 크지 않으므로 중소기업에 대한 세제지원은 활용도가 높은 중소기업 특별세액감면제도*만을 유지하고, 직접적인 금융지원을 확대해 정책자금을 효율적으로 배분하는 것이 중소기업에는 더 유효할 것입니다.

　복잡하고 다양한 조세감면을 축소하고 조세감면에 대한 일몰제*를 전면 도입할 필요도 있어요. 현행 조세감면은 분야와 종류가 너무 많아 수요자가 쉽게 파악하기도 어렵고 정책의 실효성도 떨어지며, 과세기반을 위축시키고 대규모 세수손실을 발생시키고 있지요. 비과세 · 감면제도는 과세의 중립성과 형평성도 훼손시키기도 합니다. 기획재정부(2015b)에 따르면 비과세 · 감면액은 2016년 35조 3천억 원(추정), 국세 감면율은 13.7%로 추정되고, 감면항목은 총 229개(경과규정 제외)인데 일몰규정이 없는 항목은 35%인 81개로 전체 조세지출액의 66%인 23조 3천억 원에 달합니다. 지방세감면액도 2013년 15조 6천억 원입니다. 비과세 · 감면 폐지는 이해집단의 저항으로 인해 쉽지 않지만, 정부는 조세감면제도에 대한 전반적인 평가 및 의견 수렴을 통해서 로드맵을 제시하고, 비과세 · 감면 폐지로 증가할 세수의 용도까지 투명하게 공개하여 국민의 합의를 유도해야 합니다. 사회적 취약계층은 납세

＊중소기업 특별세액감면제도
제조업, 도소매, 건설업 등 법으로 정해진 특정 업종을 영위하는 중소기업에 지역, 업종, 규모에 따라 소득세 또는 법인세의 5~30% 세액을 감면시켜주는 제도

＊일몰제
일정 기간이 지나면 법률이나 규제가 자동으로 효력이 없어지도록 하는 제도

능력이 부족하므로 이들에게는 비과세 · 감면 보다 실질적인 복지혜택과 금융지원을 확대해 주고 조세감면은 축소해야 합니다.

소득세의 합리적 개선도 필요합니다. 우리나라는 전체 세수에서 개인소득세수가 차지하는 비중이 OECD 평균에 비하여 낮은 편입니다. 2014년 귀속 소득 기준 근로소득세 면세자(과세미달자+결정세액이 없는 자)가 약 740만 명으로 전체 과세대상 인원 대비 45.7%이지요. 과세기반 확충과 소득세제의 단순화를 위해 소득세 관련 각종 비과세 · 감면을 축소하고, 세부담을 줄이기 위해 소득세율은 인하해야 합니다. 단기간에 근로소득공제를 폐지하는 것은 어려우므로 현재의 소득공제 규모나 항목을 먼저 동결시키고, 점진적으로 규모를 축소하는 것이 좋겠지요. 일정한 소득상한선까지는 표준공제제도*를 도입하고 상대적인 고소득층에 대해서는 공제대상 및 공제규모를 축소해 나가는 것이 바람직합니다.

＊표준공제제도
소득공제를 할 때 항목별 공제가 아니라 일정액을 무조건 공제해 주는 제도

＊간이과세제도
영세사업자의 부가가치세 신고와 납부 편의를 위해 도입되어 연간 매출액(공급대가 기준)이 4,800만 원 미만인 영세사업자는 기장 의무와 세금계산서 발행 의무가 없으며 업종별 부가가치율에 따라 납부세액을 계산하는 제도

부가가치세의 과세기반 확충은 미래의 세율인상을 위한 중요한 선결 조건입니다. 부가가치세는 세율인상이 없이 세수를 증대시킬 수 있습니다. 간이과세제도*는 조세형평성을 저해하고 매출누락에 따른 탈세, 가짜 세금계산서 유통문제 등 과세 투명성을 저해하고 있으므로, 현행 간이과세자 기준금액인 4,800만 원을 점진적으로 인하할 필요도 있지요. 공익과 국민생활에 미치는 영향이 크고 정책적 목적이 분명하며 실효성이 있는 항목은 면세를 유지하고, 그렇지 않은 경우에는 면세를 적용하지 않아야 합니다. 부가가치세의 경우 세율을 인상하기보다는 면세 · 영세율 대상 축소, 탈세 억제 등 면세 및 감면제도를 정비하고, 과세범위를 확대하여 세원을 넓혀야 합니다.

우리나라에서는 자본소득보다 노동소득에 대해 상대적으로 높은 실효세율이 부과되고, 대부분의 재화에는 부가가치세가 부과되지만 금융서비스를 비롯한 대부분의 서비스는 비과세입니다. 조세개혁의 관점에서는 자산과 소비에 대한 과세를 강화하여 과세기반을 확충하는 것이 타당하며 이를 위해서는 소비과세의 확대가 필요합니다. 그러나 소득과세가 강화된 후에 부가가치세가 활용되는 것이 바람직합니다. 소득세 및 법인세에 대한 개혁 없이 소비과세를 강화하면 세부담의 형평성이 악화될 수 있기 때문에 국민적 합의를 도출하기가 쉽지 않으며 세율인상의 명분도 축소되지요. 하지만 법인세와 개인소득세 등 소득과세는 인구가 지속적으로 증가되고 일자리가 창출되는 경제에서만 작동될 수 있기 때문에 고령화 및 저성장에 직면한 한국에서 소득과세를 강화하는 것도 쉽지 않지요. 조세개혁은 이해당사자가 국민 전부이기 때문에 국민적 합의와 동의가 우선되어야 하는 정책과제입니다.

기업소득환류세제는 폐지되어야 한다

2015년부터 적용되고 있는 기업소득환류세제는 투자가 많은 기업이 당기소득의 80%(투자가 포함되지 않을 때에는 당기소득의 30%)를 투자, 배당, 임금인상분 등에 사용하지 않으면 미달 금액의 10%를 법인세로 추가 징수하는 일종의 사내유보금 과세제도다. 자기자본 500억 원 이상인 비중소기업이나 상호출자제한기업집단 소속 기업에 한해 2017년까지 3년간 한시적으로 시행되고 있다. 정부의 목적은 이 세제를 통해 기업의 투자를 활성화하고 배당을 높게 유도한다는 것이다. 사실 이와 유사한 법이 과거에도 있었으나 IMF의 권고로 2001년에 폐기되었다. 배당 여부는 기본적으로 기업 고유의 결정사항이며, 사내유보금에 대한 과세는 법인세를 이미 낸 이익에 대한 추가적인 이중과세이기 때문이었다. 국회가 폐기된 과거의 법안을 수정해서 다시 제정한 이유는 투자와 소비를 촉진해서 경제를 활성화하기 위한 것으로 다른 나라의 조세회피 방지 목적의 세제와는 다르다. 이는 경제활성화를 위한 궁여지책으로 이해는 가지만 기업활동에 대한 정부의 과도하고 비효과적인 개입이다. 투자기회가 많다면 기업은 차입해서라도 투자를 할 것이다. 기업이 돈을 쌓아 두고 투자를 하지 않는다면 그것은 사업기회가 별로 없거나 사업여건이 나쁘기 때문일 것이다. 정부가 할 일은 기업이 사업하기 좋은 환경을 만들어 주는 일인데, 이에 필요한 개혁은 하지 못하고 세금을 통해서 배당과 임금인상을 유도하려는 정책은 하책이라고 하지 않을 수 없다.

56 시장경제가 **초래하는 불평등을** 완화시킬 수 있나요?

　시장경제에서 개인의 소득은 생산활동에 대한 기여도에 따라 결정되므로 생산성이 높은 사람은 낮은 사람에 비해 더 많은 소득을 얻게 됩니다. 시장은 경쟁을 통한 적자생존의 원리에 기초하기 때문에 사회적 약자나 무능력자를 위한 분배를 수행하는 제도가 아닙니다. 시장이 집중해야 할 부분은 효율성을 높이는 것이며 이것이 시장경제의 동력입니다. 따라서 시장에서의 소득불평등은 개발도상국뿐만 아니라 선진국에서도 계속되는 현상입니다. 사실 역사적으로 보면 어떠한 체제에서나 소득불평등은 항상 중요한 이슈였습니다.

　형평성이나 평등은 모든 사람이 동일한 소득을 얻는다는 의미가 아니고, 능력과 노력에 상응하여 자기 몫의 분배를 받을 수 있는 상태를 의미합니다. 사람들의 능력과 일하는 정도가 모두 다르므로 모든 사람이 동일한 소득을 받는 것은 현실적으로 불가능하지요. 노력하지 않은 사람이 노력한 사람과 동일한 소득을 얻을 수 있는 사회야말로 불평등한 사회입니다. 시장경제체제에서는 경쟁을 통해 분배를 받기 때문에 소득은 경쟁의 결과이자 개인이 일할 수 있는 인센티브입니다.

　그러나 시장은 사회구성원 간 소득격차를 확대해 부익부 빈익빈 현상을 심화시킬 수도 있습니다. 경제발전 단계가 낮고 자본시장이 발전되지 않았을 경우에 불평등의 심화는 부의 집중을 통해 저축을 증대시키고 개인적 노력에 대한 유인을 제공할 수 있지요. 그러나 경제가 발전하면서 과도한 소득격차는 근로의욕을 약화하고 사회적인 갈등을 유발하며 범죄 등의 사회적 문제를 일으킬 수 있습니다. 경제성장이 물적자본, 인적자본 및 지식축적 때문에 결정되는 상황에서 소득불평등의 심화는 낮은 수준의 인적자본 축적을 의미하며, 세대 간 분배의 연속적인 악화를 초래합니다. 심각한 소득불평등은 소득계층 간의 신뢰 부족으로 인한 정치적 불안정을 야기하여 경제성장에도 부정적 영향을 줍니다.

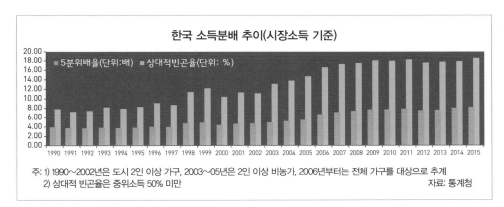

한국 소득분배 추이(시장소득 기준)

주: 1) 1990~2002년은 도시 2인 이상 가구, 2003~05년은 2인 이상 비농가, 2006년부터는 전체 가구를 대상으로 추계
2) 상대적 빈곤율은 중위소득 50% 미만

자료: 통계청

1997년 외환위기와 2008년 금융위기를 거치면서 한국의 소득불평등은 더욱 심화하였습니다. 가장 중요한 원인은 고숙련 근로자와 미숙련 근로자의 임금격차, 정규직과 비정규직의 임금격차, 성과주의 보수체계의 확산 등에서 빚어진 임금격차입니다. 자산소득으로 인한 불평등도 심화하였지요. 한국과 같이 자산축적의 정당성을 인정하지 않고 과시효과가 높은 사회에서는 상대적 소득격차에 대한 반발이 심합니다. 반기업 정서나 이른바 갑질, 금수저, 헬조선 등의 용어는 한국 사람들이 다른 나라의 국민보다 소득격차를 더 민감하게 받아들인다는 것을 단적으로 보여줍니다.

시장에서 소득격차가 너무 심할 때 정부는 조세제도와 정부지출로 소득재분배정책을 실행합니다. 누진세제를 도입하여 소득격차를 축소하는데, 고소득층이 주로 사용하는 사치재에 대해서는 특별소비세 등을 부과하고, 저소득층에 대한 사회복지지출을 확대합니다. 그러나 소득재분배정책은 저소득층의 생활수준 향상을 위한 근본적인 해결책은 되지 못한 채 근로의욕을 저하할 수 있습니다.

　대부분의 OECD 회원국에서 시장소득의 불평등은 증가하여 왔지만, 각 정부는 사회적 지출의 증가를 통해 최종 소득분배에서의 격차를 완화했습니다. 그러나 우리나라의 경우에는 시장소득지니계수와 가처분소득지니계수의 차이가 거의 없습니다. 이는 사회보장제도와 조세제도가 재분배 소득기능을 제대로 수행하지 못한다는 것을 의미합니다.

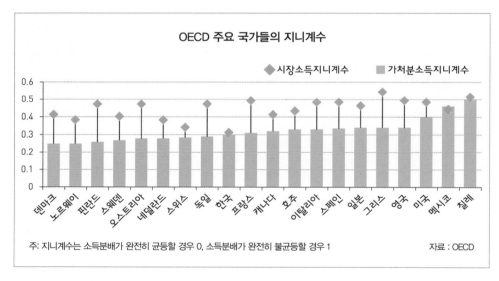

　소득재분배를 위해서는 경제성장에 집중하면서 합리적인 재분배제도를 설계하여 근로의욕을 높이면서 삶의 질 제고와 사회적 통합이 필요합니다. 불평등을 완화할 수 있는 주요 정책은 인적자본투자, 고용촉진 정책, 조세 및 재분배정책 등으로, 가장 핵심적인 방법은 고용확대입니다. 이를 위해 정부는 공교육의 질을 높이고 취업능력을 제고하면서 평생직업능력개발을 할 수 있도록 인적자본 투자에 집중해야 합니다. 근로빈곤층을 줄이기 위해서는 근로연계복지제도를 확대해야 합니다. 소득재분배를 위해 능력과세를 확대하는 조세개혁도 필요합니다.

지역균형발전정책은 지방의 발전을 가져올 수 있을까요?

우리나라는 역사적으로 중앙집권국가입니다. 정치, 경제, 행정, 문화 등 모든 분야가 중앙권력이 있는 수도를 중심으로 발전하였고 모든 자원이 수도에 집중됐지요. 그러나 1990년대 중반부터 지방자치제도를 도입하고 자치단체장에 대한 직선제를 시작하면서 본격적인 '지방화 시대'가 열렸습니다. 또한, 글로벌화의 진전으로 서울과 같은 대도시의 역할이 커지면서 서울과 지방의 격차가 더욱 확대되었지요. 이에 따라서 '지역균형발전'이라는 화두가 정치권에서 제기되었고, 특히 참여정부는 적극적인 균형발전정책을 추진해 급기야는 행정수도의 이전이라는 극단적인 처방까지 나오게 되었습니다.

그러나 지난 20년간 추진된 균형발전정책은 지방자치단체의 취약한 재정으로 인해서 과도한 비용지출과 자원낭비가 초래된 면이 많습니다. 중앙정부 중심의 정책구조로 인해 지역주민이나 지방자치단체장들은 국책사업을 일종의 '공짜점심'으로 보고 격렬한 유치경쟁을 벌였습니다. 지금도 나타나고 있는 국책사업을 둘러싼 지역 간 갈등의 근본 이유는 '중앙정부의 선물'이 지역에 배분되는 과정에서 야기된 것이지요. 지역 특성이나 발전전략과 상관없이 특정 국책사업을 유치하는 것 자체가 지자체의 목표인 상황입니다. 사업성과 경제성을 고려하지 않은 1지역 1공항 건설은 지역발전 촉진보다 '공항'이 지역발전의 애물단지가 되었고, 3개 지역으로 시작된 경제자유구역은 8개 지역으로 확대되었지만, 기존 지정지역은 축소 조정되는 상황도 발생하였습니다.

모든 지역이 다 같이 잘 사는 것은 지역정책이 지향해야 하는 최고의 정책목표입니다. 문제는 지역균형이라는 평계로 중앙정부의 일방적이고 시혜적 지원 때문에 추진되는 지역개발정책이 지방정부로 하여금 스스로 지역발전을 위해 노력하기보다는 중앙정부에 의존하도록 만든다는 것이지요. 정치인들은 선거 때만 되면 균형발전이라는 이름으로 무분별한 지역개발정책을 공약으로 양산하고 있습니다.

한국에서의 지역격차는 수도권과 비수도권의 경제수준과 소득 및 생활환경의 격차에서 기인하였습니다. 1990년대까지 지역개발정책은 수도권 성장억제와 지방육성을 통한 지역균형발전을 지향하였으며, 2000년대 정책의 핵심은 중앙정부의 재정을 활용한 지방의 도시개발 관련 국책사업이었지요.

참여정부의 지역균형발전정책은 행정수도 이전, 공공기관 지방이전, 혁신도시, 기업도시 등의 지역개발사업이었습니다. 이러한 '대못'은 많은 비효율과 낭비를 초래하고 있습니다. 사실 '균형'은 중앙정부의 관점에서 모든 지역에 대한 정책적 배려를 의미하는 것이기 때문에 각 지역의 자율성과 특성을 존중해야 하는 '분권'과 대립합니다. 지방에 대한 지원정책이 지방의 역량이나 잠재력, 특성 등에 대한 평가에 근거하지 않고 1/n로 동등하게 배분되는 경우에는 모든 지방이 '골고루' 침체되는 결과를 초래할 수도 있기 때문이지요. 결국 지역균형발전정책은 대표적인 정치권의 인기영합정책(populist policy)입니다. 지역균형발전정책은 한 지역의 번영이 다른 지역의 낙후 원인이므로 투자와 기관을 재분배해야 한다는 영합적(zero-sum) 사고에 기반을 두고 있어 일국 내 지역 간 경쟁이 무의미한 세계화와 개방화 시대에 맞지 않는 정책이지요.

지역정책의 세계적인 추세는 지역 간 차이와 특성을 인정하고 지방분권에 기반을 둔 지역발전정책을 추진하는 것입니다. 지역이 발전하려면 사업성과 경제성을 기반으로 지방이 책임을 지고 주도적으로 정책을 추진해야 하지요. 지방자치단체는 수요를 고려하여 사업을 추진하고, 지역개발사업에 따른 위험과 비용을 중앙정부와 분담해야 합니다. 지역개발을 위한 국책사업에 '수익자부담 원칙'을 적용하면 국책사업

5부
051~63

낡은 수도권 규제는 이제 그만!

수도권 규제는 수도권 성장을 억제하기 위해 1982년에 제정된 「수도권정비계획법」에 근거한 30년이 넘은 오래된 규제이다. 세계화와 개방화로 인해 국경이 무의미해지고 대도시권 간 경쟁이 심화하고 있지만, 우리나라의 대표적 대도시권인 수도권은 규제로 인해 지역경쟁력은 물론 국가 전체의 경쟁력도 약화되고 있다. 현재 우리나라는 성장잠재력이 갈수록 저하되고 있는 국가경제의 불씨를 살리기 위해 어느 때보다 투자를 필요로 하고 있다. 기업의 투자처가 수도권이냐 비수도권이냐를 가릴 상황이 아니다. 투자활성화만이 일자리를 만들어 소비를 진작시키고 경기침체의 늪에서 벗어나게 할 수 있다. 수도권 규제는 지역격차를 더욱 심화시키는 왜곡된 결과도 초래하고 있다. 수도권 기업들을 지방으로 이전시키려는 정부의 노력은 결국 수도권에 가장 가까운 충청도로 자원을 집중시켜 다른 지역들이 충청도로 인해 발전이 저해되고 있다. 개방경제에서 풍선효과는 더는 불가능하므로 수도권 규제를 계속하더라도 기업은 지방으로 이전하는 것이 아니라 중국 등 동남아로 이전할 가능성이 더 크다. 규제를 통한 수도권 및 대도시권 억제와 균형발전전략은 영국, 프랑스, 일본 등에서 이미 실패하여 폐기된 정책이다. 세계화와 개방화라는 새로운 경제환경의 출현에 따라 선진국들은 균형발전에서 경쟁력 강화로 패러다임을 전환하였다. 현재 세계적으로 약 10개 정도의 글로벌 도시global city가 세계 경제의 중심으로 커가고 있으므로 한국의 수도권은 지식 중심의 글로벌 도시로서 다른 글로벌 도시와 경쟁을 해야 국가경쟁력도 강화된다. 수도권 규제는 조속히 폐지되어야 한다.

을 유치하기 위한 지역 간 갈등이 완화될 수 있겠지요. 낙후지역은 국가가 전적으로 지원하되 모든 사업은 공모방식을 채택하여 지역 간 경쟁을 강화하면서 지역 특성별 발전정책이 추진되어야 합니다. 지자체의 성과를 관리하고 중앙과 지방의 정책연계를 높이기 위한 계약(contract)적 접근방법도 고려할 필요가 있습니다.

지역균형발전정책은 시장경제의 발전에 따라 지역들이 순차적으로 성장하는 것이 순리인데도 정부가 개입하여서 한 지역의 성장억제를 통해 다른 지역의 성장을 촉진할 수 있다는 사고에 근거합니다. 그러나 수도권은 정부의 의도와 달리 성장해 왔지만, 규제로 인해 국제경쟁력은 높지 않으며 다른 지역들은 수도권 규제와 정부지원에도 불구하고 여전히 경쟁력이 약합니다. 지역정책의 전면적인 전환과 함께 지역균형발전정책이란 정치적 용어도 이제 폐기될 때가 되었습니다.

58 소득주도 성장론은 무엇인가요?

　소득주도 성장론은 2013년 국제노동기구(ILO)가 발표한 보고서인 임금주도 성장론(Wage-led Growth : An Equitable Strategy for Economic Recover)을 확장한 개념입니다. 임금주도 성장론에 따르면 임금은 유효수요를 창출하여 생산성을 증진하고 기술진보를 촉진합니다. 임금주도 성장론을 지지하는 사람들은 세계적인 저성장의 원인이 임금격차에 따른 소득불평등이므로 불황 탈출을 위한 하나의 방법으로 노동생산성 향상속도에 비례하는 임금인상을 주장하지요. 임금주도 성장론에 따르면 가계소득(임금)이 상승하면 가계의 소비가 증가하고 이에 따라 기업의 투자가 증가하여 고용과 경제성장률이 높아지는 선순환이 생깁니다.

　우리나라 정치권에서 주장하는 소득주도 성장론은 최저임금 인상, 생활임금도입 등 임금소득과 자영업소득 증가로 노동분배율을 개선하고 사회보장제도를 확대할 것을 주장합니다. 이를 통해 내수증가(소비증가)와 수출증가 등 총수요를 증가시키며 공급 측면에서는 노동투입과 투자의 증가에 따른 생산성 향상이 가능하다는 것이지요.

　저소득층의 임금상승은 빈곤퇴치와 소득분배 개선을 위해 필요하며, 소비성향이 높은 저소득층의 소득증대는 경기활성화에 기여하기 때문에 소득증가는 필요합니다. 그러나 소득(임금)주도 성장전략은 개방경제체제에서 실현되기가 쉽지 않습니다. 개방경제에서 근로자의 임금상승은 제품가격을 상승시켜 자국 제품의 가격경쟁력을 저하하고, 저렴한 외국산 제품의 수입을 증가시킵니다. 수출가격이 상승하지 않은 채 임금이 상승하면 기업이윤이 축소되고 가격이 올라가서 수출상품의 경쟁력이 저하됩니다. 그만큼 기업경쟁력은 약화되지요. 특히 IT 기반의 개방경제에서는 내수 대신 저렴한 이른바 해외 직구 등을 통한 소비도 증가하여 임금상승을 통한 내수 촉진이 쉽지 않습니다.

임금인상은 새로운 일자리 창출도 어렵게 합니다. 시장경제에서 임금은 기업이 결정하므로 국가가 (최저)임금인상을 강제해도 기업이 고용총량을 줄이면 근로자 전체의 임금인상 효과가 거의 없습니다. 오히려 임금인상의 강요는 기업으로 하여금 임금보다 배당을 확대하게 하여 소득양극화를 촉진할 우려가 있지요. 결국, 임금인상은 기업의 경쟁력 약화, 수익성 악화, 투자위축 등을 초래해 오히려 고용과 노동생산성 향상을 둔화시킬 것입니다. 특히 최저임금의 가파른 상승은 취약계층의 고용증가 둔화, 양극화 확대 및 일자리 손실 등을 초래하고 대기업보다 중소기업과 자영업자에 부정적 영향을 줍니다.

한국의 경우 강제적인 임금상승은 수출경쟁력 악화와 중국 제품의 수입증가를 유발하고, 반대로 내수증가로 얻을 수 있는 기업의 편익은 크지 않을 것으로 보입니다. 또한, 가계부채가 많고 미래에 대한 불안감으로 인해 소비가 위축된 상황에서 소득주도 성장정책은 부채상환이나 저축을 유도하고 내수를 촉진하지는 않을 것입니다. 현재 내수부진의 요인은 소득문제 외에도 가계부채, 저출산·고령화, 부동산시장 침체 등 다양하므로 (최저)임금인상만으로는 해결이 쉽지 않습니다.

사실 우리나라의 노동소득분배율은 다른 선진국에 비해 상대적으로 높은 편이지요. 한국의 노동소득분배율은 한국은행 기준으로는 2014년 62.6%, OECD 기준으로는 2012년 71.8%로 일본, 미국, 유럽 국가들에 비해 높습니다. 한국은행은 영세 자영업자나 무급가족 종사자 등 비임금근로자의 노동소득을 영업잉여로 계상하여 노동소득분배율을 실제보다 낮게 추정하는 반면, OECD는 자영업자와 피용자의 임금을 같다고 가정하여 이를 같이 추정합니다. 한국생산성본부에 따르면 2000~2012년 제조업 근로자의 명목임금은 연간 6.5% 상승한 반면 명목노동생산성 증가율은 5.9%에 불과하여 임금상승률이 노동생산성 증가율보다 높았습니다.

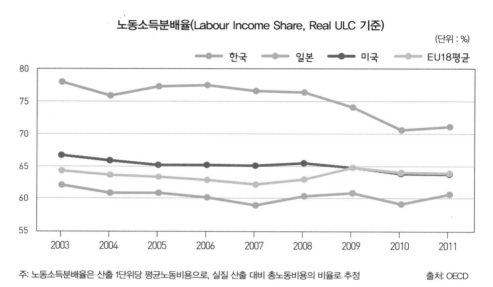

노동소득분배율(Labour Income Share, Real ULC 기준)

(단위 : %)

한국　　일본　　미국　　EU18평균

주: 노동소득분배율은 산출 1단위당 평균노동비용으로, 실질 산출 대비 총노동비용의 비율로 추정　　　출처: OECD

＊근로장려세제(EITC, Earned Income Tax Credit)
저소득 근로자 또는 자영업자 가구에 대하여 전년도 부부합산 총소득, 부양자녀 수 등에 따라 세금환급의 형태로 근로장려금을 현금으로 지급해주는 근로연계형 소득지원제도

　　소득증가를 위해서는 규제개혁을 통한 기업의 투자여건 개선이 최우선 과제이며 노동생산성 제고를 위해 혁신역량을 높여야 하고 구조개혁도 시급합니다. 저소득층을 위해서는 근로장려세제＊와 실업보험급여를 확대해야 하지요. 내수시장의 질을 높이고 가격을 합리화하여 해외 직구 수요를 국내로 견인할 필요도 있습니다. 정규직 근로자의 임금인상은 동결하되 비정규직 청년근로자의 임금인상은 추진하여 정규직과 비정규직의 임금격차도 완화해야 합니다.

59 공짜점심은 정말로 **없나요?**

우스갯소리지만 시장경제를 한 문장으로 요약하면 "공짜점심은 없다"라고 합니다. 시장경제의 기본은 주고받는 거래이기 때문에 누가 나에게 점심을 대접하면 나에게 기대하는 뭔가가 있거나, 아니면 과거에 내가 그 사람에게 베푼 것에 대한 대가라는 것이지요.

직장에서나 친구들이 같이 식사를 하는 경우 소위 '더치페이'라고 해서 각자 자기 것을 내거나 1/n로 나누는 방식이 있습니다. 한국인의 전통적인 가치관으로 보면 각박하거나 예의 없다고 생각할 수도 있지요. 더치페이는 한국식 표현이고 영어로는 'going Dutch' 또는 'Dutch date'와 같이 표현됩니다. 더치페이를 표현하는 말은 나라마다 다양한데, 예를 들어 터키에서는 '독일방식'이라고 하고 남이탈리아에서는 '로마방식'이라고 표현한다고 합니다. 대체로 독일, 네덜란드, 덴마크, 스웨덴과 같은 북구 국가에서는 더치페이 방식이 일반적으로 활용되고 있고, 이탈리아나 스페인 같은 남유럽, 아시아권과 중남미에서는 대개 가장 어른이거나 돈이 많은 사람이 밥값을 낸다고 합니다. 네덜란드에서 10여 년을 거주한 지인에 따르면 연유는 모르겠지만 화란(네덜란드의 다른 이름) 사람들은 정말 돈 관념이 지독하고 각박하다고 합니다.

그러나 세계에서 복지제도가 가장 잘 발달한 나라일수록 개인의 책임과 준법을 강조하게 된 것은 왜일까요? 개인의 책임감과 준법정신이 강하기 때문에 아주 너그러운 사회복지제도를 시행해도 도덕적 해이가 적어 시스템의 건전성이 유지되기 때문일 것입니다. 예를 들어 자격이 안 되는데도 시민들이 복지제도를 악용해서 마구 복지혜택을 본다면 그 시스템은 불공평하고 비용도 많이 들기 때문에 오래 지속할 수가 없겠지요.

우리나라에서도 수년 전부터 대학등록금, 아동급식, 육아 수당, 기초노령연금 등 무상복지제도가 많이 생겨났습니다. 국가 전체로 볼 때 어느 정도 물질적 풍요를 누리게 되었으니 저소득층에 대해서도 일정한 수준의 복지를 보장해 줘야 한다는 인식이 생겼기 때문이지요. 그러나 이들 복지프로그램은 모두 잠재한 문제점이 있습니다. 대학교육을 무상으로 하는 것이 과연 바람직한가요? 아동급식이나 육아수당을 소득에 상관없이 국민 모두에게 제공해 주어야 하나요? 기초노령연금도 일정 연령 이상의 모든 노인에게 주어야 하나요? 현재 기초노령연금은 소득 하위 70%에게만 지급하고 있으며, 육아수당(양육수당)은 소득과 관계없이 모든 가정이 받습니다. 육아수당은 출산율을 높이기 위한 정책목표를 가지고 있기 때문입니다.

한국에서 대체로 2010년을 전후로 다양한 무상복지제도가 나오면서 "공짜점심은 없다"라는 표현이 자주 등장하고 있습니다. 이는 무상복지도 결국 국민이 세금으로 부담해야 한다는 것을 강조하고 정당이나 정치인들이 득표를 위한 선심성 공약을 남발하는 것을 경고하기 위한 것이었지요. 복지제도는 한번 시행하기 시작하면 없애거나 축소하기가 곤란합니다. 따라서 새로운 복지제도를 도입하려면 여러 각도에서 검토하고, 특히 고령화가 더 심화되는 경우도 감안해서 신중을 기해야 합니다. 65세 이상에게 제공되고 있는 무상지하철 제도가 좋은 예입니다. 노인이 전체 인구 중 5% 미만일 경우에는 이 제도가 큰 부담이 아니지만, 앞으로 2026년경에 20%가 넘어가면 지하철 이용자의 20~30%가 무상으로 지하철을 이용하게 되는데 이는 지속 가능하지 않은 제도입니다. 그러나 어느 정당도 이 제도의 종결이나 노인연령을 상향 조정하자는 말을 못하고 있어요. '노인 공짜지하철'도 결국 65세 미만의 승객들이 요금을 부담하거나 정부가 국민 세금으로 지원해 주어야 합니다.

사회복지제도는 저소득층이나 취약계층을 지원하기 위해서 또는 출산율 제고나 인적자원 양성과 같은 국가적인 목표를 달성하는 데 필요합니다. 그러나 사회복지지출의 재원은 국민의 세금이기 때문에 장기적으로 지속 가능한 제도를 설계해야 합니다. 그런 관점에서 "공짜점심은 없다"라는 일견 각박한 경구를 잘 새겨야 합니다. 가장 각박해 보이는 북구 국가들이 가장 발달한 사회복지제도를 갖게 된 배경을 음미해볼 필요가 있습니다.

공짜점심은 있다?

원래 공짜점심free lunch은 술을 많이 팔기 위한 일종의 마케팅전략이었다. 19세기 중반부터 미국 서부 개척시대 술집에서 술을 일정량 이상 마시는 고객에게 점심을 공짜로 주던 관행에서 공짜점심이란 단어가 유래했다고 전해진다. 술집의 공짜점심 광고는 술값에 점심값을 전가한다고 하여 허위광고로 처벌을 받기도 했다고 한다. 1930년대 한 신문에서 경제학을 8단어(영어 기준)로 요약하면 '세상에 공짜점심은 없다There is no such thing as a free lunch'가 된다는 내용을 담은 우화를 실어 공짜점심이라는 용어는 유명해졌다. 노벨 경제학상 수상자이자 자유시장경제체제의 신봉자인 밀튼 프리드먼(Milton Friedman, 1912~2006년)은 1975년 '세상에 공짜점심은 없다There is no such thing as a free lunch'라는 책을 발간하기도 하였다. 경제학적 관점에서 보면 공짜점심은 일종의 기회비용을 의미한다. 어떤 것을 얻기 위해서는 다른 것을 포기해야 하기 때문이다. 예를 들어 직장에서 성공하고 싶어 하는 여성들의 경우 출산은 기회비용일 수밖에 없으므로 저출산문제를 해결하기가 쉽지 않은 것이다. 정보통신기술의 발전으로 스마트경제에서는 실질적인 공짜점심이 존재한다는 주장도 있다. 프리코노믹스Freeconomics=Free + Economics란 용어도 생겼다. IT기업들은 제품 사용자가 많아질수록 제품의 이용가치가 높아지는 네트워크효과 때문에 소비자들에게 공짜점심을 주는 것이 가능하다는 것이다. 노년의 프리드먼은 분단시절 서독이 동독을 경제적으로 앞설 수 있었던 것은 서독의 공짜점심인 자유시장경제체제 덕분이었다고 언급하며 자유시장경제와 사유재산을 공짜점심으로 여겼다고 한다. 프리드먼은 자유시장경제에서 모든 경제주체는 시장경제의 혜택을 누릴 수 있으므로 자유시장경제 자체가 공짜점심이라고 비유하여 자유시장경제체제의 우월성을 강조한 것으로 보인다.

60 사회복지정책이 지속가능하려면?

　한국경제가 본격적인 저성장 국면으로 접어들면서 복지재원의 조달이 갈수록 어려워지고 있습니다. 따라서 고령화로 인한 현행 복지모델의 지속가능성과 미래의 복지지출 확대를 재검토해야 합니다. 사회복지지출은 2015년 예산 기준 115조 5천억 원으로 중앙정부예산 375조 4천억 원의 30.8%입니다. 복지지출의 양적 확대에도 불구하고 복지수요에 비해서는 지출수준이 여전히 낮아 복지 사각지대가 발생하고 있습니다. 한국의 복지 수준은 OECD 평균으로 볼 때 저부담 · 저복지 국가이지요. 총 재정지출 대비 사회보장 및 보건예산 비중은 미국의 경우 42.6%, 대부분 주요 선진국은 50~60%입니다. 조세 및 사회보장기여금의 규모가 작아 한국의 재정지출 규모와 복지재정의 수준이 아직 낮은 것이지요.

　현재 절대적 · 상대적으로 낮은 우리나라의 복지지출 수준은 연금제도의 미성숙과 선진국보다 상대적으로 양호한 고령화 수준 때문입니다. 복지지출이 대부분 법정 의무지출이기 때문에 현행 제도만을 유지하더라도 복지지출은 점차 증가할 것으로 예측됩니다. 2014년 1월에 발표된 정부 전망에 따르면 2013년 기준 제도(2014년 10월 예정 기초생활보장제도의 맞춤형 급여체계 개편안 반영)가 지속한다는 가정에 따라, GDP 대비 사회보장지출비중은 2040년 22.6%(2009년 OECD 평균 22.1%), 2060년 29%(사회보험이 23.2%, 일반재정지출이 5.7%)에 도달합니다. GDP 대비 사회보험지출은 2060

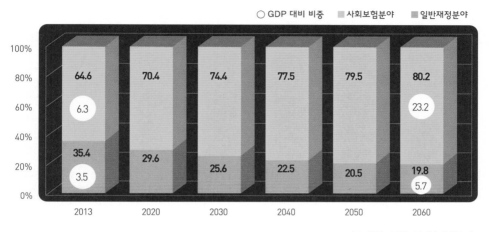

사회보장지출 전망

○ GDP 대비 비중　■ 사회보험분야　■ 일반재정분야

자료: 국무조정실 · 보건복지부(2014)

년 공공사회복지지출의 80.2%를 차지할 것으로 추정됩니다.

　따라서 현행 제도가 그대로 유지되더라도 복지재정지출의 확대는 불가피합니다. 재정의 여유만 있다면 가난하고 어려운 사람들에게 최대한의 복지를 제공하는 것이 좋겠지요. 그러나 예산제약이 있으므로 복지프로그램의 우선순위가 필요합니다. 모든 프로그램은 세금으로 지급되기 때문에 재정건전성을 유지하면서 지속할 수 있는 복지제도를 만드는 것이 중요합니다.

　먼저 사회적으로 반드시 보장되어야 하면서 개인 차원에서 하는 것보다 더 효율적인 분야를 중심으로 사회보장 · 복지정책이 강화되어야 합니다. 대표적인 분야가 보육정책과 노인요양서비스 등 사회서비스 영역입니다. 보육서비스 기관이나 노인 요양기관은 일자리도 창출하고 여성의 사회적 진출을 촉진할 수 있는 저출산 · 고령화 대책이 될 수 있어요. 또한, 현금보다는 사회서비스 영역을 강화하는 것이 더 효율적입니다. 사회복지기관들의 책임성을 강화하여 재정을 효율적으로 배분할 수 있기 때문입니다.

다음으로 사회보험과 사회부조적 성격을 구분하면서 민간보험시스템과 연계하는 복지정책이 필요합니다. 건강, 노령, 모성과 가족, 고용 등의 분야는 사회보험으로 해결되어야 하며 빈곤층과 근로무능력자에 대해서는 사회부조가 필요하지요. 어떤 복지국가도 국가가 100% 모든 위험성을 보장해 주지 않습니다. 공공보험에서 일정한 지급률을 보장해 주고 나머지는 개인적 선택에 따라 민간보험을 활용하도록 해야 합니다.

또한, 개인별 맞춤형 복지를 강화하여 복지정책의 효율성을 높여야 합니다. 예를 들어 개인의 취업상황, 퇴직연령에 따라 국민연금의 급여체계와 수급연령이 달라져야 합니다. 복지정책의 확대가 불가피한 상황에서 복지재정을 효율화하기 위해서는 예방적이고 종합적이면서 개인별 상황에 맞는 복지체계의 구축이 필요합니다.

그러나 복지제도의 효율적 개선만으로 복지수요를 충족시키기는 쉽지 않습니다. 저임금과 비정규직 확대로 인한 고용불안과 소득불평등은 인구고령화와 함께 복지수요를 유발하고 있고, OECD 국가들 중 가장 심각한 수준의 노인빈곤문제는 시급하게 해결되어야 합니다. 따라서 사회적 통합을 위하여 복지재정을 확충할 필요도 있지만, 복지재원을 늘리는 것은 기본적으로 국민들의 부담을 가중시키는 것이기 때문에 현실적으로는 쉽지 않지요. 어떤 재원확보방안이 되든 한국사회의 미래여건을 반영하면서도 국민적 합의를 상대적으로 쉽게 끌어낼 수 있어야 합니다. 이를 위해 무엇보다도 정부와 정치권은 '복지비전'을 제시해야 합니다. 예를 들어 정부가 중복지·중부담을 복지비전으로 한다면 이를 위한 지속가능한 사회보장제도, 재정지출추정 및 재원확보방안을 하나의 패키지로 하여 마스터플랜이 만들어져야지요. 정부와 정치권은 국민들에게 증세가 필요하다고 주장하기 이전에 구체적인 복지정책을 제시하고 필요로 되는 재원확보방안을 모색하는 것이 타당합니다.

사회복지를 둘러싼 **갈등을** 푸는 **방법은** 무엇인가요?

어느 사회에서나 소득계층·세대·이념·남녀·인종·종교 등 다양한 측면의 사회적 갈등이 존재하며 이를 해결해 나가는 것은 정부의 중요한 역할의 하나입니다. 사회적 갈등은 사회적 통합을 저해하는 부정적 측면도 있지만, 한 사회가 성숙해 가는 과정이며 그 사회의 역동성을 보여주는 것으로, 사회는 구성원들의 합의와 타협에 따른 갈등해결을 통해 시민사회로 발전해 나갑니다.

1997년 외환위기 이후 복지정책은 지속해서 확대됐습니다. 그 과정에서 선별적 복지와 보편적 복지 논쟁은 2010년 무상급식을 시작으로 무상복지논쟁으로 전환되었지요. 무상복지는 선거 과정에서 여야를 막론한 핵심 공약이었으나 재원확보방안도 없이 공약화되면서 지속해서 갈등을 일으키고 있습니다. 무상급식문제로 서울시장이 중도에 하차하고, 누리과정을 둘러싸고 지난 3년간 중앙정부와 지방자치단체, 교육부와 교육청, 여당과 야당, 유치원과 어린이집까지 다양한 이해당사자들의 책임공방과 갈등이 반복되고 있는 상황입니다.

결국 복지확대에 따른 재원문제가 갈등의 핵심이지요. 현재와 같은 경제침체 상황에서 섣부른 '증세정책'은 국민적 저항을 유발하면서 경제침체 및 복지지출 증가의 악순환을 초래할 수 있어요. GDP 대비 조세부담률과 복지지출비율이 낮다는 이유로 국민에게 증세에 대한 동의를 얻기는 어렵습니다. 소득세나 법인세

누리과정 예산편성을 요구하는 시위

의 경우 조세저항이나 경제에 미치는 부정적 파급효과로
인해 실효세율＊이 아무리 낮아도 명목세율＊ 인상은 쉽지
않습니다.

복지수요는 지속해서 높아지는 상황에서 증세에 앞서
먼저 재원확보방안을 고려해야 합니다. 사업의 목적이나
내용이 유사한 경우 사업의 통합·조정을 통해 재정운용
의 효율성을 높이고, 재정지출구조를 조정하여 복지재원
을 확충할 수도 있어요. 불요불급한 조세지출제도를 정비
하여 세수기반을 확충하고 복지재원을 조달하는 방안도
고려해볼 수 있지요. 취약계층 지원을 위한 비과세·감면
등 조세지출을 폐지하고, 사회보장을 위한 재정지출로 대
체하는 것이 더 바람직합니다.

복지재원의 확보는 사회보장기여금의 확충과 일반조세재원의 확충이 동시에 이루어져야 합니다. 사회보험은 사회보험료의 인상을 통해 지속가능성을 높이고, 국가의 지원은 최소화해야 합니다. 사회보험의 수지균형에 근거한 재정재계산* 후에 사회보장기여금을 점진적으로 인상하고, 영세자영업자들을 위해서는 별도의 사회보험시스템을 구축하는 것도 고려해야 합니다. 반면 보육, 교육 등 보편적 복지는 조세를 통한 재원조달이 필요하지요.

복지의 안정적 확대 및 보장을 위해 공적 주체들의 의무와 책임을 명시적으로 규정하여 갈등을 최소화하는 것도 필요합니다. 중앙정부, 지자체, 교육청 등의 모호한 공동분담에서 벗어나 정책 사안별로 전액을 책임지는 '정책별 전액 책임'을 분명히 하여 재원을 둘러싼 갈등도 완화해야 합니다. 예를 들어 기초노령연금과 보육은 국비, 국가복지 사각지대는 지방자치단체, 무상급식은 교육청 등이 담당할 수 있지요. 복지는 내셔널미니멈(National Minimum)*, 전국적 연대원칙 등을 견지해야 하므로, 최저기준 보장에 따라 복지재정의 체계를 구축하고 중앙정부가 전적인 책임을 지고 지방재정조정제도를 통하여 재원을 지원해야 합니다. 따라서 재원에 대한 고려 없이 정치적·정책적으로 지방으로 이양되었거나 전국적인 통일성과 형평성이 필요한 복지사업들은 국가사무로 환원되어야 합니다. 또한, 지자체가 사회복지서비스의 공급책임을 분담할 경우 과소공급 또는 재원 배분의 비효율성이 초래될 수 있는 복지사업도 국가사무로 환원하여 정부가 재정적으로 책임을 져야 합니다. 공공부조 및 공공성이 높은 사업은 국가사업으로 전환하고 지자체는 각 지역과 복지수요자의 특성에 맞는 서비스를 제공해야 하지요. 복지는 한번 시행하면 다시 되돌리기 어렵고 이에 대한 저항도 크기 때문에 사업시행 이전에 재정준비와 합의 과정이 무엇보다도 중요합니다.

62 연금제도개혁은 **왜** 해야 하나요?

연금제도는 경제활동을 하는 기간에 버는 소득 일부를 적립하여 노후 소득을 보장하는 제도입니다. 국가가 운영하는 공적연금제도와 민간이 운영하는 사적연금제도로 구분됩니다. 일반 국민이 가입하는 국민연금, 특수직 종사자가 가입자인 군인연금, 공무원연금, 사립학교 교원연금 등이 4대 공적연금으로 불립니다. 4대 공적연금의 2016년 예산 기준 지출규모는 국민연금기금 104조 5,618억 원, 공무원 연금기금은 자체수입 7조 1,093억 원, 보전금 3조 1,321억 원 등 19조 8,729억 원, 군인연금기금은 자체수입 5,813억 원, 보전금 1조 3,665억 원 등 3조 867억 원, 사학연금 10조 6,201억 원 등 총 138조 1,415억원에 달합니다.

대부분의 선진국에서 연금제도의 지속가능성은 핵심적인 이슈이며 연금재정적자의 해결이 가장 중요한 과제입니다. 선진국들은 인구 고령화와 기대수명 연장으로 인한 급여증가와 상대적으로 낮은 보험료 등으로 인한 적자재정문제 때문에 지속해서 개혁을 추진해 왔지요. 대표적인 복지국가인 스웨덴은 1999년 대대적인 연금개혁을 단행했습니다. 모든 노인에게 지급하던 국민기초연금을 폐지하고, 저소득층 노인에게만 최저보장연금을 주는 확정기여(defined contribution)제도*를 도입하여 자신이 낸

> *확정기여(defined contribution)제도
> 기여금 수준이 사전에 결정되고 급여액은 적립금 운용 실적에 따라 변동되는 연금 제도

보험료와 그에 대한 이자를 총자산으로 하여 연금을 받도록 했습니다. 또, 국민연금에 민간보험이나 개인연금과 동일한 원리를 적용하여 중산층 이상은 자신이 낸 보험료로 노후보장을 받고, 저소득층은 일정 수준의 삶을 국가가 보장하는 방식으로 연금제도를 개혁하였습니다.

연금제도가 지속 가능하기 위해서는 원칙적으로 연금가입자들의 보험료로 보험급여액이 100% 충당되어야 합니다. 그러나 공적연금의 경우 대체로 저부담-고급여로 지속가능성이 없을 뿐만 아니라 미래 세대에게 부담을 전가하여 세대 간 불평등을 유발합니다. 연금제도개혁은 그 나라의 정치적, 사회적 전통에 따라 구체적인 방식은 다르겠지만 대체로 연금혜택 축소, 연금재정 강화 또는 공적연금을 사적연금으로의 부분적 혹은 강제적 교체 등을 주요 내용으로 하지요. 유럽 국가들의 경우 은퇴연령의 상향 조정 및 연금급여 삭감과 함께 연금급여 수급을 연기하는 다양한 정책들을 추진하고 있습니다.

우리나라도 이제 본격적으로 연금제도개혁이 필요한 시점에 서 있습니다. 공무원연금의 경우 제도유지를 위해 막대한 재정이 투입되고 있고 일반 국민과의 형평성 문제로 인해 근본적인 개혁이 필요합니다. 공무원연금은 2001년부터 기금이 고갈됐으며, 2015년의 개혁에도 불구하고 국민 세금으로 지원되는 금액이 2060년 GDP 대비 0.14%가 됩니다. 1960년에 도입된 군인연금은 이미 1973년에 기금이 고갈되어 2060년까지 정부가 GDP의 0.1%에 해당하는 금액을 지원해주어야 합니다. 군인연금은 퇴직한 다음 달부터 연금이 지급되어 공무원연금 가입자보다 20년 가까이 연금을 더 받습니다. 군인연금은 세금으로 연금체계가 유지되고 있지만, 국방의 성역화로 인해 개혁이 추진되지 못하고 있습니다. 사학연금의 경우에도 2042년에 기금이 고갈될 것으로 우려되고 있지요. 국민연금의 적립금은 2043년 2,561조 원으로 정점에 달한 후 2044년부터 적자가 발생하고, 2060년부터는 마이너스로 전환될 전망입니다. 4대 공적연금의 적자는 2050년에 178조 원에 육박할 것으로 예측됩니다. 따라서 지금부터 연금재정 강화를 위한 선제적인 정책대응이 필요합니다.

연금제도개혁은 연금별 이해집단의 존재로 인해 사회적 갈등이 불가피하므로, 먼저 개혁을 위한 사회적 타협이 중요할 것입니다. 연금재정 강화를 위해 보험료를 높이고 지급률은 낮추어야 하므로 '적정부담-적정급여' 체계에 대한 국민적 합의에 기초하여 개혁을 추진해야 합니다. 공무원연금과 군인연금이 더는 세금으로 보전되어서는 안 되며 국민연금과의 형평성도 높여야 합니다. 고령화 시대에 국민의 노후 소득을 보장할 수 있는 지속할 수 있는 연금제도를 만들기 위해 우리나라 연금제도의 개혁이 시급합니다.

사회보장기여금도 조세다

사회보장기여금은 각종 사회보험에 대한 보험료로 미래에 보장급부를 받을 수 있는 권리를 얻기 위해 강제적으로 내야 하는 돈이기 때문에 세금과 유사하다. 우리나라의 사회보장기여금은 4대 공적연금의 기여금에 건강보험, 노인요양보험, 고용보험, 산재보험 기여금을 합한 것이다. 2014년 기준 우리나라 사회보장기여금은 98.2조 원으로 조세 267.2조 원의 1/3의 수준에 달하고, 2010년 67.2조 원에 비해 46.1%나 증가하였다. 국민의 실질적인 조세부담은 조세와 사회보장기여금의 합계이다. 조세와 사회보장기여금이 국내총생산에서 차지하는 비중이 국민부담률이며 국민부담의 수준을 측정하는 지표로 활용된다. 예를 들어 2014년 기준 우리나라의 조세부담률은 18.0%지만 국민부담률은 24.6%이다. 사회보장기여금의 급등은 국민의 처분가능소득을 감소시킨다. 국민연금과 건강보험은 소득상한액을 설정하기 때문에 사회보장기여금 부담률은 소득이 많은 고소득층일수록 낮아지는 역진성도 보인다. 사회보장기여금은 정률로 적용돼 고소득층보다 저소득층의 실질소득에서 차지하는 비율이 매우 높다. 복지정책의 확대로 사회보장기여금이 과다하게 되면 국민의 공적연금에 대한 저항이 커질 우려도 있다.

63 건강보험제도는 지속가능한가요?

건강보험제도는 국민이 낸 보험료를 국가가 관리하고, 국민이 질병에 걸리거나 상처를 입었을 때 의료서비스를 받을 수 있도록 국가가 보험급여를 관리하고 급여를 지급하는 사회보장제도입니다. 우리나라의 경우 국민건강보험공단이 건강보험을 관리·운영하지요. 한국의 국민건강보험은 보편적 의료서비스이며, 저소득층에 대한 의료서비스는 의료급여제도가 담당하고 있지요.

의료는 교육과 더불어 국민이 가장 보편적인 서비스를 기대하는 분야입니다. 따라서 건강보험제도와 관련한 가장 중요한 문제는 건강보험재정의 적자문제이지요. 건강보험의 재원이 충분하다면 보장을 자유롭게 확대할 수 있으며, 지역보험 가입자의 보험료율도 인하해줄 수 있지요. 사각지대에 있는 저소득층에 대해서도 무료서비스를 확대하여 보편적인 의료서비스를 받게 할 수도 있습니다.

그러나 노인 인구가 증가하고 의료기술이 발전하면서 의료서비스에 대한 수요도 점차 커지기 때문에 건강보험적자는 갈수록 국가재정에 부담이 될 전망입니다. 기획재정부에 따르면 건강보험료 재정지원을 예상수입액의 20%로 정해 2022년까지 보험료율을 법적 상한인 8.0%까지 인상 후 유지하고, 국민의료비 대비 공공의료지출 비중을 OECD 평균인 70%로 단계적 인상을 해도 2025년에는 건강보험의 기금이 고갈됩니다. 의료재정수지는 2016년에 최대 흑자를 기록한 후 2022년 적자가 발생할 것으로 예측되므로, 갈수록 증가할 급여를 고려하면 건강보험에 대한 재정지원을 늘리거나 보험료율을 올려야 합니다.

국민건강보험의 누적 적립금은 2015년 말 기준 16조 9,800억 원이며, 건강보험 보험료보다 건보공단의 의료비 지출이 적어 매년 수 조원씩 흑자가 쌓였습니다. 실제 건강보험재정 현황을 보면 2000년에 비해 2014년에는 보험료 대비 급여율이 하락하였고 1인당 보험료보다 1인당 급여비가 더 적습니다. 지난 15년 동안 1인당 보험료는 5.1배가 증가한 반면, 1인당 급여비는 4.2배만 늘었기 때문입니다. 비급여를 포함한 총진료비 중 건강보험 부담비율인 건강보험보장률은 2007년 64.6%를 정점으로 한 후 2013년 62.0%로 하락하였지요. 국민의료비 지출 중 공공재원 비중을 보면 2013년 기준 우리나라는 55.9%로 OECD 평균 72.8%에 훨씬 미치지 못하고 있습니다. 우리나라의 건강보험제도는 국민의 의료서비스에 대한 접근성이 높고 비용이 낮지만, 보장률이나 의료의 질에서는 개선이 필요합니다.

낮은 보험료 부담은 전 국민의 건강보험 의무가입을 가능하게 했지만, 보장성이 낮

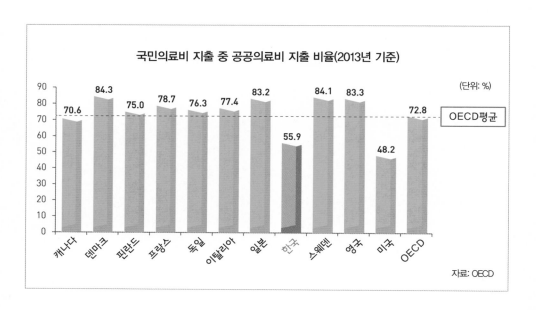

국민의료비 지출 중 공공의료비 지출 비율(2013년 기준)

(단위: %)

자료: OECD

아지고 의료수가도 낮게 책정되는 원인이기도 했지요. 낮은 보장성으로 인해 심각한 질병을 가진 환자가 있는 가정은 빈곤층으로 전락할 위험이 있습니다. 또한 낮은 의료수가로 인해 건강보험 진료만으로 수익보전이 힘든 병·의원들은 비급여진료를 확대하고 박리다매식의 이른바 3분 진료와 과잉진료를 양산하였습니다. 국내 제약사들 역시 낮은 의료수가로 인해 이미 출시된 약을 그대로 복제한 '제네릭 의약품'에 대해 비정상적으로 높은 가격을 책정하고 이렇게 벌어들인 높은 가격마진이 다시 의료기관의 리베이트로 돌아가는 문제도 발생하고 있습니다.

우리나라 건강보험은 1977년 도입 이후 성공적인 제도로 평가받고 있습니다. 최근 수년간 건강보험은 흑자를 유지해 왔지만 2017년 12월 31일 국고지원 일몰제가 시행되면 적자로 돌아갈 위험성이 큽니다. 현재 건강보험은 재정의 약 20%를 국고에서 지원받을 수 있도록 돼 있지요. 인구 고령화가 진행되면서 국민의료비는 갈수록 증가할 것이므로, 이제는 공공의료비 지출에 따른 건강보험 적자를 관리해야 합니다. 지속가능한 건강보험제도를 만들기 위해 '국민건강보험기금(가칭)'의 설치도 고려할 수 있지요. 건강보험의 수입과 지출을 통합재정에 포함해 국제기준에 부합되는 재정통계를 만들고 관리주체의 책임성을 강화해야 합니다. 재정운용의 투명성과 예측가능성을 높이고 다른 사회보험과의 형평성을 고려한 재정제도를 확립하여 지속적인 운영과 안정적인 재원조달을 도모해야 합니다. 이를 위해서는 원칙적으로 국고지원보다는 건강보험의 수지균형에 맞추어 보험료를 결정하는 것이 맞지요. 그러나 보험료를 부담하지 못하는 계층들에 대한 의료지원은 국가가 세금으로 재원을 부담해야 합니다. 건강보험에 대한 정부의 부적절한 개입을 예방하기 위해서는 건강보험 운영의 자율성과 책임성을 높이는 것도 필요합니다.

사회보험의 아버지, 비스마르크

'철의 재상'으로 불린 비스마르크(Otto Eduard Leopold von Bismarck, 1815~1898년)는 1871년 독일을 통일하여 1871-1890년까지 독일제국의 초대 수상을 지낸 프로이센의 외교관이자 정치인이었다. 비스마르크는 현재 사회보장제도로 보편화된 사회보험시스템을 세계 최초로 도입하였다. 독일제국에서는 의료보험(1883년), 산업재해보험법(1884년), 노령폐질연금(1889년) 등이 차례로 법제화되었고 의료보험은 세계 최초의 사회보험이 되었다.

사회보험의 아버지 비스마르크

비스마르크가 사회보험제도를 도입한 주요한 이유로는 사회주의의 확산 방지와 신생제국의 내부 공고화가 지적된다. 당시 독일에서는 노동착취와 열악한 주거조건 등 심각한 노동문제로 인해 노동운동이 사회주의운동으로 성장하고 있었다. 마르크스(Karl Heinrich Marx, 1818~1883년)는 1847년 공산주의자동맹을 창설하고 프리드리히 엥겔스와 공동집필한 『공산당선언』을 1848년에 발표하였고 1867년에 『자본론』을 발간하였다. 마르크스주의는 산업혁명으로 인해 양산된 근로자들의 처참한 생활을 자본가의 착취라는 관점에서 분석하고, 이를 타파하기 위한 노동자들의 계급혁명을 설파하였다. 당시 독일 노동운동은 유럽 노동운동의 이론적 · 사상적 기반이 된 마르크스주의를 받아들이면서 조직력이나 급진성에서 세계 최고였다. 1875년 독일 사회주의 노동자당이 결성되었고 노동자계급과 사회주의자들의 세력 확대 및 정치적 진출은 지배계급인 융커와 부르주아계급을 위협하고 있었다.

비스마르크는 1878년 '사회주의자 탄압법'을 제정하여 사회주의운동을 탄압하면서도 근로자들을 사회주의로부터 이탈시키기 위한 당근이 필요하였다. 따라서 비스마르크에게 사회보험은 근로자들을 회유할 수 있는 제도였다. 또한, 융커 출신인 비스마르크에게 근로자들은 자신의 정치적 경쟁자인 부르주아와 적대적이기 때문에 사회보험은 의회를 장악한 신흥부르주아계층을 견제할 수 있는 수단도 되었다.

한편 신생 통일국가인 독일제국은 제국의 공고화를 위해 제국에 대한 근로자들의 충성심과 사회적 통합의 강화가 필요하였다. 따라서 비스마르크에게 사회보험은 제국의 권위를 높이면서 공장근로자들의 지지도 얻을 수 있는 제도였다. 비스마르크는 근로자가 자본가가 아닌 국가에 감사한 마음을 가져야 제국의 사회통합을 이룰 수 있다고 믿었기 때문에 국가가 개인의 모든 보험금을 지급하는 것을 이상으로 생각하기도 했다. 다른 한편 당시 많은 수의 독일 근로자들이 임금이 높은 미국에 이민을 가고 있었기 때문에 이들의 유출을 막기 위해서는 일정한 근로자복지가 필요하였고, 미국으로의 이민을 줄일 수 있는 사회보험의 도입은 산업계의 지지도 얻을 수 있었다. 결국 사회보험의 우선적인 목적은 급속한 산업화를 달성하면서 독일제국의 강력한 권력과 지위를 유지하는 것이었다. 비스마르크는 모든 고용주에게 근로자의 사회보험가입을 의무화시켰다.

그러나 좌파 진영에서는 사회보험이 노동운동에 족쇄가 될 것이라고 비판하였고 사회주의자들은 노동자를 국가의 노예로 만든다고 비난하였다. 보수적인 자유주의자들은 국가의 권력강화와 관료화를 우려하여 사회보험의 도입을 반대하였고, 의회도 사회보험을 반대하기도 하였다.

이처럼 최초의 사회보험은 빈곤층을 위한 복지시스템으로 도입된 것이 아니었다. 비스마르크는 빈곤구제가 아니라 광범위한 노동계층, 특히 산업인력의 공급과 유지를 위해 사회보험을 도입하였다. 이러한 사회보험제도는 원칙적으로 근로자의 노동과 이들의 기여금에 기초하여 운영되기 때문에 근로자들의 소득에 따라 급여와 기여금이 달라진다. 비스마르크의 정치적 의도와 상관없이 오늘날 사회보험제도는 사회보장제도를 대표하는 가장 보편적인 제도가 되었다.

Q64~Q78

제**6**부

한국의 시장경제

64 한국경제가 지난 60여 년간 **성공한 비결**은 무엇인가요?

한국은 해방 후 60여 년 동안 비약적인 경제성장을 이루어 제조업과 정보산업에서 세계적인 수준의 경쟁력을 가진 제조업 강국이자 통상대국이 되었습니다. 또한, 한국은 아시아에서 가장 성공적인 민주주의 시장경제가 되었지요. 정구현(2013)은 한국경제의 성공 요인을 지정학적 요인, 한국적 특성, 산업화와 개방정책, 국민의 학습능력과 과업몰입 등 네 가지로 나누고 있습니다.

지정학적 요인에서 가장 중요한 것은 한국이 분단이라는 민족적 비극을 겪으면서도 미국의 보호와 지원으로 시장경제와 민주주의제도를 택한 것입니다. 한국에 대한 미국의 지원은 1945년 이후 냉전체제에서 한국이 공산권과의 대립의 최전선에 있었기 때문이지요. '팍스아메리카나'에 대한 공산권의 첫 번째 도전인 한국전쟁을 겪으면서 대한민국은 미국의 조금 더 특별한 우방국가가 되었으며, 한국의 성공은 전 세계에 미국체제의 우수성을 보여주는 상징이 되었어요. 일본에 의한 식민지 경험으로 인해 일본은 한국에 대한 자극제이면서 역할모델(role model)이었고, 한국은 1955년부터 1990년까지 35년간 일본경제의 성공에서 많은 것을 배우고 일본의 많은 정책과 제도를 답습했습니다. 일본은 제철, 조선, 자동차, 화학 등과 같은 중화학공업에서 한국에 많은 자본과 기술을 공여하였습니다. 북한의 위협과 남북간 군사대결은 한국경제에 대한 상시적 위험성이고 한국의 자산가치를 떨어뜨리는 요인입니다. 그러나 북한으로 인한 한국 성인 남성의 군복무 의무화는 한국사회를 조직화하고 한국기업이 일사불란한 조직과 명령체계를 갖출 수 있게 해 주었습니다.

가족기업, 엘리트 공무원 제도, 실력주의 등 한국적 특성은 서양식의 법치와 계약 준수라는 질서의 부재를 보완하여 한국경제의 성공에 기여하였습니다. 시장경제가 발전하려면 사유재산권이 보장되고 계약이 제대로 준수되는 법치주의가 정립되어야 합니다. 높은 신뢰 수준은 경제발전의 필수불가결한 조건인 사회적 자본(social capital)이지요. 그러나 한국은 사회적 자본의 부족에도 불구하고 기업들은 사회적 신뢰를 '가족의 신뢰'로 대체하면서 성공하였지요. 가족주의적 경향은 학연, 지연 등의 연고주의로 확대되어 서로 협력하고 성공하는 긍정적 측면과 배타주의라는 부정적 측면을 동시에 가집니다. 또한, 고시제도는 인재가 고위공무원이 되어 정치권의 부침에도 불구하고 정책적 일관성을 유지할 수 있는 시스템의 바탕이 되었습니다. 특히 한국사회를 지배하는 실력주의(meritocracy)는 열심히 노력하면 보상을 받는다는 믿음과 성공신화를 이루며 법치를 보완해 주었습니다.

한국경제의 또 다른 성공 요인은 산업화와 개방정책을 통한 투자와 인적자본을 잘 동원한 경제정책의 추진이었습니다. 1960~1970년대에 정부는 모든 자원을 민간기업에 집중시키면서 국내산업을 수입과 외국의 다국적기업으로부터 보호해 주는 중상주의적이고 폐쇄적인 정책을 시행하였습니다. 또한 투자 초기부터 국제경쟁력을 가지기 위한 '최소경제규모'달성을 목표했기 때문에 기업들이 국제경쟁력을 가질 수 있었지요. 1986~1988년의 이른바 '3저 호황*'에 이은 1989년 이후의 수입자유화, 해외여행 자유화 등의 개방정책은 한국경제를 크게 한층 끌어올린 동력이었습니다. 2000년을 기점으로 외환위기에서 살아남은 한국경제의 질적 경쟁력이 향상되어 그 후 10년 동안 세계적인 기업이 배출되었고, 여러 분야에서 한국인들의 높은 성과가 나타났지요.

*3저 호황
저달러·저유가·저금리의 3저를 기반으로 1986~88년 연 10%이상의 고도성장을 이룬 유례없는 호황을 일컫는다.

한국경제의 핵심적인 원동력은 사람입니다. 한국인의 학습능력과 특유의 과업몰입(work commitment)은 자원이 없는 한국의 가장 큰 힘이었고, 한국기업의 강점인 '빠른 모방자(fast follower)' 전략을 가능하게 해 주었습니다. 한국의 성공기반인 실력주의라는 가치관 때문에 한국인은 교육과 학습에 몰입할 수 있었는데, 이렇게 몸에 밴 학습능력이 한국 인적자원의 가장 큰 특징이지요. 한국의 발전하는 경제규모에 맞춰 교육과 노동시장이 산업에 필요한 인력을 잘 공급해준 것은 한국인이 학습동기가 강하고, 과업에 필요한 기술과 기능을 빨리 습득하기 때문입니다. 스마트폰이나 IT 혁신제품의 사용을 보면 거의 전 국민이 혁신의 조기수용자인 나라가 한국입니다. 한국은 수십 년 전부터 여러 면에서 이미 지식 중심 사회였던 것이지요.

경제성장을 위해서는 기업가정신이 필요하다

한국경제의 성공에는 정부의 산업정책도 기여하였지만, 기업을 이끌고 산업을 발전시킨 기업가정신의 역할이 컸다. 개발연대를 대표하는 기업인으로는 정주영 회장과 이병철 회장을 생각하게 된다. 시장에서 '장사'를 하는 것은 기업이며, 정부는 기업이 활동할 수 있는 시장여건을 만들어주고 필요에 따라 지원 역할을 할 수 있을 뿐이다. 정부가 기업의 역할을 대신하려 했다면 한국경제의 성공은 불가능했을 것이다. 21세기 들어 기업가정신이 가장 활발한 두 경제는 미국과 중국이다. 실리콘밸리로 대표되는 미국경제는 창업에 필요한 인재, 자본, 기술, 시장 등의 조달이 모두 쉽고 사업 초기실패가 나중에 오히려 자산이 되는 기업생태계를 가지고 있다. 중국도 알리바바의 마윈이나 샤오미의 레이쥔과 같은 뛰어난 기업가가 많을 뿐만 아니라 최근에는 하루에 12,000여 개의 스타트업이 생길 정도로 기업가정신이 넘쳐나고 있다. 기업가정신이 발휘되고 새로운 기업가가 많이 나와야 경제가 성장하기 때문에 이를 뒷받침하는 시장여건이 중요하다. 현재 한국경제의 침체를 극복할 수 있는 동력도 결국은 기업가정신의 복원이다. 기업가정신은 개인적 특성이면서도 시대와 시장여건이 중요한데, 창업자를 이어 2세, 3세 경영자로 가면서 기업가정신이 약화되기도 한다. 세계적으로 "부가 3대를 가지 않는다!"라는 경구가 널리 알려져 있다. 대기업의 2세만 해도 창업가 곁에서 학습할 기회가 있지만, 3세는 그런 기회도 없고 오히려 가진 것을 지키기에 바쁘다. 3세들은 이미 매우 안락한 위치에 있는 만큼 위험부담을 꺼리는 것이 당연할지 모른다. 그러나 기업을 둘러싼 환경은 매우 급변하기 때문에 수성만 고수하면 오히려 모든 것을 잃게 될 수도 있다.

65 한국의 **저성장은 일시적인** 현상인가요, **구조적인** 현상인가요?

한국의 경제성장률은 2014년 3.3%를 제외하고 2012년 2%대를 기록한 이후, 2016년에도 2%대로 예상되어 저성장이 고착된 것이 아닌가 하는 우려가 큽니다. 소비자물가 상승률도 2013년과 2014년 모두 1.3%로 낮아지고, 2015년에는 유가하락으로 인하여 0.7%를 기록하였지요. 한국경제가 저성장·저물가시대로 접어들고 있으며, 앞으로 물가가 지속해서 하락하는 디플레이션으로 진입할 수도 있다는 경고음이 들리기도 합니다. 과연 이러한 한국경제의 저성장 기조는 일시적일까요, 아니면 구조적일까요?

만약 한국경제의 저성장이 일시적이라면 이는 세계경제의 불황이 주요 원인이라는 의미입니다. 세계경제의 대불황은 2008년 9월 당시 미국의 4대 투자은행 중 하나인 리먼 브러더스가 파산하면서 촉발되었지요. 리먼의 파산은 2007년 미국의 저신용자에 대한 부동산담보대출(sub-prime mortgage)의 부실화가 원인이었고, 이러한 부실은 2001년 이후 미국 연방준비은행의 저금리정책에서부터 유래된 것입니다. 저금리에도 불구하고 2003~2007년에 물가가 오르지 않아 당시에는 호황과 저물가라는 황금기를 누렸지만, 2008년 4분기 이후 2016년까지 8년째 세계경제는 침체에서 벗어나지 못하고 있습니다.

현재 세계경제의 문제는 각국이 경기를 부양할 수 있는 수단이 별로 없다는 것입니다. 2008년의 대불황을 맞으면서 각국은 과감한 재정확장정책으로 경기침체 억제에 성공했지만, 그 과정에서 누적된 재정적자로 인해 OECD 국가들의 GDP 대비 국가부채가 30%이상 증가하여 현재 평균 국가부채가 GDP 대비 100%에 육박하는 상황입니다. 미국, EU와 일본은 중앙은행의 제로금리정책으로도 경기가 부양되지 않자 양적 완화를 단행했습니다. 미국은 다소 경기가 회복되어 실업률이 낮아지고 2015년 12월에 들어 정책금리를 0.25% 인상하였지만 EU와 일본경제는 여전히 회복기미를 보이지 않고 있습니다.

2008년 대불황 이후에 나타난 또 하나의 현상은 세계교역량 증가세의 둔화입니다. 1990~2007년, 세계교역량은 GDP 성장률보다 1.7배 정도 더 빠르게 성장했는데, 2008년 이후 교역량 성장세가 둔화하여 약 1.0배가 되었습니다. 세계적으로 직접투자의 증가율도 2008년 이후 둔화하였습니다. 이에 따라 2015년 한국의 수출은 전년 대비 8% 감소하였고, 수출에서 수입을 뺀 순수출의 GDP 성장기여도는 -1.2%였지요. 수출이라는 성장 동력이 약화되는 상황에서 내수를 성장 동력으로 삼기에는 한계가 있어 한국경제의 전망은 밝아 보이지 않습니다.

세계경제의 장기침체가 아니더라도 한국경제는 이제 성숙경제가 되어 저성장이 고착될 가능성이 큽니다. 우선 생산가능인구가 2016년을 정점으로 서서히 감소할 것이므로 노동의 성장기여도는 거의 기대하기 힘들지요. 자본도 이미 상당히 축적되어 있어 한계생산성이 점차 낮아져서 자본투자를 통한 경제성장도 쉽지 않습니다. 한국경제의 성장은 생산성 향상에 의존할 수밖에 없는데, 잠재성장률은 2016~2020년에 3% 내외로 추정되고, 2021년 이후에는 더 낮아질 가능성이 많습니다. 또한, 산업의 구성으로 보아도 경제성장의 둔화는 불가피해 보입니다. 그동안 한국경제의 양대 기둥 중 하나인 중화학산업은 중국기업의 경쟁력 강화로 인하여 시장을 빼앗기고 구조조정을 해야 할 처지에 놓여 있어요. 또 하나의 기둥인 정보통신산업도 성숙기에 접어들면서 새로운 기술혁신으로 신성장을 해야 하지만 국가 간 경쟁이 매우 치열합니다.

종합하면 세계경제의 추세로 보나 한국의 잠재적 성장가능성을 보나 한국경제의 저성장은 이제 뉴노멀(New Normal)로 보아야 할 것 같습니다. 2%대의 성장은 당분간은 정상적인 것이며, 성장률이 더 하락할 수도 있습니다. 앞으로 저성장·저물가가 정착되면서 기업의 행태나 가계의 소비행태도 이전과는 다른 양상을 자주 보일 것입니다.

하르츠Hartz개혁으로 경제침체를 극복한 독일

1990년대 말 독일경제의 핵심 과제는 통일 후 침체한 경제의 경쟁력을 회복하고 노동시장의 고비용구조를 해소하는 것이었다. 실업률은 1991년 5.5%에서 2002년 8.7%로 급상승하고, 경제성장률은 1990년대 2%를 밑돌다가 2002년에는 0.0%, 2003년에는 −0.4%를 기록하였다. 높은 실업률과 장기실업자 증가로 인해 사회복지부담이 확대되어 지자체의 재정적자가 급증하였다. 1998년 슈뢰더 총리의 사회민주당은 녹색당과의 연정을 통해 집권하였지만, 정부, 사민당과 노조 간 협조가 이루어지지 않아 개혁에 실패하였다. 2002년 재집권한 슈뢰더 정권은 야당인 기민당의 협력하에 노동시장 유연화와 규제개혁을 중심으로 하는 하르츠 법안을 통과시켰다. 하르츠 개혁 이후 독일은 산별노조 중심의 단체협약방식에서 기업별 합의방식으로 전환되고, 독일의 노조는 임금인상과 근로시간을 양보하는 고용시장 유연화에 동의하고, 사용자는 사업체 단위의 고용보장 또는 일자리 협정 등을 통해 고용안정을 보장하였다. 하르츠 개혁은 노동시장 유연화와 구직자 취업노력을 촉진하여 저임금·저숙련자 등 취업 애로계층 중심의 노동시장확대정책에 중점을 두었고, 실업급여 수급기간 단축 등 사회보장체계도 개편하였다. 그러나 단기적으로 노동시장 유연화가 고용증가로 이어지지 않았고, 실업급여와 복지의 축소에 대한 반발이 일어나 2005년 7월 슈뢰더가 조기 퇴진하게 되었다. 같은 해 11월 메르켈이 총리로 선출되었고, 메르켈 정부는 독일의 노동시장 개혁을 더욱 가속화하였다.

66 수출주도 **경제성장은 어떻게** 가능했고 새로운 **수출전략은** 무엇인가요?

한국의 수출주도 성장은 '한강의 기적'으로 불리며 지금까지도 개발도상국의 성공적인 발전모델로 평가받고 있습니다. 남북분단과 한국전쟁을 겪고 자원도 없는 가난한 한국경제가 부족한 내수시장을 극복하고 경제성장을 하기 위해서는 수출만이 살길이었지요. 1970년대 초부터 제조업 육성에 기반을 둔 수출주도형 성장정책이 본격적으로 추진되었습니다. 정부지원을 포함한 모든 정책 및 투자가 수출에 집중되어 수출기업에 대해서는 보조금 등 금전적 지원이 이루어졌고, 수출기업의 경영자에게는 국가발전에 기여한다는 긍지를 가질 수 있게 하였지요. 수출증대에 기여하는 것이 바로 애국하는 길이었습니다. 섬유, 가발, 합판 등 노동집약적 경공업 제품들이 대표적인 수출품이었고, 이를 필두로 수출이 급신장하여 경공업 업종은 세계적인 수준에 도달하였습니다.

1970년대 초부터 정부는 경공업 위주에서 중화학공업 위주로 산업정책을 전환하면서도 수출주도형 경제성장이라는 정책기조는 유지하였습니다. 중화학공업육성정책은 한국의 공업구조를 고도화시키고 수출산업구조를 노동집약적 산업에서 자본집약적 산업으로 전환하는데 기여하였지요. 수출주도 성장전략은 한국경제의 국제경쟁력 강화로 고도성장의 기반을 만들고 국민의 생활 수준도 향상했습니다. 수출주도 성장전략은 한국경제를 세계 10대 경제 강국으로 성장시키는 동력이었지요.

현재 세계경제 침체와 수출의 성장기여도 하락으로 수출주도형 성장전략은 한계에 부딪히고 있습니다. 그러나 수출은 한국경제가 협소한 내수기반을 극복할 수 있는 유일한 수단이기 때문에 수출과 내수라는 두 마리 토끼를 모두 잡는 전략이 필요합니다. 수출은 우리 경제의 숙명이자 지속적인 성장을 위한 기반이지만 이제는 원화의 고가치를 전제로 경제정책을 구상해야 합니다. 선진국들이 통화량을 증가시키는 상황에서 저물가·저성장인 한국의 원화가치는 높게 유지될 수밖에 없기 때문입니다.

제품 위주의 수출주도 성장전략이 지금까지는 성공했지만 디지털경제의 발전과 경제의 서비스화로 인해 경제에서 차지하는 유형재의 비중이 작아지면서 지속적인 수출증가를 위해서는 새로운 형태의 국제화가 필요합니다. 정구현(2013)에 따르면 新국제화의 기본방향은 우리나라의 경제적 영토를 확장하는 것입니다. 먼저 국내시장의 개방을 넘어 해외시장을 우리시장으로 끌어들이는 전략이 필요합니다. 新국제화의 핵심은 해외시장을 제품 판매시장뿐만 아니라 기업의 경쟁우위(competitive advantages) 확보를 위한 요소시장으로 보는 것이지요. 이제는 단순한 무역자유화보다는 생산요소의 자유로운 결합이 더 필요합니다. 직접수출이나 가공수출을 위한 해외생산기지의 활용이라는 제한된 국제화에서 해외의 모든 경영자원을 활용하는 '경영자원조합형' 국제화로 전환해야 합니다. 기업경영에 필요한 기술(연구개발), 인재, 경영시스템, 디자인 등 모든 자원을 해외에서 조달하여 글로벌한 최적의 부가가치 체인을 만드는 것이 경영자원조합형 국제화 모델입니다.

또한 서비스, 자본과 데이터(소프트웨어 등 포함)의 국제화를 주도적으로 추진하는 전략이 필요합니다. 디지털경제의 발전으로 인해 거래비용이 하락하고 누구나 실시간으로 시장정보를 얻을 수 있어 해외 직구와 전자상거래 등이 갈수록 증가되고 있습니다. 따라서 국제무역도 제품교역보다 디지털상품과 데이터무역 등이 증가하고 있고 서비스의 교역재화도 진전되고 있지요. 한국은 ICT 강국임에도 불구하고 다양한 규제로 인해 디지털 플랫폼이나 ICT 서비스 등이 발전하지 못하고 있습니다. 따라서 디지털경제에 맞는 국제화전략이 시급합니다.

수출부진을 극복할 수 있는 정책들도 필요합니다. 제1수출 상대국인 중국의 정책기조와 시장변화에 맞추어 내수용 소비재수출을 확대하고, 중국의 산업고도화와 관련한 수요에 부응하여 수출제품을 고도화해야 합니다. 중국의 신성장 첨단산업과 관련된 핵심 부품소재를 수출하고, 관광과 문화콘텐츠, 스포츠·엔터테인먼트 등 중국 서비스산업의 성장과 시장개방확대를 활용하여 한국 서비스산업의 중국 진출도 확대해야 할 것입니다.

해외에서 성공한 네이버의 '라인'

2010년 카카오톡이 모바일메신저 서비스로 한국에서 성공을 거둘 당시 네이버는 이에 대응하기 위해 네이버톡이라는 서비스를 출시하였지만, 국내에서의 실적은 미약했다. 이를 만회하고자 일본 내 계열사인 라인주식회사(당시 네이버 재팬)이 2011년 6월에 모바일 메신저로 라인 LINE을 출시하였다. 라인의 한국어 서비스는 2011년 8월 31일부터 시작되었고, 일본에서의 성공을 바탕으로 라인은 대만, 인도네시아, 태국 등 동남아시장에 진출하여 2014년 10월에 전 세계 가입자가 5억 명을 돌파하였다. 라인은 저가형 기기지원도 가능하므로 신흥시장에서와같이 안드로이드 스마트폰보다 저가형 기계를 많이 쓰는 곳에서 폭발적인 성장을 할 수 있었다. 라인은 모바일 서비스시장에서 시장선점의 이점을 살리면서 철저한 현지화를 통해 성공하고 있다. 통신시장은 망의 효과를 통하여 사용자와 시장점유율을 높여가는 시장으로 선도기업 우위가 크게 작용하는 특징을 갖고 있다. 네이버는 이미 카카오톡이 선점하고 있던 국내시장을 벗어나 전략적으로 일본과 동남아시아에 진출함으로써 해외시장에서 크게 성공한 경영자원 조합형 국제화의 성공사례이다.

새로운 **경제성장은 누가 주도**해야 하나요?

67

한국의 수출주도 성장전략이 한계에 직면했다는 지적이 많습니다. 2015년 한국무역은 2011년 1조 달러를 달성한 이래 처음으로 1조 달러를 달성하지 못했고, 경상수지흑자는 1,060억 달러로 사상 처음으로 1,000억 달러를 돌파하여 불황형 흑자가 확대되었습니다. 성장 동력으로서 수출의 역할도 약화하고 있습니다.

수출감소의 가장 중요한 원인은 수출대상국 1위인 중국에 대한 수출감소 때문입니다. 성장둔화와 수입대체화전략으로 인해 중국의 수입수요가 감소하였지요. 한국의 대중 수출부진은 가공무역 중심이라는 구조적 요인과 함께 중국 내수시장에 대한 접근성이 상대적으로 취약하므로 당분간은 지속될 전망입니다. 또 다른 주요 요인은 급격한 유가하락으로 인한 수출단가 하락입니다. 산업통상자원부에 따르면 2015년 유가영향품목 수출감소(289억 달러)가 총수출 감소분(455억 달러)의 64%를 차지하였습니다.

더욱이 수출부진은 한국만의 문제가 아니라 전 세계적 현상입니다. WTO에 따르면 2015년 세계 교역증가율은 -11.8%로 중국, 미국, 독일, 일본, 한국, 프랑스 등 세계 상위 10대 수출국의 수출증가율이 모두 마이너스를 기록하였습니다. 1990년대 초 탈냉전으로 사회주의권이 서방세계로 통합되고 중국이 WTO에 가입하여 수출주도 성장전략을 선택하면서 국제무역은 급성장하였지요. IMF에 따르면 세계 GDP가

1% 증가할 때 국제무역은 1970~1985년과 2001~2013년에는 1.3%가 증가한 반면 1986~2000년에는 2.2%가 증가하였습니다. 2008년 글로벌 금융위기 이후 세계경제가 전반적인 침체에서 벗어나지 못하고 공급과잉과 재고로 인해 교역량이 감소하면서 세계교역의 뉴노멀에 대한 논의가 진행 중이지요.

한국의 주력 수출업종인 가전, 반도체, 선박, 철강 등이 세계시장에서 공급과잉상태이고, 중국과의 기술격차도 축소되면서 향후 수출전망도 밝지 않습니다. 그러나 수출, 제조업, 대기업 등 3축을 중심으로 성장해 온 한국경제를 수출에서 내수로, 제조업에서 서비스업으로, 대기업에서 중소기업으로 전면적으로 성장 축을 전환하는 것은 불가능하고 비효율적일 것입니다. 수출과 내수, 제조업과 서비스업, 대기업과 중소기업 등이 어우러져 발전하는 전략만이 가능합니다. 수출을 계속하면서 내수도 확대해야 하지요. 제조업은 계속 중요하지만, 서비스업과 제조업이 같이 발전하도록 제조업의 경쟁력을 강화하면서 서비스산업을 육성해야 합니다. 대기업과 중소기업도 대립하는 것이 아니라 같이 발전하는 전략이 필요하겠지요.

한국경제의 성공은 정부의 수출주도 성장전략에 맞춘 강력한 산업정책을 통해 이루어진 것이 사실입니다. 그러나 개발연대에도 민간기업이 비록 특혜라는 비판도 받았지만 어쨌든 정부정책에 맞추어 생산과 수출을 주도적으로 담당해 왔어요. 스케치는 정부가 했지만, 색을 칠하고 그림을 완성한 것은 기업이었지요. 이제 급변하는 산업구조와 세계경제의 변화 속에서 정부가 변화에 유연하게 대응하여 전략을 짜고 속도전으로 산업정책을 추진하는 것은 불가능합니다. 예를 들어 정부는 알파고와 이세돌의 바둑대국이 끝나고 부랴부랴 인공지능사업추진계획을 발표하였지만, 기업들은 시장수요를 찾아다니기 때문에 시장에 인공지능의 수요가 있으면 그에 맞추어 신속하게 기술을 발전시킵니다. 혁신의 시대에 성장과 국제화는 개별기업의 혁신역량에 의존할 것이며 정부는 기업을 지원하는 역할 이외에 시장에 개입해서는 안 됩니다. 또한, 혁신을 통한 경제의 고도화를 달성하면서 한국기업이 세계적 기업으로 성장하기 위해서는 사업모델혁신이 가장 필요하지요. 이제 기업 스스로가 세계시장을 개척하고 이를 위해 노력해야 전체 국가경제가 성장할 수 있는 시대가 되었습니다.

그동안 대규모 설비를 바탕으로 높은 진입장벽을 쌓고 비교적 편하게 사업을 해 왔던 국내의 대기업이 이제 창조적 파괴를 해야 할 시점이 되었습니다. 제4차 산업혁명을 이끄는 기술의 대전환은 기존의 산업과 경제의 패러다임을 근본적으로 바꿀 것이기 때문입니다. 새로운 경제성장을 주도해야 하는 한국기업의 변신의 출발점은 기업가정신의 재점화와 기업전략의 대전환입니다. 모든 기업은 핵심 역량과 기업특유의 우위에 자원을 집중하고 경쟁력이 약한 사업은 과감하게 구조조정하면서 사업을 확대해야지요. 기업은 인수합병을 위해 기업 내에 전문인력을 배치하고 외부의 투자은행, 법무법인과 회계법인 등 관련 인프라도 활용해야 합니다. 내부시장과 인재의 한계를 극복하는 글로벌화와 외국의 혁신 주체와 개방적 협업을 하는 적극적인 개방정책도 필요합니다.

휴맥스: 글로벌 기술벤처기업

1989년 2월 변대규 사장이 설립한 휴맥스는 첨단기술집약형 벤처기업으로 2014년 글로벌 셋톱박스시장에서 매출액 1조 4,438억 원을 달성한 기업이다. 창업 직후에 휴맥스는 삼성물산으로부터 디지털위성방송수신기digital set-top box 제작을 의뢰받게 되면서 1년 반의 노력 끝에 디지털 셋톱박스 개발에 성공하였다. 셋톱박스는 당시 국내에 시장이 존재하지 않았기 때문에 휴맥스는 사업 초기부터 해외시장을 개척해야만 하는 태생적인 국제벤처기업이었다. 디지털 셋톱박스는 주요 시장이 북미와 유럽에 집중되어 있어 성장을 위해서는 반드시 해외시장 진출이 필요하였다. 휴맥스는 본격적인 시장공략을 위해 해외직접투자를 하여 국제화하고 이과정에서 시장과 유통채널, 자가 브랜드 등을 얻을 수 있었다. 휴맥스는 북아일랜드에 최초의 현지법인을 설립하여 유럽시장을 공략대상으로 정했다. 유럽이 디지털 셋톱박스의 주류시장이었기 때문이었다. 휴맥스는 중동, 북아프리카에 차례로 진출하고 중국에 생산거점을 만들어 아시아시장에 이어 미국과 남미시장을 개척하였다. 휴맥스는 세계화에 성공한 대표적인 한국 벤처기업이다.

68 성장잠재력을 높이기 위한 구조개혁방안은 무엇인가요?

　경제학적 관점에서 경제성장의 구성요소는 노동, 자본, 생산성의 세 가지입니다. 노동은 15세부터 64세까지 생산가능인구의 증가가 성장기여도로 해석됩니다. 장기적으로는 노동의 질을 높이는 것이 중요하지만, 단기적으로는 노동의 양이 중요하지요. 한국의 생산가능인구는 2016년 3,700만 명으로 정점에 달한 후 서서히 감소할 전망입니다. 자본은 투자를 통해서 증가하는데, 한국과 같은 성숙경제에서는 이미 자본축적의 수준이 높으므로 추가적인 자본투자의 경제성장기여도는 낮을 수밖에 없습니다. 마지막으로 생산성은 자본과 노동의 투입량이 같더라도 생산이 증가하는 경제효율성의 증가를 의미하며 '총요소생산성'이라는 개념을 사용합니다.

　지속적인 경제성장을 위해서는 인플레이션을 유발하지 않고 경제가 성장할 수 있는 기대치인 '잠재성장률'을 높이는 것이 중요하지요. 한국은행이 발표한 강환구 외(2016)에 따르면 우리나라의 잠재성장률은 2001~2005년 4.8~5.2%에서 2015~2018년 3.0~3.2%로 크게 하락하였습니다. 특히 총요소생산성의 기여도가 2001~2005년 2.0%p에서 2011~2014년 0.8%p로 낮아졌고, 2015~2018년에도 0.8%p가 될 것으로 추정되었습니다. 노동과 자본의 기여도가 더 증대되기 어렵다면, 결국 저성장을 극복할 방법은 경제 전체의 효율성을 높이는 것이 필요한데 경제학자들이 이를 총요소

생산성이라고 부르는 것이지요. 즉 요소의 투입은 같지만, 시스템의 효율을 증대시켜 더 많은 산출물을 만드는 것입니다.

총요소생산성의 증가를 위해서는 먼저 기술혁신이 필요합니다. 한국은 GDP 대비 R&D 예산 비중이 가장 많은 나라로, 기술개발도 양적으로는 이미 한계에 도달했습니다. 지금부터의 기술혁신은 R&D 지출의 효율을 높이는 방향이 되어야 하며 이를 위해 개방형 혁신, 기술혁신 주체 간 협업 확대, 해외 우수인력의 활용 등을 추진해야 합니다.

두 번째로는 경영혁신으로서 같은 자원을 투입해서 더 높은 가치를 창출하는 모든 방안이 포함됩니다. 대표적인 것이 사업모델 혁신으로 빅데이터를 활용한 소비자 만족도 증대, 유통혁신, 생산효율증대, 공급사슬혁신(supply chain management), 인수합병을 통한 시너지 창출 등과 같은 거의 모든 기업전략이 포함되지요. 한국은 대기업과 중소기업의 생산성도 차이가 크고, 경영이 낙후된 대기업도 많아서 경영혁신 분야에서는 아직도 생산성 증대의 여지가 많이 남아 있습니다.

세 번째는 요소시장의 유연화입니다. 기술혁신이 이루어지고 신산업이 성장하려면 새로운 분야로 자본과 노동이 집중되어야 합니다. 한 산업 내 비효율적인 기업은 문을 닫거나 매각되어서 효율성이 더 높은 기업으로 자본과 노동이 이동해야 합니다. 생산요소의 이동성이 낮다면 경제 전체의 효율성은 떨어지기 때문입니다. 한국 경제는 노동과 자본의 유연성이 매우 낮은 편이지요. 현 단계에서 축소가 불가피한 조선산업에서 강력한 노조가 구조조정을 거부하는 것이 좋은 예입니다. 자본도 대기업이 대부분 지배하고 있고 금융기관도 제 기능을 못하기 때문에 신기술과 신산업 쪽으로 자원배분이 적절하게 이루어지지 못하고 있습니다.

네 번째는 아직도 제대로 활용되고 있지 못한 자원의 활용입니다. 가장 대표적인 자원이 여성인력이며, 청년과 노년층 인력도 아직 더 활용할 수 있는 잠재력이 큽니다. 유통이나 레저, 엔터테인먼트와 같은 내수시장 및 의식주를 위한 생활필수품산업도 잠재력이 크며, 국내의 산이나 강, 농업 부문에도 성장잠재력이 남아 있지요. 이제 한국은 고령화와 더불어 금융자산이 증가하고 있으므로 GDP의 3배가 넘는 금융자산의 수익성 제고도 또 하나의 성장요소가 될 수 있습니다.

한국은 앞으로 경제성장에서 노동과 자본이라는 생산요소의 증가를 기대하기는 어렵지만, 기술혁신, 경영혁신, 요소시장의 유연성 확대와 저활용 자원의 개발 등 네 분야에서 아직 성장여력이 많이 남아 있어요. 향후 10-15년 동안 이와 같은 혁신을 한다면 3% 성장도 불가능하지 않을 것입니다. 개인이나 개별 기업의 시각에서 잠재성장률은 사실 의미가 없어요. 일본의 "잃어버린 25년(1991-2015)" 동안 세계적인 기업으로 성장한 유니클로가 보여주듯이 기업이 경영혁신을 제대로 하면 저성장 시기에도 얼마든지 성장할 수 있을 것입니다.

유니클로 : 저성장 시대에 맞는 경영혁신으로 성공한 기업

일본은 25년의 장기불황에 시달렸지만, 일본기업인 유니클로는 스페인의 Zara, 스웨덴의 H&M과 함께 세계 3위의 패스트 패션회사의 하나가 되었다. "옷을 바꾸고, 상식을 바꾸고, 세계를 바꿔나간다." 유니클로 창업자인 야나이 타다시 회장의 말이다. 야나이 타다시 회장은 아버지로부터 히로시마의 양복점을 물려받고, 1984년 6월에 유니클로 1호점을 히로시마에 개점했다. 1980년대 중반까지 일본 소비자들은 고가의 유명 브랜드를 선호하였고 '값싼' 유니클로에 대한 관심은 거의 없었다. 그러나 1990년대에 일본경제가 침체되는 상황에서 야나이 타다시 회장은 불황 속 틈새시장을 공략했다. 일본경제의 거품이 꺼지고 소비심리가 최악으로 위축되면서 저가정책을 펼친 유니클로가 주목을 받게 되었다. 유니클로는 1998년 도쿄 진출을 시작으로 일본 전체에 지점들을 확장하고 세계적으로 유명한 SPA 브랜드가 되었다. 2008년 글로벌 금융위기 당시에도 유니클로는 돈이 없는 소비자들이 난방비를 아낄 것으로 판단해 보온용 의류인 히트텍을 출시하였다. 히트텍은 전 세계에서 1억 장이 넘게 팔려 베스트셀러 라인으로 급부상했다. 유니클로는 침체된 경제로 인해 소비를 줄이는 소비자에게 가성비(가격대비 성능) 높은 제품으로 승부수를 던져 크게 성공한 것이다. 야나이 타다시 회장은 1조 8천억 엔의 자산을 가지고 있는 일본 최고의 부자가 되었다.

69 우리나라의 **제조업 혁신방안은** 무엇인가요?

한국의 수출주도 경제성장을 주도하였던 제조업의 경쟁력이 지속해서 하락하고 있습니다. 한국 제조업은 일본의 기술력과 중국의 원가경쟁력에 밀리고 있고 특히 중국과의 기술격차는 이제 거의 없는 것으로 알려져 있습니다. 딜로이트의 "2016 글로벌 제조업경쟁력 지수(2016 Global Manufacturing Competitiveness Index)"에 따르면 2020년에 미국이 1위, 중국은 2위가 되며 독일과 일본이 각각 3, 4위를 유지하고, 현재 11위인 인도가 5위로 급상승합니다. 2016년 5위였던 한국은 2020년 6위로 하락할 것으로 전망되고 있어요. 비록 한국은 세계 10위권 내에 머물 것으로 예측되지만, 미국, 독일, 중국 등 제조업 강국들이 제조업 혁신을 위해 노력하고 있는 상황에서 우리나라의 제조업도 새로운 발전전략을 모색해야 합니다. 우리 경제에서 수출입이 차지하는 막대한 비중과 경상수지가 외환 및 주식시장에 미치는 영향을 고려할 때 제조업의 경쟁력 향상은 매우 중요합니다.

2008년 세계금융위기 이후 선진국들은 ICT와 제조업의 결합을 통한 제조업 육성정책에 매진하고 있습니다. ICT와 제조업의 결합은 기존의 생산방식이나 비즈니스 모델 등에 근본적 변화를 초래하면서 제조업의 스마트화를 촉발하고 있어요. 예를 들어 센서, 빅데이터, 로봇 등의 기술이 기존의 생산시스템과 결합한 최첨단 '스마트 공장'이 퍼지고 있고, 인터넷과 모바일에 기반을 둔 개인맞춤형 제품이나 서비스가 증가하고 플랫폼 기반 비즈니스가 퍼지고 있지요.

　미국은 2014년부터 스마트 산업혁명을 시작하며 디지털 디자인과 3D프린팅 역량 강화를 바탕으로 시제품 제작기간과 비용을 줄이고 혁신형 창업을 촉진하는 '메이킹 인 아메리카(Making in America)'를 추진 중입니다. 독일은 2012년부터 제조업과 IT를 접목해 생산효율을 극대화하기 위해 '인더스트리4.0(Industrie 4.0)'을 추진하고 있지요. 일본은 2013년에 제조업 경쟁력강화를 목표로 '산업재흥플랜'을 발표하여 핵심 과제로 첨단설비투자촉진과 과학기술혁신추진을 내걸어 에너지 및 차세대 인프라 기술투자를 강화하고 '인터넷×3D 프린터'라는 전략을 시행 중입니다. 중국은 2015년에 '중국제조 2025'를 발표하고 차세대 IT 기술, 로봇, 신에너지, 바이오, 첨단설비 제조, 신소재, 환경보전, 전기차 등 신산업을 육성할 예정입니다.

　우리나라도 제조업 혁신을 통한 창조경제 구현을 위해 2014년부터 '제조업 혁신 3.0 전략'을 수립하여 추진 중입니다. 정부가 중점적으로 육성하는 3D 프린팅, 디지털제조기술, 경량화 금속, 스마트 센서, 스마트 메모리, 표준화 모듈 플랫폼, 사물인터넷 등 첨단분야는 제4차 산업혁명의 핵심 산업들입니다. 정부는 2020년까지 1만 개 공장의 스마트화를 추진하고 무인자동차 등 혁신제품 사업화를 촉진하면서 엔지니어링, 디자인, 임베디드 SW 등 3대 소프트파워를 강화하여 동북아 R&D 허브 도약을 추진할 예정입니다. 우리나라도 제4차 산업혁명에 대응하기 위해 노력 중입니다.

　'제조업 혁신 3.0'을 성공적으로 달성하기 위해서 정부가 해야 할 일은 기업의 투자를 저해하고 혁신의지를 꺾는 모든 규제를 철폐하는 것입니다. 산업의 혁신 주체는 정부가 아니라 기업입니다. 혁신을 명분으로 정부가 산업이나 시장에 개입하게 되면 또 다른 규제를 양산하거나 자원배분이 왜곡될 수 있지요. 제조업 혁신이 필요한 이유는 시장이 원하기 때문이며, 시장의 수요에 맞추어 혁신해야 기업이 성공하고 경제가 성장할 수 있습니다.

한편 인터넷과 정보통신의 발달에 기반을 둔 글로벌 가치사슬의 확대도 한국 제조업의 업그레이드에 기여할 것입니다. 한국기업들은 가치사슬형 분업구조에서 고부가가치 영역이자 가치사슬의 핵심인 R&D, 상품기획, 디자인, 첨단부품생산 등과 관련된 역량을 강화해야 합니다. 더불어 가치사슬의 확대를 위해 지식기반 서비스에 대한 개발과 투자를 하고 우수한 전문인력을 양성하고 제도적 인프라를 구축해야 합니다.

제조업 혁신은 모든 혁신과 마찬가지로 건전한 시장경쟁의 결과입니다. 드론, 인공지능, 자율주행차, IoT 등 제4차 산업혁명을 이끄는 신산업들은 모두 혁신적 기업들의 창조적 경쟁의 결과물입니다. 기업은 정부지원을 바라기보다 스스로 혁신을 통한 경쟁력강화에 노력하고 정부는 기업이 시장에서 스스로 개혁하고 발전할 수 있도록 경쟁을 촉진시켜야지요. 정부가 나서서 제조업을 보호하고 육성하는 정책패러다임에서 벗어나 기업이 주도하는 제조업 혁신이 필요합니다.

독일의 제조업 혁신 '인더스트리 4.0'

세계적인 제조업 강국 독일은 저출산·고령화로 인한 노동력 부족, 노동생산성 제고, 일자리 창출, 기후변화 대응 등을 위해 2006년부터 '하이테크 전략 2020'을 추진하고 있다. 2011년 '인더스트리 4.0'이 '하이테크 전략 2020'에 포함되면서 독일 제조업의 업그레이드가 본격화되기 시작하였다. '인더스트리 4.0'은 ICT와 제조업을 융합해 제조업의 완전한 자동생산체계를 만들고 모든 생산과정을 최적화시키는 것을 목표로 한다. 이를 위해 생산, 물류, 서비스 등 전체 제조공정을 최적화하는 '스마트공장Smart Factory'을 만드는 것이 핵심이다. 스마트공장은 IoT 기반의 가상과 현실의 통합시스템CPS을 플랫폼으로 하여 전체 생산공정을 스마트화하는 것이다. '인더스트리 4.0'의 실현을 위해 기업, 연구기관, 대학들이 연방정부 지원으로 2015년부터 2017년까지 스마트공장 개발, CPS 및 인공지능시스템 기술개발 및 확산, 통신 및 인터넷 기술개발 등과 관련된 프로젝트들을 추진하고 있다. 스마트공장은 인터넷 등의 네트워크를 통해 공장 내부와 외부의 사물·서비스와 연계해 비즈니스를 창출하여 새로운 제조업 기업생태계를 만드는 것이다. '인더스트리 4.0'은 네트워크에 기반을 둔 지능형 생산시스템을 만들어 기존 제조업을 스마트하고 친환경적인 도심형 산업으로 전환할 것으로 기대된다.

70 일자리 창출과 경제성장을 위한 서비스업 육성방안은?

한국의 서비스업 분야는 영세하고 부가가치가 낮은 자영업이 많아 생산성이 낮은 부문으로 인식되고 있습니다. 사회보장이 잘 되어 있지 않은 상황에서 자영업이 퇴직자나 실직자의 사회안전망 역할을 해 왔기 때문이지요. 한국의 서비스업이 상대적으로 성장하지 못한 것은 제조업 중심의 수출주도 성장전략을 기반으로 하는 경제개발 과정에서 서비스업에 대한 자원투입이 부족했기 때문입니다. 이와 함께 한국의 서비스업의 진입장벽과 기대수익이 낮아서 자본투입이 부족하고, 성장잠재력이 높은데도 불구하고 정부규제 때문에 자원이 제대로 투자되지 않고 있습니다.

사실 제조업과 서비스업의 경계는 갈수록 모호해지고 있습니다. 실제 기업들은 제조업의 서비스화를 통해 경쟁력을 확보하고 이윤을 창출하고 있습니다. Watts(2012)에 따르면 딜로이트의 분석 결과 세계 제조업기업들은 수입의 26%와 이윤의 46%를 서비스비즈니스로 획득하였다고 합니다. 결국, 하나의 기업을 제조업이냐 서비스업이냐를 구분하는 것은 갈수록 의미가 없어지고 있지요. 제조업의 경쟁력이 디자인, 소프트웨어, 문화 등 서비스 분야에 의존하는 비중이 커지고 있어 서비스화는 미래성장의 핵심동력이 될 것입니다. 서비스산업을 한국경제의 두 기둥인 전통제조업(중화학공업)과 IT 산업에 이어 새로운 부가가치를 만드는 제3의 기둥으로 육성해야 합니다.

우리나라 서비스산업의 경우 고용창출은 되지만 아직 좋은 일자리로 평가되기에는 한계가 있으므로 서비스산업의 고도화에 대한 노력이 필요합니다. 서비스산업의 성장을 통해 일자리 창출과 내수 확대를 동시에 달성하면서 청년, 여성, 노인층의 서비스산업으로의 고용을 확대해야 하지요. 도소매 종사자 등 영세 자영업자 및 무급 가족근로자 등 생계형 자영업자들이 서비스산업의 근로자로 취업할 수 있도록 해야 합니다. 전체 경제활동인구의 1/4을 저부가가치업종에 내버려두는 것은 낭비이지요. 그러한 관점에서 보면 영세상인을 보호한다고 대기업의 시장진입을 막는 정부정책은 부적절합니다.

제조업이든 서비스업이든 기업은 시장에서 이미 융·복합을 하고 있음에도 불구하고 정부는 여전히 산업을 좁게 정의하고 기계적으로 구분하여 관리하고 있습니다. 과거 사회주의 계획경제에서 정부 조직을 산업별로 만들어 전체 경제를 관리하였듯이 우리나라는 시장경제의 발전에도 불구하고 아직도 정부 조직에 계획경제의 잔재가 남아 있어요. 이제는 서비스산업이 시장논리를 통해 강화될 수 있도록 해야지요. 정부는 산업적 여건을 마련해주고 선택은 기업과 소비자가 해야 합니다. 서비스산업의 발전을 위해 제조업보다 더 많은 혜택을 부여하기보다는 제조업과 서비스업의 생산여건과 환경을 동등하게 만들어 생산자가 선택하도록 해야 합니다. 정부의 R&D 정책에서 서비스업에 대한 제도적 차별을 개선하고 서비스 R&D를 지원하여 민간부문의 서비스 R&D 투자를 촉진해야 합니다. 서비스업의 지식기반산업화 및 고부가가치화를 촉진하고 전문인력 양성도 필요합니다.

특히 보건의료, 문화콘텐츠, 관광·레저, 사회서비스, 비즈니스서비스, 교육과 금융 등 7대 서비스산업이 미래의 신성장동력 산업이 될 수 있을 것입니다. 향후 인구 고령화에 따라 보건의료 서비스와 사회서비스는 일자리 창출과 복지수요 충족의 두 가지 역할을 할 수 있습니다. 교육서비스산업은 우리나라가 국제경쟁력이 있는 분야로, 청년들에게 해외의 좋은 일자리를 주고 유학수지 적자를 개선할 수 있을 것입니다. 금융산업은 대표적인 고부가가치산업이자 지식기반산업으로 실물경제에 미치는 파급효과가 크고 성장성도 높지요. 관광·레저 산업은 국민의 여가에 대한 수요와 해외 관광객의 점증하는 수요를 충족시키고 국민의 삶의 질 제고에도 기여할 것입니다. 문화콘텐츠산업은 일자리 창출 효과도 크며 다른 산업에 미치는 파급효과도 높은 성장산업이지요. 비즈니스서비스는 세계적으로 주목받는 새로운 성장산업으로 고부가가치산업이자 중간재로서 다른 산업의 생산성 향상에 미치는 효과가 매우 큽니다. 제조업의 업그레이드를 위해서도 비즈니스서비스산업을 육성해야 합니다. 정구현(2013)은 집중적인 투자, 인력양성, 노하우 강화 등을 위해 전면적이고 강력한 7대 서비스산업의 빅뱅(Big Bang), 즉 전면적인 규제완화가 필요하다고 강조하고 있습니다.

콘텐츠 비즈니스의 혁신모델: 싸이와 YG

가수 싸이가 소속된 YG는 '서태지와 아이들'의 멤버였던 양현석 대표가 만든 연예기획사로 SM, JYP와 더불어 한국의 3대 엔터테인먼트 회사의 하나로 꼽힌다. 2012년 7월 싸이의 '강남스타일'은 발표된 후 40일 만에 세계적인 성공을 거두었다. 2013년 중반까지 '강남스타일'은 YouTube 조회수는 30억 뷰를 돌파했고 세계 30여 개국 아이튠즈 음원 순위에서 1위를 기록했다. 한국은행에서 발표한 자료에 의하면 싸이의 '강남스타일' 해외공연과 판권판매를 통해 창출된 지적재산권 수익은 1,000만 달러에 달한다. 2012년에 집계된 직접 수익은 약 264억 원이며 간접 수익은 약 1,000억 원으로 평가되었다. 국가지명도 상승과 같은 무형적 수익까지 고려하면 '강남스타일'은 약 1조 원의 가치를 가진다고 한다. '강남스타일'의 성공 요인의 하나가 소셜네트워크를 통해 콘텐츠를 유통한 YG의 새로운 마케팅전략이다. '강남스타일'은 기존의 K-POP들과는 달리 지상파 TV에 거의 의존하지 않았다. 유튜브의 뮤직비디오가 미국 유명 매니저의 트위터에 링크되면서 널리 알려지고 인터넷에서의 반응들이 해외 언론에 소개되고 해외의 반응이 다시 국내로 전달되면서 선풍적 인기를 얻은 것이다. 싸이의 '강남스타일'은 디지털시대에 맞는 혁신적인 마케팅과 유통으로 성공한 새로운 비즈니스모델을 보여주었다.

71 고령화시대는 어떻게 **대처해야** 하나요?

기대수명의 증가로 인한 고령화 자체는 인류에게 커다란 축복일 수 있습니다. 세계적인 저출산 현상과 함께 전 세계의 고령화율(전체 인구 중 65세 이상 인구의 비중)은 2060년 17.6%에 달해 1960년에 비해 3배 이상 증가할 전망입니다.

현재 고령화는 한국경제의 미래에 가장 큰 영향을 주는 핵심적 요인의 하나입니다. 우리나라는 2000년 고령화사회에서 2017년 고령사회(고령화율 14%), 2026년 초고령사회(고령화율 20%)로 진입할 것으로 예측되어 일본보다 더 빠른 속도의 고령화를 겪고 있지요. 기대수명은 2001년 76.53세에서 2013년 81.94세로 급상승하였어요. 다른 선진국들에 비해 우리나라의 고령화 수준은 아직은 낮지만, 고령화 속도는 매우 빠릅니다. 통계청은 2040년 기준 인구의 중위연령이 미국 39.6세, 프랑스 42.7세, 독일 50세 등이지만 우리나라는 52.6세로 일본과 함께 가장 고령화된 국가가 될 것으로 전망하고 있습니다.

고령화로 인한 인구구조변화는 경제적으로도 많은 변화를 초래할 것입니다. 먼저 고령화에 따른 소비수요의 변화가 시장에서 공급의 변화를 일으키겠지요. 예를 들어 고령층 소비가 증가하는 의약품, 보건의료용품 및 기구 등 정밀기기의 경우 고령인구들을 위한 제품개발이 촉진될 것입니다. 고령친화산업도 활성화되고 노인전용 안전차량에 대한 수요나 자율주행차 등이 등장해 새로운 자동차시장을 개척하는 계기가 될

우리나라 인구 추이

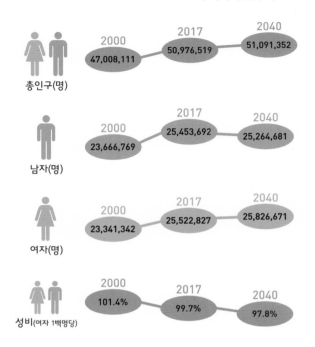

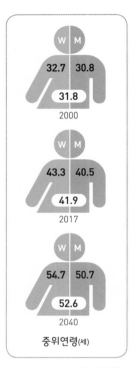

중위연령(세)

자료: 통계청

수도 있습니다.

　고령화는 경제의 서비스화를 더욱 촉진하면서 고령친화형 서비스업이 고용확대를 주도할 것입니다. 따라서 수요가 증가할 보건·사회서비스 부문의 일자리 질을 높여 유휴 여성인력뿐만 아니라 건강한 고령인구들을 활용해야 합니다. 소득증대에 따른 삶의 질 향상을 위해 여가활동과 건강 관련 서비스에 대한 수요가 증가할 것이므로, 고용창출력이 높고 내수활성화에 기여할 수 있는 서비스업의 경쟁력도 높여야지요. 기존의 저가의 노인용 제품이 아니라 고령층의 다양한 수요에 맞춘 고부가가치 제품 생산을 통해 고령층의 소비를 지속해서 확대할 필요도 있습니다.

　정부의 재정지출증가를 통한 사회복지서비스 공급은 서비스의 효율성을 저하시키

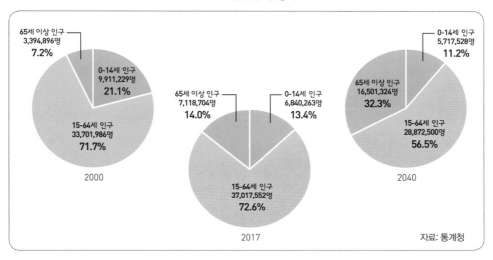

우리나라 인구 구성비

2000
- 65세 이상 인구 3,394,896명 7.2%
- 0-14세 인구 9,911,229명 21.1%
- 15-64세 인구 33,701,986명 71.7%

2017
- 65세 이상 인구 7,118,704명 14.0%
- 0-14세 인구 6,840,263명 13.4%
- 15-64세 인구 37,017,552명 72.6%

2040
- 0-14세 인구 5,717,528명 11.2%
- 65세 이상 인구 16,501,324명 32.3%
- 15-64세 인구 28,872,500명 56.5%

자료: 통계청

고 해당 산업의 발전을 저해하면서 서비스의 질도 하락시킵니다. 고령화로 인해 사회서비스에 대한 수요가 증가해도 질 좋은 서비스를 제공할 수 있는 인력이 부족한 게 현실입니다. 사회서비스에 양질의 인력이 공급될 수 있도록 교육·훈련 및 자격제도를 정비하고 고용조건을 개선해야 합니다. 사회서비스를 반드시 공공이 제공해야만 한다는 편견도 없어져야 해요. 일본 등 선진국들의 경우 수요 창출은 정부가, 서비스 공급은 민간이 담당하여 산업을 성장시키고 있어요. 공공과 민간의 협력을 통해 사회서비스의 총량을 증가시키면서 질 좋은 서비스에 대한 고령층들의 소비수요를 충족시켜야 합니다.

고령화는 수요 측면뿐만 아니라 공급 측면에서도 많은 변화를 가져올 것입니다. 기대수명이 늘어나는 것은 인간에 대한 축복이지만 출산율의 증가 없는 고령화는 경제 전반에 부정적인 영향을 줍니다. 고령화는 노동력 공급을 감소시키고 노동생산성을 저하시키면서 경제성장을 둔화시킬 수 있지요. 고령화로 인한 부양비가 높아지고 의료비가 급증되면서 젊은 세대들의 조세부담은 더욱 커지고 이는 성장률의 저하로 이어지겠지요. 노후소득보장을 위한 연금제도가 저부담-고급여의 구조로 지속되면 제도 자체가 지속가능하지 않을 뿐만 아니라 세대 간 갈등도 일어날 수 있습니다. 현행의 모든 정책은 고령화를 염두에 두고 전면적으로 재설계되어야 합니다.

고령층들의 소득보전을 위한 일자리정책도 필요하지요. 고령인구들의 소비지출은 일정한 소득이 보장되는 조건으로 가능합니다. 특히 저출산으로 인해 젊은 층 인구가 감소하는 상황에서 인구비중이 높은 고령층의 소비가 부족하면 이는 전반적인 경제침체로 이어질 수 있어요. 따라서 경제활성화를 위해서도 고령층의 소득보장을 위한 고령층 일자리정책이 필요합니다. 특히 우리나라의 경우 가장 시급한 정책과제 중의 하나가 노인빈곤입니다. 한국의 노인빈곤율*은 48.6%로 OECD 국가 평균 12.4%에 비해 4배 가까이 됩니다. 국민연금제도가 초기 단계고 소득대체율도 낮아 연금제도로는 노인들의 노후를 보장하기에는 역부족이지요. 현실적으로 활동이 가장 왕성하고 소득이 높은 연령층인 30~50대는 자녀를 위한 교육비 지출과 주택담보대출 이자비용 때문에 노후대책을 세우기가 쉽지 않습니다. 고령화 시대를 맞이하여 생애주기와 개인별 상황에 맞춘 일자리정책이 더욱 필요합니다.

고령화는 경제구조뿐만 아니라 정치사회적으로도 많은 영향을 줍니다. 현재 여실히 드러나듯이 자원배분 및 일자리를 포함한 사회·경제정책과 투표행위 등 정치성향에서 세대 간 갈등이 갈수록 높아지고 있습니다. 따라서 고령화 정책은 단순한 노인정책이 아니라 종합적인 사회경제정책이 되어야 합니다.

＊노인빈곤율
65살 이상 노인 중에서 처분가능 소득이 중위소득의 50%에 미치지 못하는 노인인구의 비율

72 저출산 문제에 해답이 있나요?

우리나라의 저출산 문제에 대한 우려가 갈수록 커지고 있습니다. 2015년 기준 정부의 저출산 관련 예산은 14조 7,000억 원으로, 저출산 예산이 반영되기 시작한 2006년 2조 1,000억 원에 비해 7배가 증가하여 10년간 81조 2,000억 원이 투입되었지만, 출산율을 높이는 효과는 거의 없었습니다. 저출산으로 인한 청년인구의 감소는 노동력 부족을 일으키고 조세부담을 증가시켜 경제성장률을 저하합니다. 통계청은 우리나라의 생산가능인구가 2012년 약 3,656만 명에서 2030년 3,289만 명으로 감소하고, 2021년부터 노동력 부족이 나타나서 2030년에는 280만 명의 노동력이 부족할 것으로 예측합니다.

저출산 문제가 심각해진 것은 정부의 인구정책 실패에서 비롯된 측면도 큽니다. 한국은 1984년 합계출산율*이 1.74명으로 낮아져 이미 저출산 사회로 진입했지만, 정부는 1990년대 중반까지 출산억제정책을 유지했지요. 1994년 출산억제정책은 폐지되었지만, 합계출산율은 1998년 1.45명에 그쳐 저출산이 지속되었습니다. 우리나라의 합계출산율은 1984년 1.74명 이후 지속해서 하락하여 2005년 1.08명으로 1970년 이후 가장 낮은 출산율을 기록하였지

＊ 합계출산율
가임여성(15~49세) 1명이 평생 낳을 것으로 예상되는 평균 출생아 수

요. 2015년 기준 우리나라의 출산율은 1.25명으로 세계 224개 국가 중 220위(미국 CIA World Factbook)입니다. CIA 통계를 보면 224개 국가 중 출산율 1위 국가는 니제르이며 대부분 아프리카의 후진국들의 출산율이 높은 경향을 보입니다. 북한의 출산율은 1.97명으로 127위이고 싱가포르는 0.81명으로 꼴찌이지요. 한국은 저출산 국가가 아니라 출산율이 1.3명 미만인 초저출산 국가에 속합니다.

주요 국가의 합계출산율(2015년 기준)

자료: The World Factbook, CIA

정부지원뿐만 아니라 여성과 가족관계에 관련된 사회문화적 변화가 필요하므로 단기간에 출산율을 높이는 것은 어렵습니다. 고령화 속도를 완화하기 위한 출산율 제고 정책은 필요하지만 이에 대한 과도한 기대와 무분별한 예산투입은 정책실패를 초래할 수 있지요.

출산은 결혼과 마찬가지로 개인적 선택의 문제입니다. 출산과 육아에 대한 책임은 개인 혹은 가족의 몫이지요. 한국 및 아시아 선진국들의 초저출산의 가장 주요한 원인은 결혼을 전제로 한 출산문화와 가부장적 유교문화로 인한 집안일의 성적 분업입니다. 한국을 포함한 아시아 선진국들에서는 가부장적 문화로 인해 여성은 가사노동을 전적으로 부담하면서 일과 가정 중 양자택일을 해야 합니다. 이들 국가에서는 동거가 비도덕적이거나 비윤리적인 행위로 간주되고, 가족주의적 전통이 강해 결혼이 당사자 간 결합 이상의 의미를 가지기 때문에 혼외출산비율이 매우 낮지요. 출산이 결혼을 전제로 하므로 결혼을 피하거나 연기하는 비혼화와 만혼화도 출산율을 저하시키고 있습니다.

결혼 자체를 피하거나 늦추는 상황에서 기혼가족에 대한 출산지원 정책만으로는 초저출산 문제를 해결하기가 어려움에도 불구하고, 이제까지 정부의 출산지원정책은 기혼자들의 출산장애요인을 해소하는 것에 초점을 맞추어 왔습니다. 미혼율이 급상승하는 상황에서 기혼가정의 출산 및 양육비 지원, 일과 가정 양립을 위한 기업환경조성, 양질의 보육서비스 확충 등의 정책만으로는 저출산 문제를 해결할 수 없는 것이 현실입니다. 적절한 결혼장려정책과 함께 출산증가를 위한 사회문화적 인식을 개혁해야 합니다.

저출산을 극복하기 위해서는 미혼모, 한부모 가정, 동거부부 등 다양한 형태의 가족에 대해서 법률혼 가정과 동등한 법적 지위를 보장하고 미혼모의 취업을 먼저 보장하며 양육비도 지원해야 합니다. 남녀 간 파트너십의 근본적 변화도 필요하겠지요. 가부장적 문화로 인한 성분업적 가사분담체계를 양성 평등적으로 전환하여 가사와 양육에 대한 남성의 책임성을 강화해야 합니다. 출산과 결혼제도의 분리를 초래할 수 있는 동거와 혼외출산 등 한국적 정서에 반하는 개방적 생활양식에 대한 인식개선도 필요합니다. 여성들의 혼인과 출산에 따른 경력개발의 불이익 최소화, 여성이 생애주기에 따라 취업을 하거나 출산 및 양육을 할 수 있도록 권고사직과 육아사직의 제도적 금지, 가족친화적 기업문화 조성 등을 위한 정책도 지속하여야 합니다.

73 한국은 왜 **노블레스 오블리주가** 부족한가요?

프랑스어인 '노블레스 오블리주(Noblesse oblige)'는 '귀족에게는 그에 상응하는 책무가 따른다'는 뜻으로 사회지도층은 사회적 책임과 높은 도덕적 기준을 가져야 한다는 의미로 사용됩니다. 한국에서는 반어적으로 사회지도층들이 그에 상응하는 사회적 책무를 다 하지 못하고 있는 것을 비판하면서 자주 등장하는 용어이지요. 한국의 지도층은 정말로 노블레스 오블리주가 부족할까요? 그렇다면 그 이유는 무엇일까요?

영국의 귀족들은 전쟁이 나면 앞장서서 장교로 참전하는 전통과 의무가 있다고 합니다. 영국은 한국사회보다 계급의식이 강해서 귀족, 경영자나 전문직 종사자와 근로자(블루칼라) 등의 구별이 뚜렷한 편이지요. 필자가 아는 어느 영국 교수 부부는 부인이 의사 집안 출신이고, 남편이 근로자 집안 출신이었는데, 이들의 일상대화에서도 둘 간의 계층의 차이를 자주 언급하곤 했습니다. 즉 영국인은 사회계층의 차이를 그대로 받아들이는데, 그 이유는 귀족과 상류층이 병역의무와 같은 응분의 사회적 책무를 다하기 때문으로 해석됩니다.

한국에서는 사회지도층 인사 가운데 병역미필자가 많아 국회의원이나 장관 중 병역미필자의 비중이 일반 국민 평균보다 높다고 합니다. 그러나 기부행위를 보면 한국인은 다른 나라 사람들보다 기부를 많이 하는 편입니다. 예를 들어 유엔의 어린이

구호기금인 유니세프의 경우 한국은 과거에 도움을 받다가 이제 도움을 주는 나라가 되었을 뿐만 아니라, 2014년 국내 모금액이 1,282억 원으로 모금액 중 세계 4위였고, 개인 기부자는 37만 명으로 기부자 수에서는 세계 1위였습니다. 또한, 세계적인 모금 기관 네트워크인 유나이티드 웨이(UW)의 한국 참여기관인 사회복지공동모금회도 UW 참여 44개국 중에서 모금액 3위이지요. 이처럼 한국인은 기부에서는 자기 역할을 충분히 하고 있지요.

그렇다면 한국의 보통사람은 자기 책무를 다 하는데 지도층의 사회적 책임이 약한 것일까요? 역사적으로 보면 한국의 부자 중에는 경주 최부자집 같이 사회적 책임을 다한 가문도 있었습니다. 300년 이상 부를 유지한 최부자집은 "흉년에는 재산을 늘리지 마라", "사방 백 리 안에 굶어 죽는 사람이 없게 하라"와 같은 가훈도 있었고, 국난을 당해서는 병역의무를 다한 것으로 전해지고 있지요. 그러나 지금의 한국 지도층은 병역의무나 사회적 기부 등과 관련하여 상류층으로서 일반 국민에 비해 더 높은 책임을 보여 주지 못하고 있습니다.

한국 사회지도층의 사회적 책임감이 약한 이유를 역사적·문화적으로 설명하기는 어렵지만, 근대화 과정에서의 취약한 법치와 가족주의를 주요한 원인으로 지적할 수 있을 것입니다. 조선이 몰락하고 일제의 식민지가 되는 과정이나 해방 후의 사회적 무질서 속에서 사회지도층이 제대로 역할을 못하면서 지도층의 책임의식이 약화되었습니다. 또한 정부수립 후에도 민주주의와 법치가 미흡하여 지도층은 병역의무를 소홀히 하고 불법행위를 해도 제대로 처벌받지 않았지요. 한국의 기업가는 사업을 자식에게 승계하려는 욕구가 강해 개인재산의 사회적 환원에도 인색한 편입니다. 이에 비해 세계 최고의 부자인 빌 게이츠나 워런 버핏은 400억 달러가 넘는 개인 재산의 거의 대부분을 사회에 환원하고 있습니다. 미국에서는 기업을 자식에게 승계하는 전통이 약하고, 대부호는 대개 재단을 만들어서 사회공헌활동을 합니다.

최근 한국사회에서는 빈부격차가 확대되고 개인의 노력으로 신분상승을 하기가 어렵다는 인식이 커지고 있습니다. 노블레스 오블리주의 정신과 행동이 더욱 필요한 상황이 되었지요. 이제 국민의 의식 수준도 높아지고 법치도 자리를 잡아 가고 있어 대통령이나 국회의원이라도 불법을 저지르면 처벌받고, 재벌 총수들도 법을 어기면 응분의 처벌을 받습니다. 법치가 갈수록 확대되고 한국인들의 사회기부도 더욱 활성화되고 있어 향후 사회지도층이 병역과 같은 국민의 기본책임을 다하고 사회를 위해 더 봉사하게 될 것으로 기대합니다. 시장에서 치열한 경쟁을 통해 성공하고 부를 축적하는 것은 정당하지만, 사회지도층 인사가 되면 그에 상응하는 준법정신과 사회적 책임감을 느껴야 하는 사회가 건전한 사회입니다.

유한양행: 노블레스 오블리주를 실현한 기업

유한양행의 설립자 유일한 박사는 노블레스 오블리주를 실천한 대표적인 기업가로 손꼽힌다. 유일한 박사는 어린 나이에 미국에 가서 대학을 졸업한 후에 숙주나물 통조림사업을 시작해서 상당한 돈을 벌었으나, 뜻한 바가 있어서 미국의 사업을 정리하고 당시 일본의 식민지였던 조국에 돌아왔다. 1926년 12월 유일한 박사는 서울에서 무역업 및 유통업 기업인 유한양행을 설립하였다. 유한양행은 1936년에 주식회사가 되었는데, 주식의 52%를 종업원들에게 공로주 형태로 배분하여 한국 최초로 종업원지주제를 도입하여 유일한 사장을 포함한 종업원 77명 중 24명이 주주로 등재되었다. 창업자 유일한 박사는 생전에 "기업의 소유주는 사회이다. 단지 그 관리를 개인이 할 뿐이다."라는 말을 남기고, 1969년 자신의 외아들이 아닌 전문경영인에게 경영권을 넘겼다. 1971년 유일한 박사가 타계한 후 대부분 재산은 '한국사회 및 교육원조신탁기금'에 기부되었고 이 재단은 1977년 유한재단으로 이름을 바꿨다. 유한양행은 능률협회가 주관하는 '한국에서 가장 존경받는 기업'에 11년 연속으로 선정되기도 하였다. 유한양행의 최대주주는 유한재단(공익재단)과 유한학원(교육사업) 등 공익법인과 외국인으로 구성되어 있어 유한양행은 개인소유기업보다는 공익기업적 성격이 강하다. 유한양행은 2014년 제약업계 최초로 연간 매출 1조 원을 달성하였다.

74 경제민주화는 시장경제와 배치되지 않나요?

한국에서 경제민주화는 경제력집중의 완화를 의미합니다. 대기업집단에 대한 규제를 통한 경제력집중 완화는 1980년대 초 공정거래법 제정 이래 지속해서 한국 경제의 핵심적인 과제였지요. 그러나 경제력집중 완화를 위한 정부의 정책들은 경쟁을 약화하거나 지배구조를 악화시키는 부작용을 초래하고 있습니다. 예를 들어 '은산분리'라고 불리는 은행에 대한 산업자본의 지분제한정책의 경우 취지는 산업자본의 은행 사금고화를 막는 것이지만, 결과적으로는 은행에 대한 주주와 자본의 규율이 약화되어 우리나라 은행산업의 국제경쟁력을 세계 하위 수준으로 만들었습니다.

대기업으로부터 중소기업이나 영세상인을 보호하겠다는 중소기업 적합업종지정 제도는 경쟁을 약화시켜 해당 산업의 성장을 저해하고 있지요. 대기업의 다각화를 제한하기 위한 출자총액제한제도도 경쟁을 제한하고 투자와 성장을 저해하는 부작용을 초래하였습니다. 결국, 경제민주화라는 목표를 구체적으로 어떤 정책을 두고 실행할 것인가가 문제입니다. 예를 들어 소득불평등은 조세제도와 재정지출의 우선순위를 조정하여 소득재분배를 통해 개선되어야 합니다. 이를 위해서는 국방이나 SOC, 연구개발과 같은 다른 항목들의 재정지출을 조정해야 하며, 형평과 효율의 조화가 필요하게 됩니다.

시장경제에서 효율성과 형평성은 경제제도의 상충하는 두 가지 목표이기 때문에 균형을 잘 맞추어야 합니다. 형평성, 즉 평등한 분배를 이상으로 하는 사회주의 제도는 효율의 악화를 초래해 붕괴하였지요. 효율만을 중시하는 경제는 소득분배의 악화를 초래해 갈등이 지속하고 제도의 지속성도 문제가 됩니다. 따라서 두 목표 간에 균형을 맞추어 경제제도를 만드는 것은 사회가 지속해서 고민해야 할 과제입니다.

사회주의경제가 몰락한 1990년 이후 세계경제는 크게 두 가지의 경제제도 대안을 가지고 있습니다. 하나는 영미식의 자유시장경제이고, 또 하나는 독일과 북유럽의 조정경제시장입니다. 자유시장경제는 효율을 더 강조하며 상대적으로 노동시장이 유연하여 효율이 높고 경기변동과 같은 외부의 충격에 잘 견딥니다. 반면 조정시장경제는 형평을 더 강조하고 경제운용에서 노동의 발언권을 더 인정하지만, 효율성과 혁신성이 상대적으로 떨어집니다. 한국의 경제제도는 이 두 제도와 다소 달라서 가족주의의 영향이 강하고 정부의 역할이 큰 편입니다.

현재 가장 이상적인 경제제도로 덴마크 모형을 제시하는 학자들도 있습니다. '플렉시큐리티(flexicurity)'로 표현되는 덴마크의 경제제도는 유연한 노동시장과 사회안전망이라는 두 마리 토끼를 잡겠다는 제도이지요. 이 제도는 노동시장의 유연성을 통해 경제의 효율성을 극대화하고, 대신 국민 모두에게 일정 수준 이상의 생활을 보장해 효율과 형평이라는 두 가지 목표를 어느 정도 균형 있게 달성하고 있는 것으로 평가받고 있습니다.

앞으로 한국의 경제제도를 개혁해야 하지만 두 가지의 제약 조건이 있습니다. 하나는 국제적인 규범과 국가 간 경쟁입니다. 자본의 이동이 자유로운 세계경제에서 한 나라가 너무 높은 세율의 과세를 하면 기업이나 개인이 모두 그 경제를 떠나게 되어 경제가 피폐해질 수 있습니다. 또한, 국제규범이나 자유무역협약(FTA)과 같은 국제적인 기준이 제도를 만드는데 제약을 줍니다. 또 하나는 정부의 비대화와 비효율입니다. 소득의 형평성과 경제력집중 완화를 위한 정부의 시장개입은 정부의 규모를 키우고 규제를 강화합니다. 시장의 불완전성을 교정하기 위한 정책이 정부의 실패로 연결될 위험이 있는 것이지요.

경제민주화는 시장의 실패를 정부가 나서서 보완하여 효율과 형평의 두 가지 목표를 균형 있게 달성하겠다는 이상을 가지고 있지만, 구체적인 정책의 선택에서는 자칫하면 경쟁을 제약하고 효율을 약화하는 부작용을 낳기 쉽습니다. 더군다나 이러한 구호가 정치적으로 이용된다면 인기에 영합하는 규제를 남발할 수도 있지요. 그러나 세계적으로 많은 나라에서 소득불평등이 심화하고 있어서 앞으로도 이 문제는 계속해서 논란이 될 것입니다.

대한민국 헌법의 경제민주화 조항에 대한 이해

경제민주화를 지지하는 사람들은 경제민주화가 헌법 정신을 실현하는 것이라고 주장한다. 헌법 제119조를 보면 경제질서에 관한 원칙이 제시되어 있다. 1항은 "대한민국의 경제 질서는 개인과 기업의 경제상의 자유와 창의를 존중함을 기본으로 한다"라고 되어 있고, 2항은 "국가는 균형 있는 국민경제의 성장 및 안정과 적정한 소득의 분배를 유지하고, 시장의 지배와 경제력의 남용을 방지하며, 경제주체 간의 조화를 통한 경제의 민주화를 위하여 경제에 관한 규제와 조정을 할 수 있다"라고 규정되어 있다. 요약하면 헌법은 대한민국의 경제제도는 자유시장경제를 근간으로 하되 소득분배의 개선과 경제력집중의 완화를 위해서 정부가 시장에 개입할 수 있다는 단서를 제시하고 있다. 따라서 헌법 제119조 2항은 경제민주화정책을 지지하는 근거가 된다. 문제는 1항과 2항이 현실 경제정책의 실행과 관련되어 상충할 때 우선순위가 무엇인가 하는 점이다. 한국의 기본 경제원리가 시장경제이기 때문에 경제민주화도 시장경제원리를 벗어나지 않는 범위에서 고려되는 것이 헌법 정신에 맞을 것이다.

가계부채발 경제위기의 **가능성이** 높은가요?

가계부채는 가계가 금융기관에서 빌린 돈의 총량입니다. 경제가 성장하면 경제 활동이 활발해지면서 자산과 부채가 증가하는 것은 자연스러운 현상입니다. 가계는 기업과 마찬가지로 투자나 특정한 용도로 사용할 현금이 부족한 경우 금융기관에서 대출을 받지요. 가계든 기업이든 국가든 상환능력이 있는 경우 부채규모는 크게 문제가 되지 않습니다. 가계부채의 심각성 여부는 단순한 양적 규모보다는 상환능력을 결정하는 자산이나 소득, 부채의 증가속도 등 다양한 변수에 따라 판단해야 합니다.

가계부채의 급속한 증가는 경제에 부정적인 영향을 미칠 수 있어요. 가계부채는 주택을 사기 위한 대출이 큰 비중을 차지하는데, 경제성장이 부진하여 일자리가 줄면 가계의 소득이 감소하고 부동산경기가 침체하면서 가계의 부채상환능력이 저하되지요. 또한, 금리가 상승하면 가계의 부도 가능성이 더욱 커집니다. 주택가격이 하락하는 상황에서 상환능력이 없는 사람들이 급하게 집을 팔려고 하면 급매물량이 많아지고 주택가격은 더욱 내려가지요. 경기침체 상황에서는 거래조차 발생하지 않으며, 가계의 부도 가능성이 높아져 금융기관의 부실을 초래하면 시스템리스크(systemic risk)의 우려도 생깁니다. 특히 하위소득계층 부채가구수의 비중이 높을 경우에는 금융기관의 손실 부담이 크지 않더라도 부실화 위험이 있는 가구가 많아 사회적 문제가 야기될 수 있습니다. 실물측면에서 보면 자산가격의 붕괴와 가계의 급속한 지출 축소로 인한 소비억제가 생산을 위축시켜 경제를 더욱 침체시킵니다. 결국 저성장과 과도한 가계부채의 악순환이 발생하면서 가계부채가 금융위기와 경제위기를 촉발 할 수 있는 것이지요.

한국의 가계부채가 2015년 1,200조 원에 육박하면서 가계부채발 한국경제의 위기 에 대한 우려가 높아졌습니다. 지속적인 경기침체로 인해 일자리와 소득은 늘지 않 지만, 미국의 금리인상과 세계적인 경기침체로 인해 국내 대출금리가 상승하면 가 계의 이자부담이 커질 수밖에 없지요. 우리나라 가계의 금융자산 대비 금융부채의 비율은 2012년 45.3%에서 2015년 47.6%로 다소 증가하였습니다. 가계의 처분가능 소득 대비 가계부채 비율도 한국(164.2%)은 일본(131.8%), 미국(113.9%), OECD 평

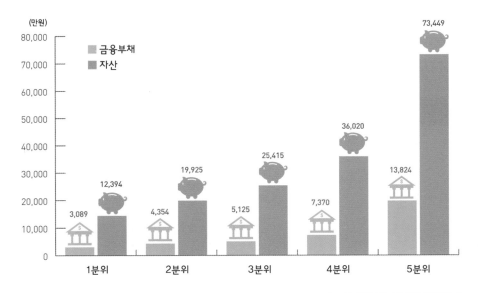

소득 5분위별 금융부채 및 자산(2015년 기준)

자료: 통계청·금융감독원·한국은행(2015)

균(132.5%)보다 높습니다. 이는 조세부담률이 높아 처분가능소득이 상대적으로 적은 덴마크(313.0%), 노르웨이(221.9%), 스웨덴(169.7%) 등 북유럽 복지국가보다는 낮지만, 정부가 가계부채를 체계적으로 관리해야 할 필요성은 커지고 있습니다. 2014~15년의 가계부채 증가는 경기활성화를 위한 금리인하가 중요한 원인이라고 하겠습니다. 한국은행의 정책금리는 2014년 8월 2.25%, 10월 2.0%, 2015년 3월 1.75%, 6월 1.50%에서 2016년 6월 9일 1.25%로 하락하면서 유례없는 저금리가 유지되고 있습니다.

아직은 우리나라의 가계부채가 거시경제나 은행 건전성에 대한 위험요인이 되지는 않을 것으로 전망됩니다. 채무상환능력이 양호한 상위 신용등급 및 소득계층이 대부분 가계부채를 보유하고 있어 대규모 부실 가능성도 낮은 편이지요. 통계청·금융감독원·한국은행의 「2015년 가계금융·복지조사」에 따르면 2015년 3월 말 현재 가장 높은 소득수준을 가지는 소득 5분위 가구의 부채가 전체 부채의 46.2%, 순 자산 5분위 가구의 부채가 전체 부채의 46.7%를 차지하고 있습니다. 그러나 급격한 인구 고령화와 은퇴가구의 부채상환을 위한 부동산 처분 등은 부동산시장에 부정적 영향을 주고, 가계의 부채부담을 가중할 수도 있지요.

가계부채가 소비를 제약하고 재무건전성이 취약한 계층의 부실화가 우려되므로 가계부채의 증가율은 완화되어야 합니다. 가계부채가 시스템 리스크로 확대되지 않으려면 일자리 창출로 소득이 보장되어 가계의 상환능력을 유지하는 것이 중요하지요. 소비 진작을 통한 경기부양과 가계 및 금융기관의 건전성도 확보해야합니다. 그러나 가계부채 탕감과 같은 포퓰리즘정책은 개인과 은행의 도덕적 해이를 유발하고 형평성 원칙에도 어긋나므로 추진되어서는 안 됩니다.

76 우리나라의 **전세제도는** 정말로 **사라질까요?**

전세제도는 전 세계에서 거의 유일하게 한국에만 존재하는 제도로 한국형 주택임대차제도입니다. 세입자는 집주인에게 목돈으로 전세금을 지급하고 계약기간 동안 집을 사용합니다. 집주인에게 무이자로 돈을 빌려주고 대신 그 집에 들어가 사는 것이지요. 집주인은 전세금을 이용하여 이익을 얻고, 계약기간이 끝나면 세입자에게 전세금을 돌려주면 됩니다.

전세제도는 과거 한국의 높은 부동산 시세차익, 고금리, 주택금융 부재 등으로 인해 발전되었지요. 집주인 처지에서 보면 집값이 높으니 집을 파는 것보다 빌려주는 것이 더 낫고 과거 금리가 20~30%대에 달하던 시절에는 월세를 받는 것보다 전세금을 은행에 예치해 이자를 받는 것이 더 유리하였지요. 주택을 살 충분한 돈이 있는 경우 전세금을 지렛대로 이용하면 주택을 여러 채를 사둘 수도 있었고, 전세금을 받아 사채시장에서 고수익을 얻을 수도 있었습니다. 또한, 개발연대 시기에 은행대출은 산업발전을 위한 정책금융에 집중하였기 때문에 개인들이 주택담보대출을 얻기가 쉽지 않았습니다.

전세금은 다른 상품의 가격과 마찬가지로 수요와 공급의 원리에 따라 시장에서 결정됩니다. 전세금 폭등은 전세 수요보다 전세 공급이 적기 때문입니다. 이제 저금리 시대가 되고 부동산경기도 침체하여 집값 상승에 대한 기대도 낮아져 전세는 서서히 사라질 것이라는 전망도 나오고 있지요. 집주인들은 이제 전세보다 월세를 선호하고 있으며, 또한 주택구매자금을 금융권에서 조달하기가 쉬워져서 세입자가 전세제도를 이용할 유인도 적어지고 있습니다.

전세제도가 유지되려면 금리가 상승하여 은행 이자수입이 월세 수입만큼 증가하거나 집값이 상승해야 하지요. 그러나 저출산·고령화로 인해 인구구조가 변하고 있고 주택보급률이 100%를 넘어서서 이제 집값이 과거와 같이 폭등하기는 어려울 것으로 보입니다. 집주인 입장에서는 전세보다는 현금 수입이 있는 월세를 선호하게 되어 전세주택의 공급은 줄어들겠지요. 주택가격의 기대상승률과 시장금리의 하락

소득계층별 주거형태

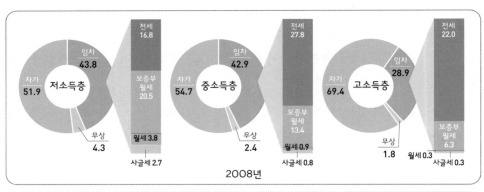

2008년

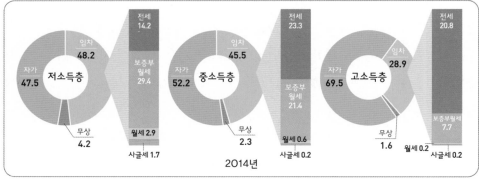

2014년

자료: 국토교통부

추세가 동시에 계속되면 가격 대비 전세금 비율은 계속 상승할 것이며 전세가격이 주택가격을 초과할 수도 있지요. 주택을 보유하려면 재산세나 보수비용이 발생하기 때문에 전세가가 주택가격을 웃돌아도 집을 사지 않으려는 사람이 있게 됩니다.

소득계층별 주거형태를 보면 2008년 기준 저소득층의 전세 비중은 16.8%지만 2014년에는 14.2%로 줄어들었습니다. 반면 같은 기간 일반적인 월세에 해당하는 보증부 월세*의 비중은 급증하여 전체적으로 14.8%에서 21.8%로 증가하였고, 저소득층의 경우 20.5%에서 29.4%로 급증되었지요. 결국 지난 10년간 전세의 비중이 줄고 월세의 비중은 높아져 한국의 집세 형태는 전세에서 월세로 전환되고 있음을 알 수 있습니다.

*보증부 월세
전세보증금을 인하해 집주인이 세입자에게 반환하고 그 차액분과 상승분을 월세로 전환하는 월세제도

그러나 전세제도가 쉽게 사라질 것으로는 보이지 않습니다. 비정규직이나 임시직, 자영업 근로자의 비중이 늘어나면서 매달 안정적인 수입을 가지는 가계의 비중이 줄어들고 있는 상황에서 정기적으로 지급하는 월세는 가계에 큰 부담이 됩니다. 따라서 고용의 불안정이 심화할수록 전세에 대한 선호가 커지겠지요. 또한, 노후준비 없이 정년을 맞는 고령 세입자들은 고정수입이 적어 월세보다 전세를 선호하기 때문에 전세에 대한 선호는 남아 있게 될 것입니다.

한편, 정부의 잘못된 정책은 전세난을 더욱 가중시킬 수 있습니다. 예를 들어 전세금 대출을 확대하면 이로 인해 증가한 전세수요가 전세금을 다시 상승시키게 됩니다. 정부가 전셋값을 안정화하고 전세난을 해소할 방법은 집주인들이 전세를 많이 공급하도록 유도하는 지원제도나 월세와 같은 새로운 주택임대차제도를 시행하여 전세에 대한 수요를 줄이도록 유도하는 것입니다.

77 사교육비의 경제적 효과는 무엇인가요?

민주주의 사회에서 공교육 이외에 자신의 비용으로 사교육을 받는 것은 선택의 문제이자 개인의 권리입니다. 공교육은 모든 사람에게 높은 수준의 교육을 받을 기회를 제공해야 한다는 교육의 기회균등 원칙을 실현합니다. 그러나 사교육은 원래 차별적인 교육을 목적으로 합니다. 우리나라 학부모의 최대 가치는 '자식이 좋은 교육을 받아서 잘 사는 것'이며, 이러한 부모의 기대가 사교육에 대한 과도한 의존과 높은 사교육비 지출로 나타나고 있지요.

통계청(2016b)에 따르면 2015년 초 · 중 · 고교 학생들의 사교육 참여율은 68.8%이고, 학생 1인당 월평균 사교육비는 24만 4천 원으로 전체 사교육비는 연간 총 17.8조 원입니다. 그러나 우천식(2015)에 따르면 가계동향조사를 분석한 우리나라 사교육비 규모는 1년에 32.9조 원으로 추정되지요. 다른 OECD 국가들과 비교해 보면 2012년 기준 한국의 GDP 대비 사교육비 비중은 2.0%로 다른 국가들에 비해 월등하게 규모가 큽니다.

수요가 있는 곳에 공급이 있듯이 사교육에 대한 수요가 존재하면 사교육시장이 형성되는 것은 시장경제에서 당연한 현상입니다. 따라서 사교육도 하나의 시장이라는 인식에 따라 학원비 제한과 같은 포퓰리즘적 정책이 아니라 사교육시장의 경쟁을 통한 사교육비 경감이 필요하고, 시장원리에 근거한 시장의 축소를 지향해야 합니다.

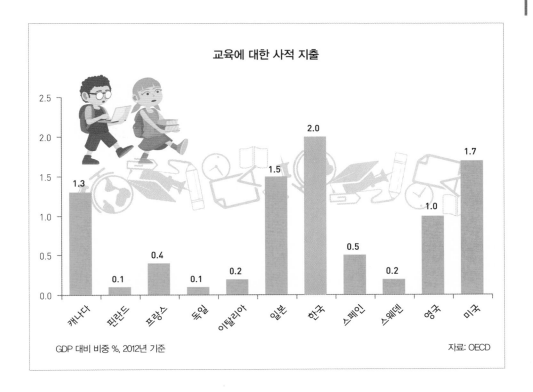

교육에 대한 사적 지출

GDP 대비 비중 %, 2012년 기준　　　　　　　　　　자료: OECD

정부가 사교육시장의 억제를 목표로 하면 정책은 성공할 수가 없습니다. 대학입시 개선, 학원규제, 선행학습 금지 등 다양한 정책에도 불과하고 사교육시장의 과열이 지속하는 것은 정부가 사교육시장을 행정적이고 규제적으로 억제하려 하기 때문입니다.

　사교육 자체는 원칙적으로 문제가 되지 않지만, 사교육 열풍은 사회적 문제를 일으키고 있지요. 사교육의 내용이 공교육의 내용과 중복되어 사교육비가 불필요한 지출이 되고, 공교육에 투입된 재정이 낭비되고 있습니다. 사교육비는 소득수준과 비례하여 증가하기 때문에 소득격차가 곧 교육격차를 일으켜 계층 간 갈등을 만들고, 사회적 통합을 저해하고 있지요. 가계비에서 차지하는 사교육비 비중이 높아지면 가계의 소비를 위축시키고, 과도한 사교육비 부담이 저출산의 주요 원인이 되고 있으며, 노인빈곤을 발생시키기까지 합니다.

사교육으로 인한 학생들의 학력격차를 줄이기 위해서는 공교육이 강화되어야 합니다. 사교육을 받더라도 좋은 공교육을 받은 학생과 동일한 수준의 학력을 가진다면 사교육에 대한 수요가 없어지고 사교육시장도 사라지겠지요. 공교육의 질을 사교육이 필요하지 않은 수준으로 끌어올리기 위해서는 학교선택의 기회 확대, 학교운영의 자율성 보장, 교육방법 개선, 교사 1인당 학생 수 감소 및 교사 역량강화 등이 필요합니다. 특히 교사들에 대해서는 성과주의에 기반을 둔 평가시스템을 만들어 부적절한 교사들을 교단에서 퇴출해야 합니다. OECD 국가 중에서 상대적으로 좋은 대우를 받는 한국의 교사들은 질 높은 교육에 소홀한 편이며, 오히려 학생들에게 사교육에서 배우도록 하고 있어서 제대로 된 공교육이 사라진 형편입니다.

사교육 열풍을 잠재우기 위해서는 대학들이 자신들의 특성과 목표에 맞게 자유롭게 학생들을 선발할 수 있도록 대학입시가 대학별로 자율화되도록 교육부의 과도한 개입과 규제를 철폐해야 합니다. 교육의 공공성은 교육에 대한 기회균등을 의미하는 것이지, 정부의 규제를 통한 강제적인 교육제도의 시행이 아닙니다. 정부가 수능시험, 학생부, 내신 등 획일적인 대학입시제도를 강요하고 정권이 변함에 따라서 입시제도의 변화가 거듭되면서 제도에 대한 불신은 높아지니 불안해진 학생들과 학부모들이 사교육에 의존할 수밖에 없게 된 것이지요. 대학과 고등교육의 자율적 발전을 위해 교육부를 폐지하고 초중고 교육은 지방자치의 정신에 맞게 지방교육청과 지방자치단체에 일임하는 방안도 검토할 필요가 있습니다.

78 통일대박론이 가능한가요?

세계질서의 기본 구성단위는 민족국가(nation-state)입니다. 민족이란 같은 문화와 언어를 공유하는 사람들의 집단이며, 국가는 주권을 가진 법적 실체입니다. 여러 민족이 하나의 국가를 형성하고 있는 경우는 분열하려는 경향을 보이고, 한 민족이 분단된 두 국가로 되어 있는 경우에는 하나로 합치려는 경향이 있지요. 특히 제2차 세계대전 후에 민족의 선택이 아닌 외부세력에 의해서 분단된 베트남이나 독일은 하나의 국가로 통일되었습니다. 우리 민족은 동질적인 민족임에도 불구하고 제2차 세계대전 후에 강대국에 의해서 분할된 후 아직도 두 개의 국가로 대립하고 있지요.

1948년 이후 남한에는 민주주의와 시장경제가 자리 잡았지만 북한에는 공산당 일당독재체제와 중앙집권적 계획경제가 시행되었습니다. 두 체제의 경쟁은 1970년대 초까지는 우열을 가리기 어려웠습니다. 북한은 정부 수립 후 2년 만에 소련과 중국의 도움을 받아 남한을 침공했으며, 사유재산을 몰수하고 생산설비를 국가가 소유하여 양적 성장에 어느 정도 성공하였지요. 그러나 1991년의 냉전 종식과 더불어 북한경제는 붕괴하였으며, 1990년대 중반에 대규모의 아사자가 발생하고 생존이 어렵게 되었습니다. 이제 북한은 경제개혁을 거의 포기하고 핵무기를 개발해서 생존을 유지하려고 안간힘을 쓰고 있지요.

애스모글루 & 로빈슨(2012)에 따르면 지난 60년간 남한과 북한의 경제발전은 "경

6부
Q64~78

제제도가 경제성과에 결정적인 영향을 미친다"는 가설의 좋은 실험이자 증거입니다. 한반도의 분단시점에는 북한에 대부분 산업시설이 있었고 광물자원도 대부분 부존되어 있었지만, 이제 남북한경제는 규모나 생산성, 국민소득이 비교가 안되며 이는 민족성, 기후, 문화 등의 다른 요인이 아니라 바로 경제제도의 차이 때문이지요. 제2차 세계대전 후에 시장경제와 민주주의제도를 도입한 모든 나라가 한국과 같은 경제적 성과를 달성한 것은 아니지만, 적어도 남북한의 경제적 성과의 근본적인 차이는 경제제도의 차이에서 나온다고 볼 수 있습니다. 남한은 사유재산을 보호하고 민간기업에 이윤추구 동기를 부여하여 효율화와 혁신을 추구하도록 했고, 경제를 개방하여

남북한 경제력 비교(2014년 기준)

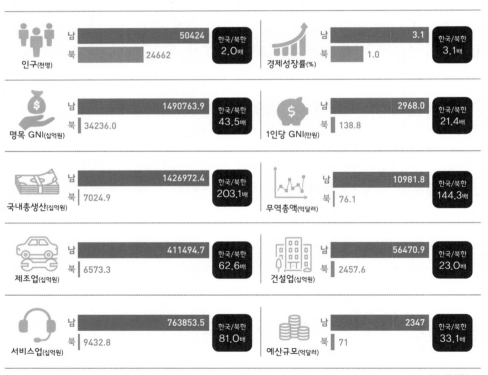

인구(천명)	남 50424 / 북 24662	한국/북한 2.0배	경제성장률(%)	남 3.1 / 북 1.0	한국/북한 3.1배
명목 GNI(십억원)	남 1490763.9 / 북 34236.0	한국/북한 43.5배	1인당 GNI(만원)	남 2968.0 / 북 138.8	한국/북한 21.4배
국내총생산(십억원)	남 1426972.4 / 북 7024.9	한국/북한 203.1배	무역총액(억달러)	남 10981.8 / 북 76.1	한국/북한 144.3배
제조업(십억원)	남 411494.7 / 북 6573.3	한국/북한 62.6배	건설업(십억원)	남 56470.9 / 북 2457.6	한국/북한 23.0배
서비스업(십억원)	남 763853.5 / 북 9432.8	한국/북한 81.0배	예산규모(억달러)	남 2347 / 북 71	한국/북한 33.1배

자료: 통계청

국제경쟁력이 있는 기업이 번영하게 함으로써 크게 성장하였지요. 반면 북한경제는 인민들이 영양실조에 시달리고 생활 수준이 피폐하며 보건이나 의료서비스와 같은 기본적인 요구도 충족시키지 못하고 있는 상황입니다. 통계청에 따르면 2014년 기준 북한의 1인당 국민소득은 남한의 1/21 정도로 추정됩니다.

그러면 피폐한 북한경제와 통합되었을 때 남한경제가 얻을 것은 무엇일까요? 남한 경제의 입장에서 통일의 손익계산은 통일의 방식에 좌우됩니다. 가장 바람직한 통일 방식은 북한이 1978년 이후의 중국처럼 개혁과 개방을 하고, 남북한이 경제교류를 확대하면서 통합하는 것이겠지요. 북한에 급변사태가 발생해서 남한이 북한을 흡수 하게 되면 그 비용은 감당하기 어려운 수준이 될 것이기 때문입니다. 북한 주민의 부 양비, 도로, 전기 등 사회간접자본 투자, 교육과 의료 등 기초적인 서비스를 제공하는 비용 등이 매우 크겠지요. 그러나 장기적으로 보면 통일한국은 온전한 하나의 국가 가 되어 외교나 안보 면에서 독자성이 크게 강화될 것이며, 중국과 러시아가 육로로 연결되면서 경제협력과 물류의 효율화도 달성할 수 있을 것입니다.

앞으로 언제, 어떤 방식으로 남북한이 통합될지를 예측하기는 힘듭니다. 냉전이 끝 나고 25년이나 지난 지금까지도 북한체제가 생존해 있다는 것은 매우 예외적인 일이 지만, 여러 면에서 북한체제가 한계에 와 있는 것으로 보입니다. 따라서 현재 한국경 제가 해야 할 일은 통일에 대비해서 여유자원을 가지는 동시에 유사시를 대비한 준 비입니다. 통일에 대비하여 군사나 치안유지뿐만 아니라 북한 주민에 대한 교육이나 사회적 통합과 같은 소프트한 준비도 필요합니다.

통일대박론은 현재 한국 국민이 가진 통일에 대한 막연한 불안감을 해소하기 위한 수사(레토릭)에 지나지 않습니다. 1990년 독일통일의 엄청난 비용 때문에 우리 국민 은 통일에 대한 불안감을 느끼고 있기 때문이지요. 그러나 통일의 손익계산에서 손 실이 훨씬 더 크더라도 남북한 경제 및 정치통합은 대한민국으로서는 피할 수 없는 운명이며 과제입니다.

조선시대의 거상 임상옥

조선은 절약과 검소를 중시하는 유학을 국교로 하고 사농공상 원리에 따라 상업을 천대하고 억제하였다. 그러나 고려시대에는 상업이 융성했던 것으로 알려져 있다. 실제 고려시대 국제상업도시인 개경에서부터 번창한 개성상인(송상)들은 송도 사개치부법이라는 독특한 복식부기를 만들었고, 대여자와 차용자가 중개인을 매개로 물적 담보 없이 신용을 바탕으로 대차관계를 맺는 시변제라는 금융제도까지 운용하였다고 한다.

조선 후반기에 접어들면서 상업은 다소 활성화되고 경상·송상·만상의 3파전이 벌어졌다. 18세기 중반까지 대청나라무역을 주도한 것은 사신단을 수행하는 통역관 및 이들과 협력한 서울상인(京商)이었다. 개성상인과 의주상인은 처음에는 밀무역을 통해 발전하기 시작했다. 압록강 국경에 인접한 의주상인은 직접 중국을 드나들며 무역을 하여 정보에 빠르고 중국어에 능통한 상인들이 많았고 이들은 만상으로 불렸다. 송상으로 불리는 개성상인은 송방(松房)이라는 전국적 지점망을 통해 물품을 조달하고 유통했다. 18세기 후반에 접어들면서 무역의 주도권은 경상에서 개성상인과 의주상인에게로 넘어갔다. 이들이 내는 세금이 국가 재정수입에 크게 기여하면서 정부는 이들에게 인삼무역 독점권 등 특혜를 베풀었다.

임상옥(1779~1855년)은 1810년 독점권을 부여받은 의주상인 6명 중 한 사람으로 조선 후기의 거상(巨商)이었다. 임상옥은 어릴 때 역관이 목표였던 아버지에게서 중국어를 배웠고, 아버지가 역관시험을 포기하고 한 만상에게 돈을 빌려서 밀무역을 시도하다가 실패하는 바람에 만상의 집에 노비로 가게 된다. 그러나 만상은 임상옥의 재능을 알아보고 그에게 밀무역을 시키기 시작하였다.

임상옥은 상업감각이 매우 뛰어났던 것으로 보인다. 정순대비가 병에 걸리자 임상옥은 1~2년 안에 국상이 있을 것을 예측하고 삼베 모시를 대량 비축하고 부족분은 중국에서 수입해 두었고, 이듬해 대비가 죽자 큰 이윤을 남겼다고 한다. 또한, 홍삼·종이·백사 등 당시의 교역품에 대한 풍부한 지식을 가졌다고 알려져 있다.

임상옥은 1810년 순조 때 인삼무역의 독점권을 얻었고, 1811년 홍경래의 난이 발생하였을 때는 의병 모집 및 군수물자를 살 자금을 제공하고 정부에 협조해 당시 세도가인 박종경의 권세에 힘입어 조선의 인삼을 독점할 수 있었다고 전해진다. 1821년 변무사의 수행원으로 청나라에 갔을 때 청나라 상인들은 임상옥이 가져온 비싼 인삼가격을 내리기 위해 불매운동을 했지만, 임상옥은 오히려 자기 인삼을 불태워, 종전가격의 몇 배가 넘는 가격으로 청나라 상인들에게 팔았다고 한다. 임상옥은 굶주린 백성들에 대한 자선사업을 통해서 천거를 받아 1832년 곽산군수가 되고, 1834년 의주 수재민을 구제한 공으로 구성부사에 발탁되었으나, 기존 관료조직의 반대로 물러났다. 이후 임상옥은 빈민을 구제하며 시와 술로 여생을 보냈다.

임상옥은 수하에 부기(簿記)하는 사람만 70여 명이었다고 한다. 임상옥이 인삼교역으로 번 돈이 약 1백만 냥으로 당시 조선의 총 비축금고액인 42만 냥의 두 배가 넘어서 임상옥이 얼마나 많은 재산을 축적했는지 알 수 있다. 임상옥은 "財上平如水, 人中直似衡(재물 위의 평등함은 흐르는 물과 같고, 사람의 마음이 바르기는 저울과 같다)"는 말을 남겼다. 임상옥이 사망한 후 의주상인의 세력은 급속히 위축되어 만상은 송상에게 흡수되었다.

Q79~
Q87

제 7 부

세계경제의 변화

79 자유무역을 하면 모든 나라가 이득을 볼 수 있나요?

    자유무역의 이론적 근거는 각국이 잘하는 제품에 특화해서 생산하고 교역하면 세계 전체의 생산이 증가하고 후생이 증진된다는 고전적인 비교우위이론입니다. 이 이론은 국내거래에도 그대로 적용되지요. 개인이나 기업 간에도 자기가 잘하는 일을 더 전문화하면 사회 전체의 생산성이 높아집니다. 컴퓨터가 나오기 전에 논문을 타자기로 작성하던 시기에 유행하던 '교수와 비서' 이야기가 있습니다. P라는 교수는 S라는 비서보다 논문도 더 잘 쓰고 타이핑 속도도 더 빠릅니다. P 교수는 논문쓰기와 타이핑이라는 두 상품에서 모두 절대우위가 있는 것이지요. 그런데 논문쓰기의 시간당 보수가 타이핑보다 더 높으면 P 교수는 비서를 고용하여 타이핑을 비서에게 맡기고, 자신은 논문쓰기에 전념하여 소득을 더 올릴 수 있지요. S도 비서로 고용되어 소득이 발생하므로 사회 전체로 보면 소득이 더 높아지게 됩니다. 이처럼 상대적으로 더 우위에 있는 부분을 특화해서 전문화해야 더 높은 생산성을 달성할 수 있다는 것이 비교우위론의 근거입니다.

    자유무역에 대한 예외 중 하나가 유치산업보호론(infant industry argument)입니다. 생산규모가 커질수록 제품 단위당 생산원가가 낮아지는 규모의 경제가 존재하는 산업에서는 먼저 큰 규모의 공장을 건설한 회사가 상당한 원가우위를 가집니다. 자동차, 철강, 석유화학과 같은 중화학산업이 대표적이지요. 이런 산업에서는 선진국 기

17세기 중상주의정책은 수입을 억제하고 수출을 장려하기 위해 수입을 관세나 쿼터로 제한하고 수출에는 보조금을 지급하였다. 중상주의는 무역을 제로섬 게임으로 파악한 것이다. 애덤 스미스는 중상주의를 비판하면서 각국이 생산에 있어서 절대우위를 가진 제품의 생산에 특화하여 다른 국가의 특화된 제품과 교환하면 전체적인 부가 증대된다고 보았다. 비교우위론은 리카도David Ricardo가 애덤 스미스의 절대우위론을 더 발전시킨 무역이론이다. 절대우위론에 근거하면 한 나라가 다른 나라에 비해 모든 재화의 생산에 있어 절대적으로 우위가 있을 때는 두 나라 간에 무역이 발생하지 않는다. 그러나 비교우위론에 따르면 A와 B라는 두 나라가 있고, 상품이 두 개만 있다고 가정했을 때, A라는 나라가 두 상품에서 모두 원가가 낮아도 두 상품 중 원가가 더 낮은 상품을 특화해서 생산과 수출을 하고, B는 다른 상품에 특화해서 생산과 수출을 하면 두 나라 모두 더 많은 상품을 얻을 수 있다. 각국이 비교우위를 가지는 상품에 특화하여 다른 나라와 교역하게 되면 모든 국가에 경제적 이익이 발생한다는 비교우위론은 자유무역의 이론적 근거가 되었다.

업이 먼저 경제적인 규모를 달성했기 때문에 개발도상국은 자유무역으로 가격경쟁력을 가지기 힘듭니다. 따라서 이러한 유치산업을 한시적으로 정부가 보호해 주어야 한다는 것이 유치산업보호론입니다.

유치산업보호론을 기반으로 자국 산업을 일으킨 나라는 19세기 독일입니다. 독일은 당시 영국보다 후발산업국가였기 때문에 유치산업보호론을 바탕으로 자국 산업의 보호주의정책을 폈습니다. 18세기 1차 산업혁명 당시 영국은 선도적으로 산업화에 성공하여 막강한 공업경쟁력을 바탕으로 19세기에 세계 최강국이 되었으며, 자유무역을 무기로 세계를 지배하려고 했습니다. 여기에 독일이나 미국과 같은 후발산업국이 자국의 산업을 보호하기 위해서 내건 이론이 유치산업보호론이었습니다. 이후 일본, 그리고 우리나라도 유치산업보호론에 근거하여 수입을 규제하고 산업화를 달성했지요.

유치산업보호론의 현대판은 '전략적 무역정책' 또는 '선도기업 우위(first-mover

advantage)'입니다. 전략적 무역정책이란 정부가 나서서 선도우위 기업을 키워야 한다는 주장으로 역시 자유무역에 대한 정부개입을 옹호하는 주장입니다. 전략적 무역정책은 1970년대 후반에 등장한 논의로 국가의 이익을 위해 특정 산업이나 기업의 경쟁력 강화를 지원하는 정책입니다. 따라서 전략적 무역정책은 특정한 국내기업에 대한 보조금 및 지원정책을 통해 국내기업의 경쟁력을 높이기 때문에 국내기업과 경쟁하는 외국기업에게 손실을 입히게 되지요. 예를 들어 항공기산업과 같이 규모의 경제가 작용하는 산업의 경우 경쟁 초기단계에서 정부가 자국의 후발기업에게 보조금을 주어 시장진입을 하게 하면 보조금을 받지 않은 해외 선발기업은 경쟁력이 상대적으로 저하되어 자칫하면 시장에서 도태될 수도 있습니다.

그러나 유치산업보호론이 이론적으로는 타당하지만, 항상 성공하지는 못합니다. 한번 보호받은 산업은 계속해서 정부의 보호에 의존하려는 경향을 보이기 때문이지요. 특히 수출 위주의 산업화 대신에 수입대체를 주로 추진한 많은 개도국은 나중에도 국제경쟁력을 확보하지 못했습니다. 그런 점에서 한국이나 동아시아의 산업화는 예외적입니다. 한국은 산업화 초기부터 수출을 지향하면서 국제경쟁력을 가질 수 있는 규모로 중화학공장을 건설했기 때문에 유치산업이 나중에는 수출산업으로 성장했지요. 하지만, 중남미나 다른 개도국은 국내산업보호가 그저 보호로만 끝나고 경쟁력 있는 산업으로 성장하지 못했습니다.

개발도상국이 선진국과 자유무역을 하면 불리하거나 불공평할 수도 있지만, 그렇다고 개도국이 전면적인 보호주의 무역정책을 채택하는 것은 답이 아닙니다. 육성하려는 산업을 한시적으로 보호하더라도 기본적인 기조는 자유무역이 되어야 하며, 전문화와 특화를 통해 경쟁력을 확보할 수 있는 산업을 발전시키는 것이 국가의 부를 창출하는 것에 더 유리하기 때문입니다.

80 한국은 **어떻게 FTA 강국**이 되었나요?

제2차 세계대전 후 세계의 무역질서는 다자주의(multilateralism)가 주도해 왔습니다. 다자주의란 WTO 회원국 모두가 참여해 자유무역을 추구하는 방식입니다. GATT* 체제는 1994년에 타결된 우루과이라운드*까지 총 여덟 차례의 다자주의 방식에 의한 관세인하와 비관세장벽의 철폐를 통해서 세계적으로 높은 수준의 자유무역질서를 만들었습니다. 그러나 2001년부터 추진된 도하 라운드(개도국의 경제개발을 주목적으로 한다는 의미에서 Doha Development Agenda, DDA)가 어려움에 봉착하면서 다자주의는 지난 15년 동안 더는 전진하지 못하고 있습니다.

> * GATT(General Agreement on Tariffs and Trade)
> 국제무역의 증진을 목표로 관세장벽과 수출입 제한을 제거하기 위해 1947년 제네바에서 미국 등 23개국이 조인한 국제무역협정으로 1948년 1월에 정식으로 발효되어 자유무역의 확대에 기여
>
> * 우루과이라운드(Uruguay Round of Multinational Trade Negotiation, UR)
> 1986년 9월 우루과이에서 개최된 GATT의 8번째 무역협상으로 일방주의·쌍무주의·지역주의 등을 억제하고 세계의 무역자유화를 실현하기 위해 1993년 12월 타결된 다자간 무역협상

다자주의가 지지부진하면서 FTA(Free Trade Agreement 또는 Free Trade Area)라는 지역주의(regionalism)가 대두하였지요. FTA는 몇 나라가 모여서 자유무역을 추구한다는 의미에서 쌍무주의 또는 지역주의라고 불립니다. WTO는 160개 회원국이 하나의 협정을 통해서 자유무역을 추진하는데 비해서 국가들이 개별적으로 FTA를 하는 지역주의는 매우 비효율적이지요. 그러나 적은 수의 국가가 참여하는 FTA는 상대적으로 협상이 쉬워 지난 15년 동안 크게 퍼졌습니다.

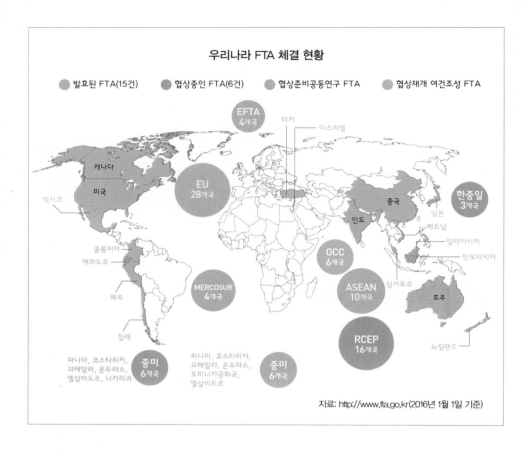

우리나라 FTA 체결 현황

● 발효된 FTA(15건) ● 협상중인 FTA(6건) ● 협상준비공동연구 FTA ● 협상재개 여건조성 FTA

EFTA 4개국
터키
이스라엘
캐나다
미국
맥시코
콜롬비아
에과도르
페루
칠레
EU 28개국
MERCOSUR 4개국
중국
인도
GCC 6개국
ASEAN 10개국
RCEP 16개국
한중일 3개국
일본
베트남
말레이시아
인도네시아
싱가포르
호주
뉴질랜드

파나마, 코스타리카, 과테말라, 온두라스, 엘살바도르, 니카라과 중미 6개국
파나마, 코스타리카, 과테말라, 온두라스, 도미니카공화국, 엘살바도르 중미 6개국

자료: http://www.fta.go.kr(2016년 1월 1일 기준)

    한국은 2003년에 처음으로 칠레와 FTA를 타결해서 뒤늦게 지역주의 무역경쟁에 참여했으나 2016년 1월 1일 기준 총 15건의 자유무역협정을 타결하였습니다. 한국의 FTA 체결 역사에서 가장 성공적인 것이 2011과 2012년에 각각 발효된 한 · EU FTA와 한 · 미 FTA였지요. 한국은 2007년 4월에 미국과 FTA 협정에 합의했으나, 미국의 국내 정치적 이유로 인해서 양국 의회의 비준이 늦어졌습니다. 그러나 한 · 미 FTA에 자극을 받은 EU가 뒤늦게 협상을 제안하면서, 한 · EU FTA가 오히려 더 일찍 발효되었지요. 그리고 2012년 3월의 한 · 미 FTA 발효에 자극받은 중국이 한 · 중 FTA의 체결을 강력히 원하면서 2015년 말 한 · 중 FTA 협상이 성공적으로 타결되었습니다.

2016년 초 한국은 중국과의 FTA가 발효되면서 세계교역량의 70% 이상을 차지하는 교역상대국과 자유무역협정을 맺어 FTA 강국이 되었습니다.

다수의 FTA 체결에도 불구하고 한국의 수출은 최근 들어 정체되고 있으며 2015년에는 수출이 8%나 감소하여 FTA의 효과에 대한 의구심이 생기고 있지요. 대표적인 예가 한·EU FTA로서 2011년 발효 후 한국의 대 EU 수출은 오히려 감소했는데, 주된 이유는 EU 경제의 침체 때문입니다. 2008년 세계금융위기 이후 EU 회원국들이 불황을 극복하기 위한 재정지출로 인해 적자가 누적되면서 2011년에 재정위기를 맞게 되고, EU의 경제는 더욱 침체국면에 접어들게 되었지요. 소비가 위축되고 경제성장이 멈추게 되면 아무리 관세를 인하하더라도 수출이 증가할 수 없습니다. 그런 의미에서 FTA 무용론이 나오며, 또한 FTA가 워낙 많이 체결되어도 효과가 나타나지 않아서 FTA 피로론이 언급되고 있는 것이지요.

최근 지역주의의 경향은 소위 '광역 FTA' 또는 '메가 FTA'로 많은 수의 국가가 참여하는 FTA를 의미합니다. 한국에 의미가 큰 메가 FTA는 TPP(환태평양경제협력동반자협정, Trans-Pacific Partnership)이며, 이는 미국과 일본을 포함하는 아태지역 12개국이 참여하는 경제협력 FTA이지요. TPP는 오랜 협상 끝에 2015년 말에 타결되었으며, 각국의 비준이 성공적으로 이루어지면 2018년 이후에 발효될 것으로 예상합니다. 다만 2016년의 미국 대통령 선거의 양당 후보들이 모두 TPP에 대해서 부정적인 발언을 하고 있으므로 TPP의 비준과 발효는 아직도 불투명해 보입니다. 한국은 아직 TPP에 참여하고 있지 않으나 일본을 뺀 대부분의 TPP 회원국과 FTA가 발효 중입니다. TPP와 경쟁관계에 있는 아태지역의 FTA로 16개국이 참여하고 있는 RCEP(역내 포괄적 경제동반자협정, Regional Comprehensive Economic Partnership)라는 메가 FTA도 현재 협상 중이지요. 두 메가 FTA는 미국과 중국의 아태지역 내 경제패권 추구와 관련되며 앞으로 진행상황을 주시해야 할 것입니다.

2008년 세계금융위기 이후 세계교역량의 증가 속도가 크게 둔화하였습니다. 2008년 이전에는 세계 총생산(GDP)의 증가 속도보다 무역량의 증가 속도가 더 빨라서, 1990년대에는 2배 정도, 2001~07년까지도 1.6배 정도 더 빨랐지요. 그런데 2008년 이후에는 증가 속도가 비슷해지거나, 교역량의 증가 속도가 오히려 더 낮게 나타나고 있습니다. 이러한 추세는 여러 가지 시사점을 던져 줍니다. 우선 세계적으로 '세계화'가 어느 정도 한계에 봉착했다는 의구심이 생기지요. 특히 경제에서 교역의 비중

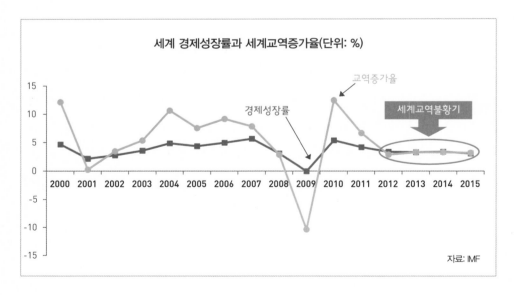

세계 경제성장률과 세계교역증가율(단위: %)

교역증가율

경제성장률

세계교역불황기

자료: IMF

이 매우 크며, 수출이 경제성장에 기여하는 바가 많은 한국에게 세계교역의 둔화나 축소는 상당히 위협적으로 다가옵니다.

세계교역 둔화의 첫 번째 원인으로는 경기침체로 인한 보호주의의 강화를 생각해 볼 수 있지요. 2008년 이후 지난 7년간 세계경제의 성장이 둔화하고 고용이 위축되면서 각국이 보호주의정책을 채택하지 않았나 하는 가설입니다. 그러나 이번 불황기에는 세계적으로 수입제한조치가 별로 확대되지 않아 적절한 가설은 아닌 것으로 보입니다. 2008년 10월에 리먼브러더스가 파산한 직후 11월에 워싱턴에서 열린 G20 정상회담에서 가장 우선시한 공조정책이 보호주의의 확산을 막는 조치이기도 했습니다.

두 번째 원인으로는 원유 및 원자재 가격의 폭락입니다. 2012년부터 원자재 가격의 하락이 시작되었고, 특히 원유가격은 2014년 말부터 크게 하락했지요. 원유 및 원자재 가격의 하락은 금액 기준 교역규모의 상당한 축소로 나타나며, 특히 2015년의 세계교역 규모가 줄어드는 원인이었습니다. 하지만 여기서 교역량은 가격효과를 뺀 물량 기준이기 때문에 원자재 가격하락이 직접적인 원인은 아닙니다. 단지 원유 및 원자재 가격의 하락으로 인해 산유국과 자원 보유국의 구매력이 크게 악화하여 수입량이 크게 둔화한 것이 교역량 둔화에 영향을 미쳤을 것입니다.

세 번째 원인으로는 글로벌 생산분업의 축소입니다. 1990년대 초 이후 세계적으로 관세가 인하되고 통신과 운송비가 낮아지면서 생산의 분업이 확대됐습니다. 생산은 선진국에서 개도국으로 이전되었고, 다음에는 여러 나라에서 분산되어 수행되었지요. 예를 들면 PC의 경우 부품들은 동아시아의 여러 나라에서 생산되고 중국에서 조립된 완제품은 제3국으로 수출되었습니다. 미국에서 판매되는 PC가 미국에 도착하기 전에 부품과 소재부터 조립, 판매에 이르는 가치사슬이 여러 나라에서 수행되어 교역을 증가시킨 것이지요. 그런데 최근 생산의 분업이 축소되는 경향이 나타나고 있는데, 중국의 가공무역 억제정책 추진과 미국의 해외생산 축소 및 국내 제조비중

확대 등이 국제분업 축소의 주요한 원인으로 지적됩니다.

세계교역 둔화의 네 번째 원인은 온라인과 모바일의 확산에 따른 소비패턴의 변화입니다. 세계교역에서 서비스가 차지하는 비중은 2014년 상품교역의 1/4 수준이지만, 증가 속도는 서비스가 더 빠릅니다. 그러나 서비스 중에는 교역의 대상이 되지 않는 부분이 상당히 많습니다. 교역되는 서비스는 관광, 운송, 금융, 사업서비스와 지적재산 등 5개 품목이 전체의 85%를 차지합니다. 실제로 선진국 경제에서 서비스 산업의 비중이 70%가 넘는데, 총 교역에서는 서비스가 21%밖에 되지 않는다는 것은 비교역서비스가 많다는 것을 의미합니다. 특히 온라인과 모바일을 기반으로 하는 많은 사업은 무료도 많고 광고와 같은 별도의 수익모델을 가지고 있으므로 국내총생산(GDP)에도 제대로 잡히지 않을 가능성이 크지요. 세계경제 자체가 소프트, 서비스, 온라인화되고 공유경제까지 확대됨에 따라 경제에서 교역재의 비중이 작아지고, 그 결과 GDP의 성장 속도에 비해 교역의 증가속도가 둔화할 가능성이 상당히 높습니다.

위에서 살펴본 세계교역 둔화의 네 가지 요인 중 첫 번째와 두 번째 요인은 경기변동 요인이며, 세 번째와 네 번째 요인은 구조적인 변화 요인입니다. 만약 구조적 요인의 영향이 더 크다면 세계경제 자체의 성격이 변한 것으로, 기술기반 제조업 중심의 수출주도 성장을 추진해온 한국경제는 새로운 성장전략을 모색해야 할 것입니다. 특히 최근 들어 교역둔화를 둘러싼 논의는 세계경제의 장기침체론으로까지 진전되고 있습니다. 장기침체란 실제GDP가 잠재GDP를 하회하여 총수요가 부족하거나 공급 측면에서 잠재GDP가 정체되어 있는 상황을 의미합니다. 장기침체를 주장하는 학자들은 투자부진에 따른 유효수요의 부족을 강조하고, 세계경제의 침체가 일시적이라고 주장하는 학자들은 잠재성장률 둔화를 금융위기의 여파로 인한 투자부진으로 보고 있지요. 세계경제가 장기침체이든 아니든 교역부진은 당분간 지속될 것으로 예측되므로 이에 대응하는 수출전략도 필요합니다.

글로벌 **생산분업**은 왜 **정체되고** 있나요?

　생산의 국제분업을 이해하기 위해서는 가치사슬(value chain)에 대한 이해가 필요합니다. 가치사슬은 원자재의 조달부터 부품이나 소재를 거쳐서 하나의 완제품이 만들어질 때까지의 전 과정을 의미합니다. 예를 들어 개인용 컴퓨터(PC)의 가치사슬은 입력(키보드, 스캐너, 카메라 등), 제어와 연산(CPU), 기억(HDD), 출력(모니터, 프린터) 등 기능별로 필요한 부품과 소재가 생산·조립되어 물류시스템을 통해 출고됩니다. 이후 제품은 도소매상 등 유통단계를 거쳐서 판매되며, 가치사슬은 브랜드의 광고와 판매 후 사후관리까지 포함하지요.

　가치사슬 개념이 유명해진 것은 대만 PC회사인 에이서(Acer)의 창업자인 스탠 시(Stan Shih)가 제시했던 '스마일 커브'라는 용어 때문입니다. 스탠 시에 따르면 PC의 수익성은 가치사슬로 보면 부품과 소재에서는 이익이 나고 마케팅 역시 이익이 크지만, 중간단계인 조립에서는 별로 이익이 나지 않는 U자의 스마일 커브가 된다는 것이지요. 가치사슬은 모든 제조업과 많은 서비스업에 적용되는 개념이며, 원자재, 생산, 조립 등을 상류(upstream), 영업과 마케팅, 브랜드관리를 하류(downstream)라고 부릅니다. 기업이 수직적 통합을 한다는 것은 가치사슬의 전 과정을 연결하고 통제하려는 시도입니다. 스탠 시의 에이서는 PC조립회사였으나 스마일 커브의 업스트림과 다운스트림으로 사업영역을 확장하여, OEM(Original Equipment Manufacturer, 단순조립)에서 ODM(Original Design Manufacturer, 제품기술확보), 그리고 OBM(Original Brand Manufacturer, 자체상표 확보)으로 진화하였습니다.

과거에는 주로 한 나라 안에서 가치사슬 활동이 이루어졌지요. 그러나 1980년대부터 본격적으로 가치사슬이 분할되어 여러 나라에 걸쳐서 분업을 이루는 글로벌 생산분업 또는 생산네트워크(global production network, GPN)가 나타났습니다. 자유무역이 관세나 비관세장벽을 낮추어 국경이동비용을 크게 줄였고, 정보통신의 발달로 협력업체 간에 정보교환과 업무조정을 위한 비용이 크게 낮아졌기 때문이지요. 1970년대에는 텔렉스로 알파벳과 숫자만으로 교신했지만 1980년대 팩시밀(팩스)이 나오고 1990년대에는 이메일이 보편화하면서 복잡한 도면이나 정보가 국경을 넘어서 쉽게 이동할 수 있게 되었습니다.

글로벌 생산분업이 본격화되면서 많은 미국 기업들의 경우 생산은 해외에 전적으로 의존하고 본사는 제품기획, 마케팅과 유통만을 당당하였습니다. 대표적인 회사가 스포츠화를 만드는 나이키이지요. 나이키는 생산은 대만, 한국 등 협력회사에 거의 전적으로 의존하였습니다. 1990년 전후 경영전략에서 회사는 가치사슬 중에서 스스로 가장 잘할 수 있는 부분에만 집중하고 나머지는 외부에 위탁(outsourcing)하는 것이 효과적이라는 핵심역량(core competence)이라는 개념이 나온 것도 비슷한 맥락에서입니다. 세계적 기업의 해외 위탁을 담당했던 회사들은 특히 대만에서 많이 나와, 세계 최대의 전자생산전문기업(EPC)인 팍스콘(Foxconn)도 대만기업이지만 생산 및 조립공장은 대부분 중국에 있어요.

중국은 2001년 WTO 가입 후에 글로벌 생산분업의 중심으로 등장하였습니다. 낮은 인건비, 수출지향 산업화정책과 세계적 기업의 직접투자 덕분에 중국은 '세계의 공장'이 되었고, 한때는 중국 총수출의 절반 이상이 가공수출이었습니다. 그러나 중국 정부는 2005년경부터 가공무역으로 인한 과도한 무역흑자가 위안화에 대한 절상압력을 초래하고 환경오염과 인력부족을 심화시킨다는 이유로 가공무역

억제정책을 펴고 있지요. 또한, 2010년 이후 미국의 셰일가스 공급과 전력요금 인하, 그리고 IT의 발전으로 생산효율이 높아지면서 최근에는 생산의 국제분업이 축소되고 있습니다.

그러나 글로벌 생산분업이 금방 사라지지는 않을 것입니다. TPP와 같은 메가 FTA가 퍼지면서 새로운 구도의 생산분업이 나타날 가능성이 크기 때문입니다. 예를 들어 중국 내 공장의 생산비가 비싸지면서 한국이나 대만 회사들이 중국에 있던 생산기지를 베트남으로 대거 이전시키고 있어, 베트남은 부분적으로 글로벌 생산분업에서 중국의 역할을 대체할 것으로 보입니다. 한국은 아직도 대중국 수출에서 재수출용 부품과 소재가 절반을 차지하고 있어 글로벌 생산분업에 대한 의존도가 높지요. 그러나 중국이 부품과 소재의 국산화를 적극적으로 추진하고 있고, 특히 LCD나 반도체와 같은 한국의 주력 수출품목을 국산화하려고 노력하고 있어 향후 이에 대한 전략적 대응이 필요합니다.

리앤펑: 공장 없는 세계 최대의 아웃소싱 기업

리앤펑Li&Fung은 1906년 중국 광저우에서 가족이 경영하는 무역회사로 설립된 홍콩에 본사를 둔 세계 최대 아웃소싱 전문기업이다. 리앤펑은 공급사슬관리시스템과 고객관리시스템을 구축하여 단 하나의 공장도 없이 글로벌 생산분업을 선도하고 있다. 리앤펑은 2015년 기준 전 세계 40여 개국에 15,000개 이상의 공급자 네트워크(공장), 300개가 넘는 사무실과 유통센터 등이 있어 25,000명 이상을 고용하고 있고 188억 달러의 매출을 기록하였다. 리앤펑은 글로벌 공급망을 바탕으로 비즈니스 플랫폼을 구축하고 거대한 네트워크를 통해 공급자 생산현황과 고객의 소규모 주문현황까지 파악하며 주문에서 선적까지 걸리는 기간을 최대한 단축한다. 리앤펑은 예를 들어 단추는 중국, 지퍼는 일본, 실은 파키스탄 등에서 조달한 후 제작은 방글라데시에서 수행하여 완제품을 주문국으로 선적한다. 리앤펑은 공급업체 생산능력의 30% 이상을 활용하되 70% 이상은 요구하지 않는 30/70 법칙으로 공급사슬을 관리하고, 공급업체 분야에 진출하지 않아 공급업체들이 플랫폼네트워크에서 이탈하지 않도록 하면서 공생관계를 유지한다. 리앤펑은 유연한 조직운영을 위해 거대한 회사조직을 300개 정도의 수평적 구조의 사업단위로 조직하고, 각 사업단위의 리더들에게 자율권을 주어 리더들은 자신의 사업을 운영하듯이 업무를 하며 인센티브 비중도 스스로 결정한다.

83 중국의 급성장이 **세계 경제**질서에 가져오는 **변화는** 무엇인가요?

제2차 세계대전 후의 세계 경제질서는 두 가지 특징을 가지고 있습니다. 하나는 미국이 주도하고 있다는 점이고, 또 하나는 규칙기반의 거버넌스라는 점입니다. 미국은 19세기 말에 이미 세계 최대의 경제가 되었지만, 2차 세계대전이 끝나는 시점까지는 리더십 역할을 자임하지 않았지요. 그래서 미국의 경제학자 찰스 킨들버거(1986)는 20세기 첫 45년의 세계경제에 리더십이 없어 1929년 당시 주요국이 각자도생할 뿐 공동으로 대처하지 못했기 때문에 경제위기가 더욱 악화하였다고 주장합니다. 따라서 제2차 세계대전 이후 세계 경제질서는 대공황 시기의 각국의 보호무역주의와 경쟁적인 평가절하에 대한 반성에 근거하여 만들어졌습니다. 새로운 제도와 규칙을 만드는 과정을 미국과 당시의 승전국들이 주도했고, 전후복구가 된 시점에는 서독과 일본이 동참하였습니다. 특히 1970년대 석유파동 이후 상당 기간은 주요 선진국 클럽인 G7이 세계 경제질서를 주도했지요.

G7이 주도하던 세계 경제질서는 21세기에 들어와 다른 모습을 보입니다. 가장 중요한 변화는 개발도상국 또는 신흥시장의 성장이며, 세계경제 구도의 변화를 가져온 가장 두드러진 요인은 중국경제의 성장입니다. 중국경제는 1978년 개방 이후 1992년까지는 매우 제한된 개방을 하다가, 냉전이 끝난 다음부터 본격적으로 개방하여 고도성장을 하기 시작했지요. 중국경제는 특히 2001년에 WTO에 가입하면서 본격

적으로 세계 경제질서에 편입되었습니다. 2001년부터 2015년까지 15년간 중국경제는 경상달러 기준으로 약 10배 정도 성장했으며, 특히 2010년에는 일본을 제치고 세계 제2위의 경제대국이 되었습니다. 미국 중앙정보국(CIA)이 발간한 『월드팩트북(The World Factbook)』에 따르면, 2015년 구매력평가(PPP) 기준 중국의 GDP는 전 세계의 17.1%로 세계 1위를 기록하였습니다. 중국 이외에도 인도, 브라질, 러시아 등 브릭스 4국을 포함해서 남아공, 터키, 멕시코 등 다른 신흥국가의 비중도 상당히 커졌습니다. 그 결과 이제 세계 경제질서를 논의하는 주축은 G7이 아닌 G20이 되고 있으며, 실제로 2008년 세계금융위기 이후에는 G20 정상회의와 재무장관 회의도 매년 열리고 있습니다.

그러나 중국의 성장이 제2차 세계대전 이후 미국 주도의 '규칙기반 거버넌스'의 근본적인 변화를 의미하지는 않습니다. 냉전이 끝나고 공산권이 해체된 후 세계경제는 시장경제로 통합되었으며, 중국을 비롯한 구 사회주의경제도 자유시장경제질서에 합류하였지요. 중국은 수출을 통해 경제성장을 하고 직접투자와 금융거래를 하면서 미국을 포함한 주요 서방국과의 상호의존도가 높아졌으므로, 중국의 고도성장 자체가 세계 경제질서의 근본적인 변화를 초래하지는 않았습니다.

그러나 중국은 국제적 협동관리에서 자국의 거대해진 경제규모에 걸맞은 발언권을 가지고 싶어 합니다. 구체적으로는 IMF를 포함한 국제기구에서의 자기 지분과 발언권의 확대를 의미하지요. 미국, EU와 일본은 2008년 세계금융위기 이후 IMF나 아시아개발은행(ADB) 같은 기관에서 중국의 지분을 확대해 주겠다고 약속했고, 중국의 IMF 지분의 증가는 2015년 말에 드디어 이행되었습니다. 또한, 중국은 2015년 아시아인프라투자은행(AIIB)을 출범시키고 일대일로(一帶一路)*와 같은 유라시아대륙 인프라 구축 등의 아이디어를 가지고 나름대로 세계경제의 주도권을 가지기 위해 노력하고 있습니다.

* 일대일로
중국 시진핑 주석이 2013년에 제시한 신(新)실크로드 전략으로 중앙아시아와 유럽을 잇는 육상 실크로드(일대)와 동남아시아와 유럽, 아프리카를 연결하는 해상 실크로드(일로)를 통해 아시아 경제공동체를 건설하자는 구상이며, 2049년 완성을 목표로 1조 400억 위안(약 185조 원)이 투자될 예정이고 이를 위해 중국은 400억 달러의 신 실크로드펀드를 만들고 AIIB를 통해 인프라 구축 지원 예정

2013년 이후 중국 경제의 성장이 둔화하고 있지요. 시진핑의 중국 정부는 뉴노멀이라는 기치를 내걸고 이제 비대해진 경제규모에 맞는 새로운 체질의 경제로 전환하기 위해 노력하고 있습니다. 이는 투자에서 소비로, 수출에서 내수로, 제조업에서 서비스로, 구경제에서 신경제로의 전환을 의미합니다. 세계경제도 이러한 중국경제의 변화에 적응하기 위해 노력하고 있지요.

지난 25년간 중국경제의 고도성장은 "미국 주도의 규칙기반 세계 경제질서"에 근본적인 변화를 가져오지 않았습니다. 또한, 앞으로 인도나 다른 신흥경제가 더 빠르게 성장하게 된다면 세계경제를 반드시 미국과 중국의 두 경제가 주도하리라 전망하기도 어렵습니다.

84 환율은 정부의 **거시경제**정책 수단인가요?

환율은 다른 나라의 돈을 우리 돈으로 사거나 팔 때 지급하는 가격으로, 외국 돈의 시세를 가리킵니다. 현재 세계 대부분 국가가 채택하고 있는 변동환율제에서 환율은 시장에서 수요와 공급에 의해 결정됩니다. 커피 한 잔에 4천 원 인 것처럼, 외환(외국 돈)도 1달러에 1,150원, 1엔에 11원 식으로 우리 돈으로 가격이 결정됩니다. 원/달러 환율은 미국 달러화를 원화로 표시한 가격으로 달러에 대한 수요와 공급에 의해 정해집니다. 순수한 자유변동환율제에서는 정부가 외환시장에 개입하지 않습니다. 그러나 정부가 여러 가지 이유로 외환시장에 개입하게 되는데, 이런 제도를 '관리변동환율제도'라고 부릅니다. 외환거래가 자유화되어 있는 경우에 정부는 수요자나 공급자의 일원으로 시장에 참여합니다.

과거에 환율은 통화정책의 주요한 목표가 되기도 하였습니다. 환율을 일정 수준에서 유지시키는 것을 목표로 하는 통화정책이 바로 환율목표제이지요. 금본위제, 고정환율제도, 외환보유액 규모에 따라 통화량이 결정되는 통화위원회제도(currency board system), 자국 통화를 포기하고 미국 달러화를 법적인 화폐로 사용하는 미달러화통용제도(dollarization) 등이 대표적인 예입니다. 환율목표제의 가장 큰 장점은 경제의 기초여건이 견고하고 물가가 안정된 나라의 통화에 자국 통화가치를 고정시켜 물가를 안정시킬 수 있는 것입니다. 또한 물가가 안정된 국가에 환율이 고정되면 국민들의 인플레이션 기대심리가 줄어들어 물가안정이 쉬워지겠지요. 환리스크가 없어 외국인 투자자들의 투자도 유치할 수 있습니다. 하지만 환율목표제의 가장 큰 단점은 통화정책의 자율성을 잃어버려 자국의 상황에 맞는 통화정책을 할 수가 없다는 것이지요. 더욱이 고정환율의 수준이 경제의 기초여건과 많이 괴리되면 투기자본의 공격대상이 됩니다. 1992년 유럽의 환율체제 붕괴, 1994년 멕시코 페소화 위기, 1997

기업은 환율변동에 어떻게 대응해야 할까?

자유변동환율제에서 외환시세는 시장에서 결정되며 환율은 여러 요인에 의해 좌우된다. 달러에 대한 수요와 공급은 무역거래 및 자본거래와 같은 국제거래를 하다 보면 발생하기도 하고, 때로는 외환 자체가 투기의 대상이 되기도 한다. 그리고 외환시장 참여자들도 여러 동기에 의해서 시장거래를 하므로 환율을 예측한다는 것은 매우 어려운 일이다. 마치 우리가 내일, 반년 후 또는 1년 후의 주식시세를 예측하지 못하듯이, 미래의 환율을 예측한다는 것도 그만큼 어려운 일이다. 어느 한 시점에서 가용한 모든 정보는 시세에 이미 반영이 되어 있으므로 현재의 시세가 가장 적정한 미래가격이라고 믿는 입장이 "효율시장가설"이다. 내가 만일 외환시장이 효율시장이라고 믿는다면 환율의 변동을 예측하려고 하지 말고 위험성을 회피하려고 해야 한다. 단, 외환시장에는 선물환율이 있으므로 1년 후 환율의 가장 좋은 예측치는 지금의 1년 선물환율이라고 생각하면 될 것이다. 2012년 이후 세계경제는 매우 불안정해서 원유나 원자재의 가격만 변동성이 큰 것이 아니라 환율도 변동성이 매우 컸다. 따라서 기업의 관점에서는 환율 변동성에 대한 적정한 대응이 필요하다. 한 기업인은 2013~15년 3년 동안 원자재가격과 환율 변동으로 인해 막대한 손실을 본 후 배운 교훈이 '우리 회사는 앞으로 공장가동과 영업을 잘해서 적정한 영업이익을 실현하는 것을 최우선으로 하고, 원자재나 환율시장에서는 위험성을 최소화하는 정책을 견지'해야 한다는 것이었다. 자유변동환율제 아래서는 '효율시장가설'을 믿고 환차손실은 최소화하며, 자기의 본업에 충실한 것이 가장 현명한 행동이 될 수 있다. 환차익이나 환차손을 최소화하고 본업에서 경쟁력을 높이는 기업이 장기적으로 안정된 기업이 되는 것이다. 기업이 환차손실을 최소화하려면 우선 환노출을 알아야 한다. 환노출이란 환율의 변동 때문에 이익이나 손실이 발생할 수 있는 상황을 말한다. 예를 들어 미국으로 유학을 간 자녀에게 향후 2년 동안 6개월마다 3만 달러씩 보내주어야 한다면, 총 12만 달러만큼 환 노출이 되는 것이다. 환노출을 줄이기 위해 달러를 미리 사놓을 수도 있지만 이런 방식에는 모두 비용이 발생하게 된다. 기업의 환차손실은 이보다 훨씬 복잡다기하지만, 기업도 먼저 환 노출을 측정하고 이를 줄이기 위한 여러 대안을 검토하고 실행해야 할 것이다.

년 아시아 외환위기 등이 이러한 예를 보여줍니다. 실제 1997년 아시아 외환위기는 우리나라를 비롯한 아시아 국가들이 고정환율제에서 변동환율제로 이행하는 계기가 됩니다.

환율은 때로는 정부의 정책적 목표를 달성하기 위한 수단으로 활용됩니다. 예를 들면 수출을 통해 경기를 부양하려고 할 때, 정부는 시장에서 외화를 계속 매입하여 자국의 통화가치를 낮게 유지합니다. 한국 정부도 2003년 신용카드 파동으로 국내경기가 매우 침체하였을 때 원화가치를 1년 정도 낮게 유지해서 수출을 진작하려고 했지요. 2008년 초에도 새로 출범한 이명박 정부는 원/달러 환율을 높여(원화가치를 낮게 유지하여) 경기를 부양하려고 하였습니다. 그러나 정부의 외환시장 개입은 큰 비용을 유발하며 시장과 경제를 왜곡시키지요. 예를 들어 시장환율이 1,150원인데 정부가 개입하여 1,250원으로 유지하려고 하면, 정부는 시장에서 달러를 계속 매입해야 합니다. 정부의 개입이 끝나고 환율이 1,150원으로 안정되면 그동안 사들인 달러화에 대해 정부는 1달러당 100원의 손실을 보고, 그 과정에서 풀린 원화를 회수하기 위해 채권을 발행해야 하는 비용이 발생합니다. 이러한 정부 개입으로 인해 수출기업은 달러당 100원씩 이익을 얻고 수입기업은 반대로 손해를 입어 심각한 시장왜곡이 초래되는 것이지요.

어느 정부가 수출을 장려하기 위해서 자국 통화의 가치를 낮게 유지하면 다른 나라 정부도 이에 대응하여 비슷한 정책을 채택하여, 각국이 경쟁적으로 자국의 통화가치를 하락시키는 것이 환율전쟁입니다. 이는 경쟁적으로 관세를 인상하는 효과와 비슷하여 경쟁국들이 서로 보복을 하므로 어느 나라도 이득을 보지 못하며, 결과적으로 교역만 위축됩니다. 따라서 이와 같은 인근궁핍화(beggar-thy-neighbor) 환율정책을 막기 위해서 IMF가 감시하고 미국도 때로 경고와 함께 보복조치를 하기도 합니다.

안정적인 **국제통화제도의 구축은** 가능할까요?

시장경제가 제대로 작동되려면 돈(화폐)에 대한 신뢰가 있어야 합니다. 그런데 나라마다 각기 다른 돈을 사용하므로, 국제거래를 하려면 자국의 돈을 다른 나라의 돈으로 환전해야 하지요. 다른 여러 통화 간의 평가와 거래에 대한 규칙 및 제도를 국제통화제도라고 합니다. 현재의 국제통화제도는 변동환율제도로 화폐의 가치가 외환시장에서 수시로 결정되는 제도입니다. 변동환율제도와 대칭되는 국제통화제도는 환율을 시장이 아닌 정부가 결정하는 고정환율제도입니다. 금본위제도가 대표적이지요. 옛날부터 금이나 은과 같은 귀금속이 시장거래의 매체로 사용됐는데, 금을 담보로 화폐를 발행하는 제도가 금본위제도이지요. 19세기 초 영국이 금의 일정한 양에 해당하는 화폐를 발행하면서 시작된 금본위제도는 국제통화제도가 되었습니다. 거래 당사국이 모두 금본위제도를 채택하고 있다면 두 나라 통화의 환율은 금을 기준으로 환산되어 결정될 것입니다. 또한 금이 있어야 화폐를 발행할 수 있으므로 화폐의 안정성은 확보되지만, 금의 공급량이 충분하지 않으면 통화가 충분히 공급되지 못하는 문제를 안고 있어요.

1914~1945년에 두 차례의 세계대전과 대공황의 암흑시대를 거치면서 세계는 브레튼우즈체제*라는 새로운 통화제도를 도입하였지요. 이 제도는 금 대신에 미 달러화를 기준으로 각국 화폐의 가치를 정하는 고정환율제도입니다. 1945년부터 1971년

까지 사용되었던 이 제도에서 미국의 달러는 금과 일정한 교환비율을 유지하고 있었지요. 국제통화제도가 잘 작동되려면 돈의 가치가 안정되고 경제규모가 확대되는 만큼 돈이 충분히 공급되어야 합니다. 브레튼우즈체제는 1960년대 중반 이후 미국의 재정적자와 경상수지적자가 확대되자 미 달러화에 대한 신인도가 하락하면서 붕괴하였지요. 이후 1970년대에 유가상승에 따른 세계경제의 불안이 지속하면서 1976년부터 변동환율제도가 공식적인 국제통화제도로 되었습니다.

＊ 브레튼우즈체제(Bretton Woods System)
브레튼 우즈 체제는 1944년 7월 미국 브레튼 우즈에서 44개 연합국 대표들이 국제무역 확대, 고용 및 실질소득 증대, 외환의 안정과 자유화, 국제수지 균형 등을 달성하기 위해 합의한 국제통화제도로, 미국 달러화를 기축통화로 하는 금환본위제도(금 1온스=35달러)를 채택하고 국제통화제도를 관장하는 기구로 IMF와 국제부흥개발은행(IBRD) 설립

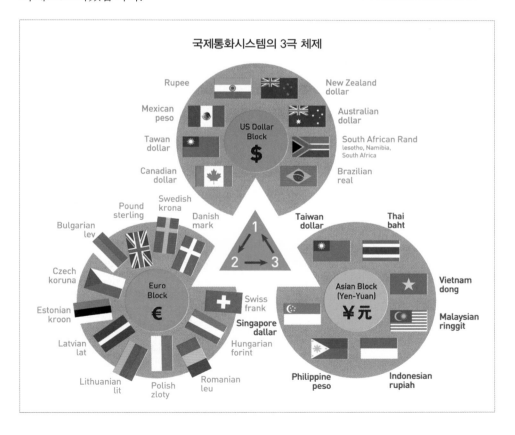

국제통화시스템의 3극 체제

고정환율제도에서 환율은 각국의 인플레이션이나 경제성장률의 변동에 따라 유연하게 조정되지 못하는 단점을 가집니다. 반면 변동환율제도는 경제상황의 변화가 수시로 환율에 반영되므로 외부의 충격에 완충장치가 생겨서 각국이 거시경제안정에 집중할 수 있습니다. 그러나 환율이 수시로 변하므로 기업이나 개인의 입장에서는 환차손실이 발생하게 되지요. 현행 변동환율제도에서는 미국 달러뿐만 아니라 유로, 엔화 등 여러 통화가 기축통화의 역할을 하고 있습니다. 기축통화는 국제적으로 무역거래, 저축 및 투자, 가치평가의 기준이 되는 통화로 안정성과 신뢰를 필요하고 돈의 태환성, 즉 언제든지 다른 나랏돈으로 바꿀 수 있어야 하지요. 2010년에 중국 경제가 세계 2위의 경제대국이 되면서 중국 위안화가 새로운 기축통화의 하나가 될 가능성이 커졌습니다. 기축통화가 되기 위해서는 해당 국가의 화폐가 금을 대신해서 화폐의 가치평가 기준으로 IMF가 만든 특별인출권(SDR)이라는 장부상의 공식 통화바스켓에 포함되는 것이 중요한데, 2016년부터 위안화는 SDR의 기반통화로 포함됩니다.

　　현재의 국제통화제도는 미국의 달러를 기반으로 하는 변동환율제도로, 이는 내재적으로 불안한 요소를 갖고 있어요. 세계경제에서 무역이나 자본거래가 증가하면 이에 따라 통화량이 증가해야 하는데, 그러기 위해서는 미 달러의 해외유출이 증가해야 합니다. 결국 이것은 미국이 경상수지적자를 감수해야 가능하게 되는데, 그렇게 되면 미 달러에 대한 대외신인도가 내려가겠지요. 따라서 국제통화제도가 안정되기 위한 미 달러의 이러한 모순적인 상황이 딜레마가 됩니다. 또한, 미국의 통화가치 변동은 여러 국가에 부담이 됩니다. 미 달러의 가치가 하락하면 미국 외 국가의 수출이 어려워지고, 반대로 미 달러가 강세가 되면 단기자본이 미국으로 몰려들게 되지요. 미 달러는 미국의 국가화폐이지만 동시에 세계 제1의 국제통화이기 때문에 양면성을 가지며, 이러한 양면성이 국제통화제도의 안정에는 부정적인 영향을 미치게 됩니다.

유로존 위기의 원인은 무엇인가요? 유로존은 결국 해체될까요?

세계는 국가를 단위로 구성되어 있습니다. UN에는 193개의 회원국이 가입되어 있는데, 이들 국가는 모두 주권을 가지고 있지요. 주권이란 영토와 국민에 대한 '배타적인 지배권'을 말합니다. 예를 들어 주권국가인 대한민국은 자국의 영토와 국민에 대해서 지배권을 가지고 있고, 따라서 국민에게 병역과 세금납부의 의무를 부과할 수 있지요. 그런데 이러한 주권을 일부 포기하면서 경제적으로 한 나라가 되겠다는 것이 지역경제통합입니다. 경제통합에서 가장 진전된 초국가연합이 유럽공동체(EU)입니다.

EU는 1957년 당시 6개국이 체결한 로마조약에 따라 관세동맹으로 출발했습니다. 관세동맹이란 자유무역지역(FTA)보다 한 걸음 더 나간 통합으로, 회원국은 공동관세 제도를 갖게 됩니다. 말하자면 무역정책적 주권을 일부 포기하는 것이지요. 당시 유럽경제공동체(EEC)라고 불리던 이 국가연합체는 1992년에 공동시장이라는 새로운 발걸음을 내디뎠습니다. 공동시장이란 자본 및 노동과 같은 생산요소까지 역내에서 자유롭게 이동할 수 있는 단일시장을 가리킵니다. 그로부터 7년 후 EU는 '유로'라는 단일통화를 출범시켰으며, 2년 동안의 실험기를 거쳐서 2001년부터 EU 회원국 중에서 일정한 조건과 자격을 가진 나라가 자국 통화를 없애고 유로를 단일통화로 사용하게 되었습니다. 2015년 말 현재 EU의 회원국은 28개 국가인데, 그중에서 19개국이 자국 통화 없이 유로를 사용하고 있습니다. 1999년 이후 유럽공동체가 두 개의 트랙으로 진행되고 있는 셈입니다.

경제적으로 거의 모든 주권을 포기하고 하나의 경제가 되는 것을 경제동맹이라고 하는데, 경제동맹은 화폐통합과 재정통합을 포함합니다. 재정통합은 재정의 편성, 재정적자와 국가부채의 규모, 조세제도의 조율 등 재정 전반에 걸쳐서 공동체의 관리와 간섭을 받는 체제이지요. 예를 들면 미국의 50개 주는 적자재정의 편성이나 공채 발행과 같은 정책에 대해 연방정부의 감독을 받고 있습니다. EU는 1999년에 화폐동맹을 시작했지만, 재정통합은 아직 이루지 못했기 때문에 지금의 유로존은 반쪽짜리 경제동맹이라 할 수 있습니다.

이와 같은 불완전한 경제통합이 바로 2011년 이후 EU 재정위기의 원인이 된 것입니다. 당시 위기의 진앙이었던 그리스를 예로 들어 보지요. 그리스는 2001년에 자국

파열되기 시작하는 유로존

통화를 포기하고 유로를 채택하였지만, 원래 관광과 농업 이외에 별다른 산업이 없고 재정이 취약한 나라였습니다. 그러나 그리스는 유로를 채택하면서 낮은 금리로 국채를 발행하여 사회복지 등에 사용하면서 국가부채가 증가했습니다. 특히 2008년 불황기에 다른 나라와 마찬가지로 그리스도 재정확대를 통해 불경기의 고통을 완화하는 정책을 펴면서 국가부채가 더욱 크게 증가했지요. 결국, 그리스 정부는 시장에서 국채를 발행할 수 없게 되었습니다. 한마디로 방만한 재정운영으로 국가가 파산 위기를 맞은 것입니다.

그리스사태를 시스템적으로 보면 애당초 그리스와 독일이 단일통화를 채택한다는 것이 근본적인 문제였습니다. 규모나 경쟁력과 생산성이 비교되지 않는 두 경제가 단일통화를 사용하게 되면 경쟁력이 취약한 경제는 경제침체를 피하기 힘들며, 이 경우 부유한 지역이 계속해서 가난한 지역에 경제적인 지원을 해 주어야 합니다. 그러나 불완전한 경제통합에서 그리스에 대해 재정규율을 요구하기도 힘들고, 그렇다고 독일이 계속해서 그리스에 경제원조를 해야 할 의무도 없지요. 만약 그리스가 자국 통화를 가지고 있었다면, 큰 폭으로 자국 통화의 가치하락을 유도해 부분적으로 생산성 낙후의 격차를 줄일 수 있었을 것입니다. 결국, 해결책은 그리스의 유로 탈퇴 또는 EU에 의한 그리스 구제지원 중 하나였고, 지금까지 EU는 후자를 통해 문제를 해결하기 위해 노력하고 있지요.

다수의 국가가 경제주권을 포기하고 경제적으로 한 나라가 된다는 것은 매우 어려운 일인데도 지난 60년 동안 EU는 그런 목표에 접근하고 있습니다. 그러나 지금과 같은 불완전한 경제동맹으로는 EU의 미래를 낙관하기가 쉽지 않지요. 현재 EU는 재정통합과 더 나아가 정치통합까지 적극적으로 추진하든지, 아니면 단일시장으로 후퇴하든지 해야 하는 중대한 갈림길에 서 있습니다. 2016년 6월 영국이 역사적인 국민투표를 통해 EU 탈퇴를 결정하게 되면서 EU가 위기에 몰려 있는데, 인류 역사상 가장 크고 진전된 경제통합체가 앞으로 어떻게 될지 귀추가 주목됩니다.

세계경제의 **중심이 아시아가** 된다고 하는데 정말 **가능한가요?**

아시아라고 불리는 지역은 매우 넓습니다. 아시아는 세계 전체대륙 면적의 60%를 차지하고 있고, 인구도 세계 전체인구의 55%에 달합니다. 아시아는 여섯 개의 분명한 소지역으로 구성되지요. 한국이 속한 동아시아, ASEAN을 중심으로 한 동남아시아, 인도와 파키스탄을 포함하는 남아시아, '스탄'이라는 나라 이름을 많이 쓰는 중앙아시아, 흔히 '중동'이라고 부르는 원유가 많은 서아시아, 그리고 시베리아를 포함하는 북아시아(러시아) 지역입니다. 어떻게 보면 면적이나 인구에서 세계의 절반 이상을 점하는 아시아가 세계경제의 중심이 된다는 것은 당연한지도 모릅니다.

유라시아대륙은 인류문명이 시작된 곳이기도 하고, 또한 18세기까지는 중국과 인도가 세계경제의 중심 국가였습니다. 세계경제의 중심이 유럽으로 넘어간 중요한 계기는 산업혁명입니다. 물론 사상이나 정치면에서 유럽은 13세기 이후에 세계적으로 혁신을 주도하였지만, 이들 사상과 제도를 힘으로 전환한 것은 산업혁명이었지요. 18세기 후반의 제1차 산업혁명과 19세기 후반의 제2차 산업혁명을 가치면서 영국, 프랑스, 독일 등 서유럽 국가들의 국력이 크게 신장하였고, 19세기 말에는 미국이 세계 최대의 경제국이 되었습니다. 기술발전과 산업혁명에서 뒤떨어진 중국은 19세기에 서방의 열강에 의해 유린당하여 많은 도시와 땅을 빼앗겼고, 인도 역시 같은 시기에 영국의 식민지가 되었지요. 세계의 질서와 거버넌스는 19세기에 영국의 주도로,

그리고 20세기 후반에는 미국의 주도로 유지되었으며, 지금도 세계의 거버넌스는 여전히 미국이 주도하는 규칙기반의 거버넌스입니다.

그러나 과거 후진국 또는 개발도상국이라고 불리던 많은 제3세계 국가들이 1990년대 초 이후에 본격적인 산업화를 하면서 신흥시장이 세계경제에서 차지하는 비중이 점점 커졌습니다. 신흥시장의 경제는 지난 25년간 선진국 경제보다 두 배 이상 빠른 속도로 성장해 왔으며, 그 결과 현재 전 세계 GDP에서 차지하는 신흥시장의 비중이 구매력 기준으로는 선진국 시장을 앞지르게 되었지요. 미국을 제외한 선진국 경제는 모두 고령화와 생산인구감소로 인해 경제가 저성장할 수밖에 없

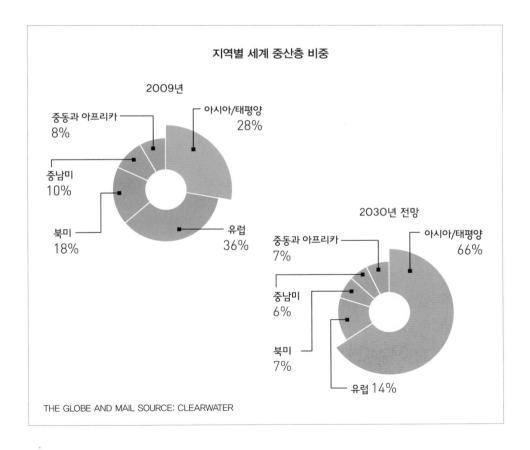

지역별 세계 중산층 비중

2009년

중동과 아프리카
8%

아시아/태평양
28%

중남미
10%

북미
18%

유럽
36%

2030년 전망

중동과 아프리카
7%

아시아/태평양
66%

중남미
6%

북미
7%

유럽 14%

THE GLOBE AND MAIL SOURCE: CLEARWATER

는 상황인데, 신흥시장은 아직도 젊은 인구가 많고 경제의 성장잠재력이 많이 남아 있습니다.

지난 25년간 아시아의 성장을 대표하고 상징하는 경제는 단연 중국경제입니다. 중국은 2010년에 세계 2위의 경제대국이 되었으며 구매력으로는 거의 세계 최대의 경제가 되었습니다. 또한, 인도경제도 꾸준히 성장하여 시장환율로는 세계 5위, 구매력(PPP) 기준 환율로는 세계 3위의 경제가 되었지요. 동남아에 있는 인도네시아, 베트남, 필리핀의 경제도 앞으로 성장전망이 밝으며, 동남아국가연합(ASEAN) 10개국도 최근에 공동시장으로 가기 위한 비전을 발표하였습니다. 또한, 지리적으로 떨어져 있기는 하나 호주와 뉴질랜드 두 나라도 TPP나 RCEP와 같은 메가 FTA에 모두 참여하고 있어서 아시아태평양경제권입니다. 따라서 세계 GDP에서 아시아경제의 비중은 적어도 2030년까지는 계속 커질 것으로 전망되고 있지요.

경제력은 경제규모에 의해서만 좌우되는 것은 아니며, 기술력과 지식의 리더십, 그리고 선진적인 정치 및 경제제도도 중요합니다. 기술과 지식 면에서도 동아시아경제의 중요성은 점차 더 커지고 있습니다. 일본은 이미 기술선진국이고, 중국도 연구개발지출이나 연구자의 수에서 세계 2위의 수준이며, 한국과 대만도 GDP의 3~4%를 연구개발에 지출하고 있지요. 이들 4개 동아시아경제의 연구개발투자의 합계는 이미 EU 28개국보다 더 많으며, 미국의 연구개발과 비슷한 규모입니다. 지금부터 본격적으로 펼쳐질 제4차 산업혁명에서는 동아시아경제, 특히 중국이 상당한 역할을 할 것으로 기대됩니다. 미국경제는 여전히 지식, 기술과 창업에서 압도적인 위치에 있지만, 미국과 동아시아의 기술 및 지식격차는 앞으로 좁혀질 가능성이 크지요. 종합하면 21세기는 아시아태평양경제의 시대라고 하겠습니다.

미국도 보호주의와 고립주의를 신봉하였다?

자유무역의 선봉자인 미국은 제2차 세계대전까지는 경제적으로는 보호주의, 정치적으로는 고립주의를 표방하였다. 미국을 대표하는 보호무역주의의 이론가이자 정치가가 바로 10달러 지폐의 주인공인 초대 재무장관 해밀턴(Alexander Hamilton, 1755/1757년~1804년)이다. 해밀턴은 유치산업보호론을 최초로 주장한 미국 건국의 아버지 중 한 사람이다. 1791년 해밀턴이 의회에 제출한 '제조업에 대한 보고서(Report on the Subject of Manufactures)'는 유치산업보호론을 최초로 정립한 것으로 평가된다.

미국의 초대 재무장관
해밀턴의 초상

해밀턴은 미국 제조업의 발전을 위해 보호주의적 관세를 부과하고 경쟁제품의 수입을 금지하며 국내 제조업에 필요한 원료의 수출을 금지할 것을 주장했다. 또한, 수출에 대해서는 국가가 보조금을 주어야 하며 제조업에 대해서는 일종의 연구개발세액공제와 같은 세제혜택을 주어 국내에서 새로운 발명과 혁신을 촉진할 것을 주장했다. 그리고 제조업의 발전을 위해 제조업 제품의 표준화, 금융시스템, 제품 운송의 촉진을 위한 인프라 등을 정책으로 제안했다.

해밀턴의 보고서는 의회에서 채택되지 못했지만, 그의 이론을 계승한 사람이 링컨 대통령의 경제보좌관 중 한 사람으로 당시 미국에서 제일 유명한 경제학자인 헨리 캐리였다. 실제 링컨은 북부 공업지역을 보호하기 위해 대통령에 당선된 후 수입품 관세율을 2배 올려 미국 역사상 가장 높은 47%로 하였다. 관세문제는 미국 남북전쟁

미국 제5대 대통령
제임스 먼로

의 직접적인 원인이었다. 당시 미국은 남부는 농업, 북부는 상공업 위주로 발전했기 때문에 북부는 관세를 높여 국내 제조업을 활성화하기를 원했고, 남부는 관세를 낮추어 제조품을 싸게 수입하면서 면화수출이 타격을 입지 않기를 바랐다. 따라서 남부 사람들은 링컨 대통령의 연방수입관세를 무효로 했고, 링컨 대통령은 이를 강행하여 남북전쟁이라는 내전으로 치닫게 되었다.

고립주의란 국제정세가 자국의 경제나 안보에 악영향을 미치지 않을 때에는 국제분쟁에서 중립적 태도를 유지하여 정치, 군사적으로 국제사회에서 고립한다는 정책이다. 미국의 고립주의는 초대 대통령 조지 워싱턴이 이임사에서 '미국은 유럽의 어떠한 국가와도 관계를 맺으면 안되며 유럽의 분쟁에 휘말리면 안된다'고 강조하는 것에서 출발하였다.

1823년 12월 2일 제임스 먼로(James Monroe, 1817~1825) 대통령은 의회 연설을 통해 아메리카 대륙에 대한 유럽의 간섭을 일체 거부하고, 미국이 유럽 열강 간 전쟁에 대해 중립을 표명하는 먼로 독트린을 발표하였다. 만약 전쟁이 남북아메리카 대륙에서 일어날 경우 미국은 그러한 행위를 미국에 대한 위협으로 간주한다는 먼로주의는 팽창적 고립주의로 평가된다. 먼로주의는 건국이 마무리되어 미국이 정치적으로 안정되고, 경제적으로 제조업이 발전하여 경제성장이 시작되면서 가까운 중남미에 영향력을 강화하려는 미국의 의지 표현으로 평가받는다.

실제 미국은 제2차 세계대전 발발 전까지는 유럽 대륙의 정치·경제적 변동에 상관하지 않았다. 그러나 미국은 제2차 세계대전에 개입하면서 고립주의를 폐기하였으며, 제2차 세계대전 후 공산권과의 냉전에서 자본주의 시장경제를 지키기 위해 보호무역주의를 버리고 자유무역주의로 완전히 전환하였다. 제2차 세계대전 후 세계질서는 강력한 국력을 바탕으로 미국이 세계의 평화와 질서를 유지하는 팍스아메리카나(Pax Americana)라고 하겠다.

Q88~
Q99

제 8 부

시장경제의 미래

88 고령화가 되면 경제침체가 불가피한가요?

　저출산·고령화가 세계적인 추세가 되면서 인구는 21세기의 핵심적인 자원으로 재부상하고 있습니다. 세계인구는 2015년 73억 2천만 명에서 2060년 99억 6천만 명으로 증가할 것으로 추정되지만, 출산율 하락으로 인해 세계인구의 연평균증가율은 2010~2015년 1.1%에서 2055~2060년에는 0.4%에 불과할 것으로 전망되고 있지요. 선진국들은 인구감소를 막기 위해 다양한 출산장려정책과 인구유입을 위한 이민정책을 추진하고 있고, 산아제한을 하던 중국은 1자녀 정책을 포기하였습니다.

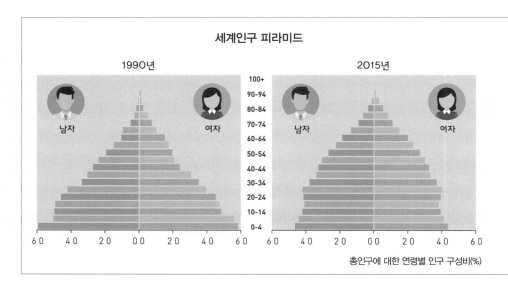

세계인구 피라미드

총인구에 대한 연령별 인구 구성비(%)

저출산·고령화는 경제성장과 함께 대부분의 선진국이 경험하는 사회경제적 현상입니다. 자본주의 시장경제의 발전과 민주주의의 확대는 여성의 사회적 진출과 권리를 증진하면서 출산율은 저하되고 가족의 개념도 변하였지요. 저출산과 더불어 의료기술의 발전과 의료혜택의 증가로 인한 기대수명의 증가는 고령화 사회를 앞당길 수밖에 없어요.

인구는 자본과 함께 핵심적인 생산요소로 경제성장에 큰 영향을 미칩니다. 인구는 사회에 노동력을 제공해주고 또 시장을 제공하지요. 성장에 있어서 인구의 중요성을 설명하는 개념이 인구보너스(Demographic Bonus)입니다. '인구배당효과'라고도 불리는 인구보너스는 전체 인구 중 15~64세 생산가능인구의 비중이 높은 인구구조가 경제성장을 촉진하는 것을 의미합니다. 제2차 세계대전이 끝나면서 지금의 선진국은 베이비붐 세대라고 불리는 출산율의 급증을 경험했고, 이들 세대가 지금의 많은 선진국에서 장기적인 경제 활황을 이끌어 왔지요. 저출산·고령화로 인해 인구보너스가 끝나면 경제성장이 둔화하면서 장기적인 경제침체가 발생할 수 있습니다. 따라서 유럽의 지속적인 저성장, 중국의 성장둔화, 일본의 장기침체 등을 일으킨 중요한 원인의 하나로 인구보너스의 종료가 지적되기도 합니다.

인구보너스 시기에 일시적으로 늘어난 생산가능인구가 시간이 지나면서 고령인구로 변하게 되면 생산가능인구의 비중이 줄면서 경제성장세가 둔화하는 시기가 옵니다. 이를 인구오너스(Demographic Onus) 시기라고 부르는데, 일할 수 있는 젊은 사람은 줄고 부양해야

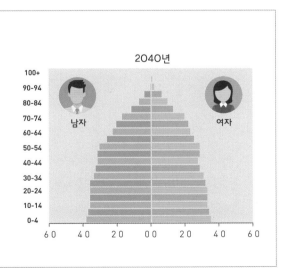

2040년

100+
90-94
80-84
70-74
60-64
50-54
40-44
30-34
20-24
10-14
0-4

남자   여자

60   40   20   00   20   40   60

할 노년층은 늘어나게 됩니다. 저출산으로 인한 인구구조의 변화는 인구오너스의 후유증을 더욱 심화시키게 되겠지요.

수요 측면에서 고령화는 총수요의 구성을 변화시키고, 산업구조에 영향을 미칩니다. 제2차 세계대전 후 서구 선진국들이 비약적인 경제성장을 구가한 황금기는 기계화에 기반을 두고 대량생산된 제품을 소비할 수 있는 소비인구가 있어서 가능했지요. 대량생산에 투입된 근로자들은 노사타협을 통해 임금소득을 증가시켜 대량소비와 저축을 할 수 있었고, 이들의 대량소비는 다시 대량생산을 촉진하는 경제성장의 선순환을 만들었습니다. 소득증가로 인해 늘어난 근로자들의 저축은 투자를 위한 자본으로 전환되어 자본축적을 증가시키고 생산 확대에 기여했지요. 물론 기술발전으로 인해 기계가 더 효율적으로 많은 생산을 할 수도 있지만, 이를 소비할 인구가 없다면 재고가 쌓이고 생산은 감축될 수밖에 없지요. 중국의 경제성장이 둔화할 것으로 예상하면서도 여전히 연착륙할 가능성이 높다고 판단하는 이유가 바로 14억 인구의 거대한 내수시장 때문입니다. 또한, 공급 측면에서 저출산·고령화는 노동력 감소와 저축률 하락으로 인한 자본축적의 저하 등을 초래하여 성장잠재력을 약화시킬 수 있습니다.

지속적인 경제성장을 위해서는 풍부한 자본 및 첨단기술과 함께 질 좋고 충분한 근로인력이 필요합니다. 우리나라가 변변한 천연자원도 없이 이른바 '한강의 기적'을 이룰 수 있었던 가장 큰 힘은 우수한 노동력이었지요. 따라서 양질의 노동력을 공급하기 위해 생산가능인구 연령 여성들의 노동시장 진출을 확대하기 위한 정책적 노력이 필요합니다. 고령화 시대에 맞는 고령인구의 일자리정책도 추진해야 합니다. 또한, 이민정책의 획기적 전환을 통해 젊고 숙련도가 높은 노동력을 확보해야 합니다. 총체적이고 선제적인 정책을 통해 고령화로 인한 경제침체를 막아야 하는 것이 저출산·고령화 시대 정부의 핵심적인 역할입니다.

기후변화에 대한 신국제체제의 내용은 무엇인가요?

1990년대 이후 "인간이 화석연료를 너무 많이 사용해서 지구의 온도를 높였고, 그로 인해 북극의 빙하가 녹아내리고 각종 기상재난이 일어나고 있으니, 지금부터라도 늦기 전에 온실가스 배출량을 줄여서 지구 차원의 재앙을 예방하자"는 국제적인 움직임이 커지고 있습니다. 지구온난화와 관련된 과학적인 근거에 대해 많은 의문이 제기되고 있지만, 1988년에 유엔의 기구로 설립된 세계 과학자들의 견해를 종합하는 IPCC(기후변화에 관한 정부 간 협의체, Inter-governmental Panel on Climate Change)의 제5차 보고서에 따르면 1870년대부터 본격화된 제2차 산업혁명 이후 본격적으로 사용된 석유, 천연가스와 석탄으로 구성된 화석연료가 지구온난화를 야기했습니다.

지구온난화가 인류와 생태계를 위협한다는 인식이 확산되면서 세계적 차원의 첫 공동대응이 유엔기후변화협약(UNFCCC)에 의한 교토의정서(Kyoto Protocol)입니다. 교토의정서는 1997년에 합의되고 각국의 비준을 거쳐서 2008년부터 시행되었지요. 교토의정서에서는 선진국만 온실가스 감축 의무를 지며, 당시 한국은 선진국에 포함되지 않아 감축 의무를 지지 않습니다. 원래 2017년까지 감축 목표를 세웠던 이 협의는 그러나 주요 온실가스 배출국(미국, 중국, 러시아, 인도 등)이 모두 불참하면서 유명무실하게 되었습니다. 특히 미국은 선진국과 개도국의 차등적인 감축 의무에 반대해 처음부터 교토의정서에 참여하지 않았지요.

기후변화로 인해 녹아내린 북극의 얼음 조각 위에 간신히 몸을 맡긴 북극곰의 모습

교토의정서의 실패를 교훈으로 새로운 기후변화체제가 2015년 12월에 열린 UNFCCC의 당사국총회에서 타결되었습니다. 참여국의 비준을 거쳐 2020년부터 발효될 신기후변화체제는 미국과 중국을 포함한 온실가스 대량배출 국가들이 모두 참여할 것으로 예상하여 어느 정도 성과가 있을 것으로 기대됩니다. 신체제의 특징은 선진국과 개도국이 모두 참여해 차등적으로 의무를 지게 되며, 선진국은 개도국을 기술적·재정적으로 지원하는 의무를 지지요. 그러나 신기후변화체제에서도 참여국을 강제할 방법은 없으며, 자발적으로 목표를 제시하고 감축을 시행하도록 했습니다. 그러나 5년마다 감축 목표를 제시하고 매년 실적을 보고해야 하므로 각국이 이를 성실히 이행할 것으로 기대되고 있습니다.

신기후변화체제의 성공은 개도국의 적극적인 참여에 달렸지요. 인구와 경제의 성장으로 인하여 온실가스 배출이 증가하는데, 선진국은 이미 두 측면 모두 정체상태에 있고, 앞으로 개도국이 성장을 주도할 것이기 때문입니다. 그러나 선진국은 과거에 산업화와 경제성장을 달성하여 상당한 물질적인 풍요를 누리고 있고 그 과정에서 막대한 온실가스를 배출하였기 때문에 이제 성장하려는 개도국에 온실가스 감축을 요구하기는 어렵지요. 여기에도 '역사문제'가 있는 것입니다.

한국은 고도성장 과정에서 중화학공업에 크게 의존해 왔기 때문에 경제규모보다 온실가스를 상대적으로 많이 배출하는 경제입니다. 경제규모는 2015년 GDP 기준 세계 11위이지만, IEA(세계에너지기구)가 평가하는 연료 연소에 의한 이산화탄소 배출량 순위는 2010~2013년 세계 7위입니다. 한국은 이명박 정부 때부터 녹색성장을 새로운 비전으로 제시하여 적극적인 행보를 보였지요. 특히 2015년 파리회의에서는 온실가스를 2030년까지 BAU(business as usual)* 기준 37%를 감축하겠다는 목표를 제시하였습니다. 한국 정부는 37% 중에서 25.7%는 본국에서, 11.3%는 해외에서 감축하겠다고 약속했지요. 한국 경제가 이미 저성장에 진입하였고, 앞으로 중화학공업의 성장이 둔화할 수밖에 없다는 점을 고려하면 한국이 발표한 감축 목표가 너무 낮다는 국제적인 시각도 있지만, 어떤 방법으로 감축을 강제할 것인가에 따라서 산업이나 기업에는 상당한 영향이 있을 것입니다. 기후변화는 지구 차원의 심각한 문제이므로 한국 정부와 기업이 신기후변화체제에 능동적으로 참여하는 것이 필요합니다.

*BAU(Business As Usual)
BAU 배출량은 국민경제의 성장 방식을 전제로 유가, 인구, 경제 성장률 등의 변동에 따른 미래 온실가스 배출량 추이의 전망치이며, 온실가스 감축정책의 추세가 미래에도 지속된다는 것을 전제로 전망되어 국가감축목표 설정 시 기준선 역할

90 화석에너지 시대는 언젠가 종말을 고하게 될까요?

석유는 1859년에 미국에서 처음으로 상업적 양산이 시작되었습니다. 그 후 160여 년간 인류는 석유와 천연가스, 그리고 석탄에 의존하여 문명을 유지해 왔지요. 전기 없는 현대문명은 상상할 수가 없는데, 현재 전력생산은 이 세 가지 화석연료와 원자 력에 주로 의존하고 있습니다. 1973년 이후 석유수출국 카르텔인 OPEC의 힘이 강했 던 이유는 현대문명의 석유 의존도가 높아서 수요의 가격탄력성이 매우 낮기 때문이 었지요. 1973년에 원윳값이 4배가 올랐어도 수요는 조금밖에 줄지 않았습니다. 아직 도 전 세계 에너지소비에서 화석연료 의존도는 80%가 넘고, 2030년이 되어도 의존 도는 여전히 80%가 넘을 것이라는 주장도 있습니다.

그러나 2020년대에 각국이 기후변화에 대한 새로운 규제를 채택하면 화석연료, 특 히 석탄에 대한 의존도는 매우 낮아질 것으로 전망되기도 합니다. Seba(2015)는 태양 광이나 풍력과 같은 재생에너지가 경쟁력이 생겨서 2030년경에는 화석연료를 상당 부분 대체할 것이라고 주장하지요. 세계 각국, 특히 유럽의 덴마크나 네덜란드, 독일 과 같은 나라들은 전체 에너지에서 신재생에너지의 기여도를 25% 이상으로 높이려 고 노력하고 있습니다. 현재 전 세계 온실가스 배출량의 26% 정도를 수송부문이 차 지하고 있으므로, 각국은 자동차의 연비를 높여서 비화석연료의 비중을 높이려 하고 있지요. 그러나 전기차나 수소차의 판매가 전체 자동차판매의 20%가 된다고 해도 이미 등록된 자동차 대부분이 휘발유나 디젤차이기 때문에 교통수단의 석유 의존도는 상당 기간 지속할 것입니다. 또한, 태양광이나 풍력의 원가경쟁력이 낮아지려면 상당한 시간이 필요하며, 설령 전기차가 보급되더라도 여전히 전력을 사용해야 하므로 전력생산을 더 늘려야 합니다.

한국의 에너지 수급에서 원자력은 매우 큰 비중을 갖고 있습니다. 그러나 2011년 3월 일본 후쿠시마원전의 대재앙 이후 세계적으로 원자력의 안전에 대한 경각심이 크게 높아졌으며, 독일은 앞으로 원자력발전을 중단하겠다고 발표했지요. 그리고 원전의 발전원가는 사용연료의 처리비용을 제대로 고려하지 않고 있어, 실제로는 원자력의 단가가 제일 낮은 것은 아니라는 주장도 일리가 있습니다. 현재 기술로는 원자로에서 사용하고 남은 폐연료를 안전하게 처리하는 방법이 없기 때문입니다.

한국은 신재생에너지를 대량으로 공급할 여건이 상대적으로 불리한 것으로 알려져 있습니다. 지열이나 조력은 별로 경제성이 없으며, 풍력도 입지를 찾기가 쉽지 않고 태양광은 가장 잠재력이 크지만, 일조량이 매력적인 조건은 아니라고 하지요. 따라서 한국 정부는 원자력발전을 중단할 수가 없고 원자력발전의 중단을 요구하는 국내 여론도 그다지 크지 않은 편입니다. 국내의 에너지 수급에서 중요한 변수는 수요관리입니다. 국내 전력요금은 세계적으로 낮은 수준이며, 특히 산업용은 가정용보다 더 저렴합니다. 1970년대 이후 중화학산업을 기반으로 경제성장을 추진하다 보니 산업용 전력요금을 낮게 유지할 수밖에 없었기 때문이지요. 그러나 낮은 전력요금은 전력과 화석연료를 많이 소비하는 경제구조를 만들었습니다. 앞으로 기후변화 체제가 본격적으로 시행되면 에너지 소비를 축소하기 위한 전력요금의 현실화가 필요할 것입니다. 스마트그리드나 전력비축(ESS)과 같은 에너지 사용의 효율화에도 노력을 집중해야 합니다.

불과 10년 전까지만 해도 현재와 같은 속도로 석유를 소비하면 몇십 년 후에는 석유가 고갈될 것이라는 전망이 많았습니다. 그러나 현재 분명한 것은 화석연료는 절대 고갈되지 않는다는 점이지요. 수년 전부터 셰일가스가 대량으로 개발되고 있으며, 기술이 더 개발되면 아직도 더 많은 화석연료의 공급이 가능할 것으로 전망됩니다. IPCC의 제5차 보고서에 의하면 인류가 지구온난화를 1870년 대비 섭씨 $2°$ 이하로 유지하려면 지금 확인된 석유와 가스의 매장량의 10% 이내만을 사용해야 한다고 합니다. 따라서 2020년 이후에 신기후변화체제가 제대로 가동된다면 신재생에너지가 화석연료를 상당 부분 대체해야 하며, 그에 따라 서서히 에너지의 대전환이 가시화되겠지요. 돌이 부족해서 석기시대가 끝난 것이 아닌 것처럼, 석유가 고갈되어 화석연료 시대가 끝나지는 않을 것입니다.

세계 셰일가스 분포도(2015년 9월 24일 기준)

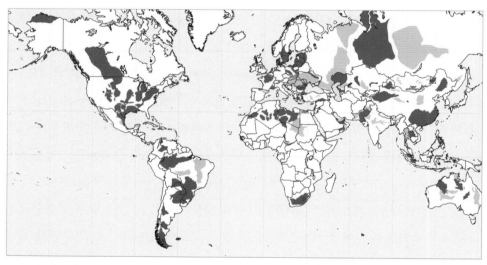

범례　■ 매장량 추정　　　　　　　　　　출처: 미국 에너지관리청(Energy Information Administration)
　　　■ 매장량 미 추정

91 온실가스규제는 정말 **필요**한가요?

온실가스 감축은 기후변화문제를 완화하고, 에너지위기를 극복하려는 방안의 하나로 제안된 대표적인 글로벌 환경문제이자 경제문제입니다. 온실가스를 줄이기 위한 대표적인 정책수단으로 탄소세와 온실가스 배출권 거래제가 있지요. 탄소세는 온실가스 배출에 대해 부과되는 세금으로, 핀란드가 1990년에 처음 도입하고 영국·덴마크·핀란드·아일랜드·네덜란드·스웨덴·노르웨이 등에서 시행되고 있습니다. 배출권 거래제는 정부로부터 온실가스 배출허용량을 부여받은 각 기업이 허용량을 시장에서 거래하는 제도로, 미국에서 부분적으로 도입된 이래 EU에서 2005년부터 시행되고 있고 미국, 일본, 중국 등의 일부 지역에서만 도입되었습니다.

우리나라는 2030년 온실가스 배출량을 배출전망치(BAU) 대비 37% 감축하기로 국제사회에 약속하였고, 2015년 1월 12일부터 배출권 거래제를 시행하고 있습니다. 2015년 배출권 거래시장의 거래실적은 총 거래량 124만 2,097톤으로 정부가 배정한 물량 5억 4,322만 톤의 0.2%에 불과하였지요. 거래시장에는 할당량을 확정받은 525개 기업과 2015년 거래소가 선정한 44개 기업만이 참여할 수 있습니다. 정부는 기업부담을 낮추기 위해 기준가격을 t당 1만 원으로 설정하고 배출권 가격은 하루 ±10%를 넘지 않도록 고정하여 가격을 통제하고 있습니다. 배출권 거래시장의 가격을 수급이 아니라 정부가 관리함에 따라 가격이 지나치게 싸지는 바람에 수요는 많은데

> ### 배출권 거래제 vs 탄소세
>
> 배출권거래제와 탄소세는 기본적으로 규제의 성격을 가지며 제도적 장단점을 가진다. 배출권 거래제는 탄소세보다 정책목표의 달성 여부가 명확하고 기업 간 거래를 통해 기업의 특성을 유연하게 반영할 수 있다. 배출권거래제는 아직 배출하지 않은 오염물질에 배출권을 할당하므로 미래 오염권이라는 특성을 갖는다. 배출권이 과잉공급 되면 배출권 가격이 하락하고 기업의 온실가스 감축 유인이 저하되기 때문에 목표 달성이 불분명해진다. 배출권의 가격유동성이 EU와 같이 감축 노력보다 경기변동에 따라 더 커지게 되면 탄소시장에서 실제로 탄소가 감축될 것인지 불투명하다. EU에서는 발전회사 등 배출권을 초과로 무상 할당받은 기업들이 이를 판매하면서 부당이익을 얻기도 하였다. 배출권거래제는 잘못 설계되면 산업의 부담을 증가시키고 경쟁력약화를 초래할 수도 있다. 온실가스 규제강화로 개별기업의 생산비용이 증가하여 산업경쟁력이 저하되는 석유화학, 철강, 플라스틱 등과 같은 탄소집약도가 높은 산업은 생산시설을 해외로 이전하는 탄소누출carbon leakage이 발생할 우려도 있다. 탄소세는 배출권거래제보다 규제성향이 훨씬 강하면서 확보된 세수를 녹색 사업에 활용할 수 있으므로 감축 효과와 재분배효과를 동시에 가진다. 그러나 조세 역진성과 소비자에게 비용부담을 전가하는 문제가 발생할 수 있고 최종 배출량에 대한 불확실성이 크다. 정부가 세율 조정을 유연하게 할 수 없으므로 잘못 도입되면 기업의 비용부담을 가중할 수도 있다.

공급이 적어 거래량이 미약했지요.

배출권시장도 다른 시장과 마찬가지로 수요와 공급에 따라 가격이 형성되어야 합니다. 시장거래를 통해 배출권의 희소성에 맞는 가격이 만들어져야 온실가스 저감이 가능하기 때문입니다. 정부의 통제가격이 시장가치에 못 미치면 온실가스 저감능력이 충분한 기업들은 감축 후 남는 배출권을 시장에 공급하기보다 보유하려고 하고, 감축이 어려운 기업들만 배출권을 구하지 못하고 과태료를 내야 합니다. 따라서 배출권시장이 활성화되기 위해서는 먼저 정부의 통제가격인 기준가격이 폐지되어야 하지요. 가격변동의 위험성은 정부가 아니라 파생상품을 통해 관리되어야 하고, 시장참여자도 확대해야 합니다. 공급자와 수요자가 많을수록 효율적인 가격이 형성될 수 있습니다. 유럽시장과 같이 헤지펀드, 투자은행, 증권, 산업체, 환경론자 등 다양한 주체가 시장에 참여해야 시장이 활성화됩니다. 금융기관의 배출권 거래제 참여 및 배출권을 할당받지 못한 기업들의 시장참여도 필요하지요.

경제적 여건변화도 고려해야 합니다. 세계경제 침체와 중국의 성장둔화로 인해 국내 온실가스 다배출 산업들의 구조변화가 야기될 수도 있습니다. 배출권을 과다하게 할당받은 기업들이 불황의 여파로 추가로 줄어든 온실가스 배출량을 배출권시장에 과잉 공급해 배출권 가격이 급락할 수도 있고 온실가스 감축을 위한 노력 없이 추가 이득을 얻을 수도 있어요. 수출절벽 해소를 위해 배출권의 추가할당이나 재할당 등 규제완화도 필요합니다.

원칙적으로 배출권 거래제는 기업들의 저탄소 기술개발을 촉진하고 재생에너지 부문을 활성화해야 합니다. 환경규제의 도입 및 강화가 환경규제를 극복하기 위한 기술을 발전시키고 관련 신산업을 성장시키며 고용을 창출한다는 것이 환경규제 강화론자들의 주장이지요. 그러나 현실에서 환경규제의 강화가 경제를 활성화하고 고용을 창출한 사례는 거의 드뭅니다.

배출권 거래제가 도입된 지 1년이 지났지만, 제도의 설계가 친시장적이지 않아 효과에 대한 의구심이 큰 상황입니다. 향후 탄소배출을 억제하기 위해서는 추가로 탄소세를 도입해야 한다는 논의도 있지요. 온실가스 감축이라는 전 지구적 과제에 한국도 적극적으로 참여해야 하지만 규제의 도입을 위해서는 규제영향평가를 명확하게 하고 비용과 편익을 고려하여 규제가 설계되어야 합니다. 배출권 거래제의 개선과 함께 탄소세는 이해당사자들의 의견을 수렴하고 과중한 부담이 되지 않도록 기존의 교통에너지환경세를 고려하면서 합리적인 방식으로 도입되어야 할 것입니다.

92 우버나 에어비앤비와 같은 공유경제는 계속 성장할까요?

　세계 최대의 숙박회사는 소유하고 있는 방이 하나도 없습니다. 세계 최대의 택시회사는 소유하고 있는 택시가 하나도 없습니다. 세계 최대의 유통회사에는 상품재고가 거의 없습니다. 에어비앤비(Airbnb), 우버(Uber), 아마존(Amazon)을 가리키는 말들입니다. 에어비엔비와 우버는 각각 숙박시설이나 승용차의 소유자와 사용자를 연결해주는 중개상입니다. 이들은 설비가 없이 중개만 하고 수수료를 받는 중개서비스업체로 단기간에 매출이 급증하여 매우 성공적인 사업모델을 만들었고, 이와 함께 공유경제(sharing economy)라는 새로운 개념이 등장했지요.

　공유경제란 "소유하지 않고 빌려서 소비(사용)하는" 행위가 널리 퍼져있는 경제로, 소유경제에 대립하는 개념입니다. 그러나 집이나 차를 빌려서 사용하더라도 누군가는 이를 소유하고 있으므로, 사회주의처럼 국가가 설비나 시설을 소유하고 있는 경우와는 다르지요. 설비의 소유자가 누구인지에 따라서 공유경제 모형은 B2C와 P2P로 나눌 수 있습니다. B2C는 자동차나 가구 대여(렌탈)사업처럼 이미 오래전부터 있던 개념이며, 새로운 것은 P2P 모델입니다.

　그러면 최근에 P2P 방식의 사업모델이 확산되는 이유는 무엇일까요? 제일 중요한 것은 온라인화로 인해서 시간과 비용이 절감되고, 신뢰가 구축될 수 있기 때문입니다. 승용차이든 숙박시설이든 우선 소비자가 온라인으로 상품정보를 쉽게 얻을 수 있어 계약과 사용이 매우 편리합니다. 게다가 저렴하기까지 하지요. 전혀 모르는 사람에게 집을 빌려주고 모르는 집에서 숙박한다는 불안감은 중개상이 거래 쌍방에 대한 정보를 가지고 있고 계속해서 모니터하고 평가하면서 축소됩니다. 서비스 중개상은 P2P 거래에서 거래비용을 감소시키면서 소비자의 비용과 시간을 절감해주거나 추가적인 수입을 제공하는 대가로 수수료를 받는 셈입니다.

2008년 이후 공유서비스가 크게 퍼진 이유는 2007년 스마트폰의 등장도 있지만, 더 중요한 것은 불경기 때문일 것입니다. 세계경제가 장기간의 침체에서 벗어나지 못하면서 지갑이 얇아진 소비자들이 더 합리적인 소비를 하다 보니 구매하지 않고 빌려서 소비하는 행태가 증가하였지요. 1997년 한국 경제위기 당시 웅진코웨이가 정수기사업을 장기렌탈방식으로 바꿔서 소비자에게 크게 어필한 것도 같은 이유입니다.

공유경제의 장점은 이미 존재하는 설비를 더 잘 활용하여 경제의 효율화를 높이는 것입니다. 만약 공유경제가 크게 확대된다면 주택이나 설비의 시장규모가 축소될 수 있을 것이지만, 과연 그렇게까지 될지는 불분명합니다. 예를 들어 언제 어디서나 단시간동안 차를 빌릴 수 있는 미국의 Zipcar와 같은 서비스가 있더라도 사람들이 승용차를 아예 소유하지 않는 경우는 많지 않을 것으로 보입니다.

공유경제의 단점으로 비정규직을 양산하고 자본보다 노동에 대한 배분을 축소한다는 비판이 있습니다. 예를 들어 우버의 차량서비스를 제공하는 자동차 소유자/운전사는 자동차 소유의 모든 비용과 위험성을 스스로 부담하면서 서비스를 제공하고 돈은 우버가 다 벌어간다는 비판입니다. 이 비판도 과장된 면이 있어요. 경제의 온라인화는 운전사뿐만 아니라 집 수리공부터 작가, 판매원 등 많은 직종에서 프리랜서를 양산하고 있으며 공유경제의 확산도 그런 현상의 일부입니다.

공유경제는 과연 자본주의의 기본인 사유재산제도와 시장경제의 변화를 가져올 만큼 근본적인 변화일까요? 우선 공유경제 형태의 새로운 사업모델로 혁신하

8부
Q88-99

는 대부분 기업은 기존 민간기업의 지배구조를 그대로 가지고 있습니다. 주주가 있고 상장을 하며 이사회가 있고 물론 인수 · 합병의 대상이 되기도 합니다. 주주와 근로자의 역할도 기존의 기업들과 기본적으로 같아요. 따라서 공유경제의 확산은 좁게 보면 사업모델 혁신이라고 하겠으며, 시장경제의 근본을 바꾸는 현상은 아닙니다. 2015년 현재 세계 공유경제의 규모라고 추정되는 100억 달러는 세계경제 규모의 0.02% 정도밖에 되지 않지요. 공유경제가 확산하는 것은 친환경적이라는 주장도 일리는 있으나 아직은 그런 주장을 할 정도로 영향력이 크지는 않습니다. 공유경제는 현재로써는 기업의 사업혁신을 위한 하나의 방안이라고 볼 수 있습니다.

회원제 렌터카 공유회사: Zipcar

Zipcar는 미국의 카쉐어링 회사로 2000년에 다니엘슨Antje Danielson과 체이스Robin Chase에 의해 설립되었다. Zipster라고 불리는 회원은 렌터카와 달리 자신의 필요에 따라 차량을 시간 또는 하루 단위로 이용할 수 있다. 일반적으로 회원들은 한 달에 $30을 내고, 시간당 $3~$6의 사용료를 지급한다. 사용료는 자동차보험과 연료, 세차 및 유리창 세제와 같은 일상 정비비용을 포함한다. 회원은 짚카드를 받아 예약한 자동차를 운전할 수 있다. 모든 자동차는 사용시간과 운행거리를 기록하고 이것은 무선 데이터접속을 통해서 중앙컴퓨터에 전송된다. Zipcar는 도로나 공용주차장에 정해진 전용주차장이 있으며, 사용자의 접근을 쉽게 하기 위해 캠퍼스 약 500곳에서 서비스를 이용할 수 있도록 하였고, 마트 약 30곳, 공항 약 50곳에서도 사용 가능하다. 2015년 7월 현재 90만 명 이상의 회원이 있고, 미국, 캐나다, 영국, 스페인, 프랑스, 오스트리아와 터키에서 1만여 대의 차량을 제공하여 세계적인 자동차 렌탈네트워크의 하나가 되었다. 2011년 4월 14일 Zipcar는 나스닥에서 거래를 시작하여, 상장 첫날 주가가 66%나 상승하며 당시 3년 연속 적자를 기록하고 있던 가치가 약 1.3조 원이 되었다. 2013년 3월 Zipcar는 Avis Budget Group에 현금으로 약 5억 달러에 팔려 Avis의 자회사가 되었다.

93 사회적 경제는 시장경제에서 어떤 역할을 하나요?

　사회적 경제는 시장경제의 한계를 극복하기 위한 현실의 대안으로 시작되었으며, 사회적 경제에 대한 통일된 정의는 아직까지 없습니다. 그러나 일반적으로 사회적 경제는 시장도 정부도 아닌 민간영역에서의 자발적 참여와 구성원간 민주적인 의사결정에 기반을 두어 공동체와 지역사회에 기여하고, 경제적 목표와 사회적 목표를 동시에 추구하는 경제로 정의되지요. 유럽위원회에 따르면 사회적 경제는 공동의 욕구를 가진 사람들에 의해, 그들을 위해 만들어진 조직들로 구성된 협동조합, 상호공제조합, 민간단체, 재단 등을 포함합니다. 전통적인 사회적 경제에는 신용조합, 상호공제회, 협동조합 등이 있고, 1980년대 이후 유럽의 경제침체에 따른 국가복지의 한계를 극복하기 위해 교육, 보육, 의료 등 사회서비스 분야에서 새로운 형태의 조직인 사회적 기업과 사회적 협동조합이 생겨났습니다.

　사회적 경제의 시초는 1800년대 후반 프랑스에서 열악한 생활여건을 해결하기 위해 근로자들이 스스로 만든 협동조합이나 상호공제조합으로 알려져 있습니다. 협동조합과 상호공제조합은 20세기 전반기에 유럽 전체로 퍼졌는데, 자본주의 시장경제가 위기에 빠졌을 때 대안으로 주목받았지요. 1970년대 유럽 복지국가들이 위기에 처하면서 사회적 경제는 시장과 정부가 제공하지 못하는 일자리와 사회서비스를 제공했습니다. 그래서 2008년 세계금융위기 이후 다시 사회적 경제가 관심을 받는 것이지요.

사회적 경제를 통한 일자리 창출은 실업문제 및 빈부격차 해소에 기여하고, 우애와 연대의 원칙에 기초한 지역사회네트워크를 구축하여 다양한 사회서비스의 소비를 촉진할 수 있습니다. 예를 들어 프랑스에서 사회적 경제는 장애인 조직의 90%, 양로원의 45%, 개인 복지서비스의 60% 이상을 담당하고 있고, 저소득층 가사지원 서비스의 68%와 병원의 30%가 사회적 경제조직에 의해 관리되고 있다고 합니다.

스페인의 몬드라곤, 캐나다의 퀘벡, 이탈리아의 볼로냐 등은 시민사회가 중심이 되어 지역공동체를 활성화하였지요. 그러나 사회적 경제는 전체 국민경제의 복지를 주도하기는 어려우며, 단지 시장경제나 정부의 힘이 미치지 못하는 사각지대에 대한

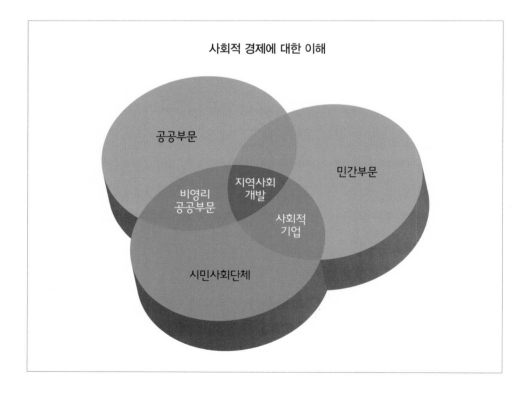

서비스를 통해서 보완적 역할은 할 수 있을 것입니다.

우리나라에서는 1997년 외환위기 이후 정부가 실업 해소를 위한 일자리 창출정책의 수단으로 사회적 경제를 도입한 측면이 큽니다. 정부는 창업과 일자리 등 양적 지표를 늘리기 위해 마을기업이나 사회적 기업 등에 인건비나 사업비 등 돈을 지원하고 있지요. 또한, 한국의 사회적 경제는 지방선거에서 야당 지방자치단체장들이 당선되면서 확대되었고, 정치적 경향성도 강한 편입니다. 실제 지역사회에서 사회적 경제를 주도하는 대부분의 활동가는 진보적 성향을 가지고 있고, 지역의 시민운동과 밀접한 관계를 맺고 있어 사회적 경제가 사회운동을 실현하는 수단으로서의 특성을 가지는 면도 있지요. 그동안 사회적 기업, 마을기업, 협동조합 등에 대한 법제화는 되었지만, 사회적 경제의 자생력은 아직 낮은 것으로 평가됩니다. 더욱이 중앙정부와 지방자치단체의 관련 사업들이 중복되고 다양한 개념들이 혼용되고 있어 사회적 경제의 현황과 실태를 정확하게 파악하기도 쉽지 않지요. 공식적으로는 2016년 5월 말 현재 협동조합은 9,439개가 있으며, 고용노동부 장관의 인증을 받은 사회적 기업은 1,548개가 있습니다.

한국에서 사회적 경제가 성공하기 위해서는 구성원들의 자발성과 신뢰에 기초한 자연스러운 사회적 경제 생태계가 조성되어야 합니다. 그러나 우리나라의 경우 정부의 재정지원이 사회적 경제를 지탱하고 있으므로, 자생력이 취약하기 때문에 재정지원이 끝나면 사업을 지속하지 못하는 경우도 많지요. 재정지출 중심의 인위적인 사회적 경제의 추진은 지속가능성도 없고 일부 단체 간의 예산 나누어 먹기로 끝날 가능성이 높습니다. 따라서 사회적 경제의 활성화를 위해서 정부의 재정지원은 최소화하고, 재정지원을 위한 사회적 기업 인증제도도 폐지해야 합니다. 사회적 경제가 지속 가능하기 위해서는 사회적 경제 조직들 간 경쟁을 통해 자생력과 경쟁력 있는 조직들이 계속 만들어지고 성장해야 할 것입니다.

94 사회적 자본은 시장경제의 **발전에** 어떻게 기여하나요?

　사회적 자본(Social Capital)은 인적 · 물적 자본에 대응되는 개념입니다. 세계은행은 사회적 자본을 집단적 행동을 가능하게 하는 제도, 관습, 규범과 네트워크로 정의하였지요. 사회적 자본은 신뢰, 상호이해, 참여, 가치공유 및 사회적 관계로 사회구성원 간 협력을 촉진하며 공동체 의식을 만드는 규범과 네트워크입니다. 규범은 한 집단의 구성원들이 가지는 행동규칙이나 기준 그리고 공유된 가치 등으로 신뢰의 기반을 이룹니다. 네트워크는 개인 간 또는 집단 내 사회적 관계와 상호작용을 의미합니다. 가족, 공동체, 기업, 시민사회, 공공부문, 종교 등은 모두 사회적 자본의 원천입니다.

　사회적 자본은 사회적 통합을 높이고 투명성과 책임성을 증가시켜 사업의 성과와 지속가능성을 높입니다. 신뢰는 계약이나 협력이 필요한 상황에서 거래비용을 줄이고 사회적 효율에도 기여할 수 있지요. 서로 신뢰가 있다면 복잡하고 불필요한 절차와 형식이 없이 일을 효율적으로 진행할 수 있는 것처럼, 계약과 약속이 제대로 지켜지는 사회가 신뢰 있는 사회이며, 이렇게 형성된 높은 신뢰 수준은 경제발전의 필수불가결한 조건입니다. 따라서 시장경제질서의 정립과 발전을 위해 사회적 자본은 필수적이지요. 사회적 자본은 부패를 감소시킬 수 있으며 경제적 효과성도 높일 수 있지만, 집단 외부인에 대한 배타성이 있고, 공동체주의가 과도한 경우 개인적 자유와 권리를 제한할 수도 있습니다.

서구 선진국들에서 신뢰와 네트워크라는 사회적 자본은 과도한 개인주의, 빈부격차, 이민자들의 유입, 고령화 등의 문제를 해결하기 위한 수단입니다. 반면 우리나라에서는 학연, 지연 등으로 표현되는 연고주의가 중요한 사회적 자본이지만 너무 과도한 연고주의로 인해 사회적 통합이 저해되고, 연고주의를 뛰어넘는 건강한 사회적 자본이 형성되지 못하고 있습니다.

한국은 신뢰 수준이 낮아 사회적 자본이 부족하다고 평가됩니다. 계약 준수나 법치 수준이 낮아 경제발전의 초기에는 이를 가족과 연고자에 대한 신뢰로 대체했지요. 서양사회의 법치는 개인이나 기업이 계약을 위반하거나 법을 어겼을 때 벌칙이 매우 강해서 가능하면 법과 계약을 준수하는 것이 유리하다고 믿고 행동하게 한 것입니다. 독일을 포함한 북구 국가들은 대표적으로 법치가 잘 자리 잡은 나라들인데, 독일이나 스위스의 시민고발 관행은 우리가 보기에는 지나치다 싶을 정도입니다. 반면 한국에는 아직도 법치가 제대로 자리 잡지 못하고 있지요. 사회규범을 무시하고 법을 어겨도 용인되고 억지를 쓰며 약속을 지키지 않아도 그대로 넘어가는 경우가 많습니다.

한국이 사회적 자본이 부족한 상황에서 경제성장이 가능했던 것은 사회적 신뢰를 '가족의 신뢰'로 대신했기 때문입니다. 한국인은 가족의 기대에 어긋나는 행동을 하지 않고 가족이 잘 되기를 바라는 마음에서 열심히 일하지요. 가족 내에서의 신뢰관계는 좀 더 확대해 보면 친척이나 지역으로까지 넓힐 수 있습니다. 신뢰관계가 친척이나 지역으로 확장되면 연고주의가 되는 것이지요. 연고주의는 양면성을 가지고 있어요. 그 안에서는 서로 봐 줘야 하지만, 동시에 배신하지 않아야 합니다. 배신하지 않을 것이라고 믿는 것이 바로 신뢰입니다.

가족의 신뢰 때문에 움직여지는 것이 한국의 기업입니다. 기업의 경우 오너체제가 기강과 규율을 유지하는 역할을 했습니다. 자기 것이므로 열심히 지키려고 했고, 장기적인 시각에서 투자하고 사업을 키워 왔지요. 가족기업은 '주인 없는 기업'이 가지기 쉬운 전문경영자의 자기이익 챙기기와 도덕적 해이를 어느 정도 줄일 수 있었습니다. 이 때문에 사회 전체의 규율은 약하고 법치가 제대로 자리 잡지 못했어도 근대화와 산업화에서 가장 중요한 두 조직 중 하나인 기업이 규율과 기강을 유지할 수 있었던 것입니다. 그러나 경제가 개방되고 경제활동의 범위가 확대되면서 인간관계 중심의 경제거버넌스는 비용이 너무 많이 들게 되었습니다. 한국경제도 이제 사회 전체의 신뢰를 바탕으로 규칙에 의해서 경제가 작동되는 새로운 질서를 만들어야 할 때가 되었습니다. 그런 관점에서 관계기반의 사회적 자본을 규칙기반의 사회적 자본으로 대체해 나가야 합니다.

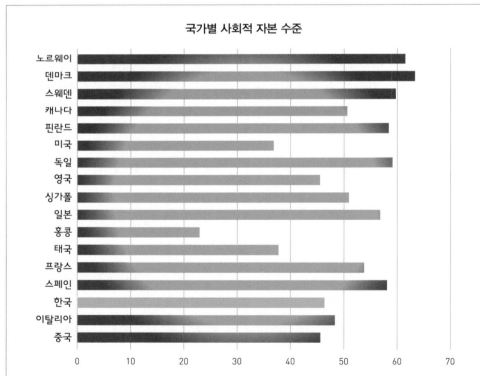

국가별 사회적 자본 수준

주: SolAbility는 180개국을 대상으로 보건, 출생, 소득격차, 기회균등, 언론자유, 인권, 범죄수준, 웰빙과 행복에 대한 인식 등과 관련된 국제기관들의 지표들을 취합하여 국가별 점수를 작성하며, 점수가 높을수록 사회적 자본이 발달한 것을 의미
출처: SolAbility Sustainable Intelligence(2015)

혁신은 무엇을 의미하고 **어떻게** 일어나나요?

　한국은 세계적으로 연구개발투자를 많이 하는 국가에 속합니다. 한국의 경제발전전략은 기술발전을 통한 선진국 진입으로 '과학기술입국'으로 표현될 수 있지요. 그러나 투입 대비 산출이 적어 비효율적인 것이 우리나라 연구개발투자의 특징입니다. 2014년 기준 한국의 GDP 대비 총 연구개발투자(정부+민간) 비중은 4.29%로 세계 1위이며, 투자액은 605억 달러로 세계 6위 수준입니다. 그러나 양적 투입에 비해 질적 수준은 높지 않아 연구성과는 10위권 이하에 머물러 있지요. 세계경제포럼의 평가에 따르면 2015년 기준 한국의 기술 수용성은 25위이고, 혁신역량은 19위로 2006년 이후 순위변동은 다소 있었으나 지속해서 하락하는 추세입니다.

　저성장 기조가 정착되어 가면서 경제성장을 위해 혁신경제로의 질적 도약이 필요하지만, 양적인 투자 확대가 질적인 혁신을 보장하는 것은 아닙니다. 혁신은 기술혁신뿐만 아니라 신산업 육성, 사업모델혁신, 기존 산업의 효율화 등 광범위한 의미를 가지지요. 예를 들어 사업모델에 대한 혁신적 접근은 신산업에서 더욱 요구됩니다. 대부분의 국가의 신산업 목표가 유사한 상황에서 기술개발만으로 신산업이 창출되는 것이 아니고, 투자와 경제성 그리고 고객의 수요가 복합적으로 맞아야만 신산업이 창출될 수 있기 때문입니다. 그러나 한국은 기술혁신만을 강조하면서 기술개발을 통한 성장전략에만 머물러 있지요. 한국경제는 생산가능인구가 더는 증가하지 않고 자본의 한계생산성이 낮은 성숙한 경제로 진입해 가고 있습니다. 이제부터 한국경제는 자본과 노동 등 요소투입의 양적 증가가 아니라 지식과 아이디어를 통한 혁신을 통해서 성장을 이루어야 합니다.

기술은 성공을 위한 한 요소에 불과하며, 혁신을 위해서는 관련된 여러 요소를 결합해서 가치를 창출할 수 있는 기업가적 역량이 필요합니다. 모든 혁신의 주인공은 민간기업입니다. 혁신은 위험성을 감수해야 하며 기업만이 더 큰 보상을 위해 위험 감수를 할 수 있지요. 정부는 민간기업이 혁신을 잘하도록 필요한 인력을 양성하면서 벤처에 자본이 공급되고 시장경쟁이 촉진되도록 규제를 푸는 등 인프라를 조성하

한미약품: 개방형 혁신open innovation으로 성공한 기업

기술 융·복합시대에는 한 기업이나 기관이 독자적으로 할 수 있는 연구가 한정될 수밖에 없고 아이디어와 발명도 한계가 있다. 따라서 기업 외부의 전문가와 아이디어를 적극적으로 동원하는 개방형 혁신open innovation이 세계적인 추세다. 개방형 혁신을 통해 해외기관과의 협업을 확대하고 국외자원을 활용하여 혁신을 더욱 촉진할 수 있다. 한국에서는 아직 개방형 혁신이 활발하지 못한데, 한미약품은 개방형 혁신으로 성공을 거두고 있다. 한미약품의 연구개발 투자액은 업계 1위로 지난 11년간 누적 연구개발 투자비는 1조 원에 달한다. 투자액의 증가는 연구개발에 중요한 역할을 하였지만, 2015년 한미약품이 글로벌 제약사와 8조 원의 계약을 성사시킨 것은 개방형 혁신을 선택했기 때문이다. 연구개발은 얼마를 투자했는가보다 어떻게 투자했는가가 더 중요하다. 한미약품은 2009년 글로벌 제약업체인 MSD와 함께 한미약품이 개발한 고혈압 치료제 아모잘탄을 50여 개국에 수출하였다. 한미약품은 2010년부터는 기업 내에 외부연구개발부ER&D, External R&D를 만들어 국내외 산·학·연 기관과의 개방형 혁신을 본격화했다. 한미약품은 2015년 1월 미국 안과전문 벤처기업 알레그로에 2,000만 달러를 투자하고 알레그로가 개발 중인 망막질환 치료 신약의 한국·중국 판매권을 확보했고, 2015년 8월부터 국내 신약개발벤처 레퓨젠이 개발한 인공항체기술을 활용해 안과 및 정신질환 치료제를 개발하는 중이다. 한미약품에 따르면 개방형 혁신을 통한 연구개발의 상품화 성공률은 기업 내부에서만 연구개발을 하는 경우의 3배에 달한다고 한다. 한미약품은 2016년 초 개방형 혁신을 중국으로 확대할 것을 선언하였다.

는 역할을 해야 합니다. 혁신은 건전한 시장경쟁에서 나옵니다.

한국경제가 앞으로 10년간 3%대 성장을 달성하기 위해서는 연구개발이 혁신과 사업화로 더 잘 연결되도록 하는 시스템이 필요하지요. 현재의 국내 자기완결형, 조직폐쇄형의 시스템을 바꾸어 해외와 협업하고 해외의 아이디어와 자원을 더 잘 활용해 국내 연구주체끼리도 협력하는 개방형 혁신시스템이 만들어져야 합니다. 연구개발의 성과가 더 잘 활용될 수 있도록 특허 및 지적자산의 관리시스템을 개혁하고 벤처캐피털을 위한 금융시장도 발전되어야 합니다.

기술개발이 혁신과 창업으로 이어지려면 금융, 산업, 기업 등 다양한 시각과 의견이 연구개발 과정에 반영되어야 합니다. 기초연구를 담당하는 출연연구소는 일차적으로 대학으로 이전시켜야 합니다. 국가의 목적사업을 담당하는 정책연구소는 존속시키되, 연구소의 책임자에게 안정적인 임기와 권한을 부여하여 장기적인 비전을 가지도록 하고, 성과에 대한 업적평가 및 보상제도를 강화해야 합니다. 미래 성장 동력의 육성을 위해 정부는 정부출연연구소보다 기업연구소를 더 지원해야 합니다. 정부가 직접 담당하는 연구소는 축소하고, 필요하면 독립된 지배구조를 가진 세계적인 수준의 연구소를 만들어야지요. 또한, 융합형 연구가 가능하도록 연구소 간 통폐합 내지는 협력연구방안도 검토되어야 합니다.

혁신은 기업이 주체가 되어야 가능하며, 정부가 나서면 결코 성공할 수 없습니다. 정부가 승자를 미리 찍어서 이들 기업을 직접 육성하는 식의 접근 방법은 성공하기 어렵습니다. 한국경제의 혁신을 위한 정부의 역할은 창의적 인재공급, 창업활성화를 위한 인프라 구축, 기초기술개발 등이며 경제에서의 정부 역할의 축소가 혁신으로의 지름길입니다.

8부

Q88~99

96 디지털 플랫폼의 사회경제적 효과는?

　페이스북과 같은 SNS(social network service)나 카카오와 같은 모바일 서비스, 아마존이나 알리바바와 같은 전자상거래 등을 통틀어 디지털 플랫폼(digital platform)이라고 부릅니다. McKinsey Global Institute(2016)에 따르면 2015년 말 현재 세계 온라인 디지털 플랫폼의 실사용자(active user) 수는 페이스북 15억 9천만 명, 유튜브 10억 명, 왓스앱(WhatsApp) 10억 명, 위챗(WeChat) 6억 5천만 명, 알리바바 4억 명, 인스타그램 4억 명, 트위터 3억 2천만 명, 스카이프 3억 명, 아마존 3억 명 등입니다. 9개 플랫폼의 사용자 수만 합해도 60억 명이 넘지요. 모바일 메신저서비스인 왓스앱(구글)과 위챗(중국의 텐센트)은 한국의 라인(네이버)과 함께 세계 3대 모바일 서비스회사이며, 9개 중요 플랫폼 중에서 중국계 2개를 빼면 모두 미국계입니다.

　전 세계인구 중에서 인터넷에 연결된 사람의 수는 2015년 현재 32억 명으로 인구의 43%이며 이는 2000년의 6.5%에 비해 7배나 증가했고, 32억 명 중에서 약 10억 명 정도는 디지털 플랫폼을 통해서 국제적인 망의 일부가 되어 있다고 합니다. 가히 초연결사회라고 부를 만하지요. 플랫폼을 통해 정보, 검색, 통신, 상품거래, 동영상, 각종 자료 등이 데이터가 되어 이동하고 최근 들어 IoT가 보급되면서 앞으로는 기계 간(M2M) 자료이동도 급증할 것으로 전망됩니다.

초연결 망의 확산은 인간생활의 모든 면에 영향을 미치고 있지요. 우리의 하루 생활 중에서 인터넷이나 모바일을 접하고 보내는 시간이 3~4시간은 넘기 때문에 관심사와 소비패턴이 바뀔 수밖에 없지요. 소비가 유형재에서 무형재, 서비스, 소프트웨어와 콘텐츠로 이동하면서 소비 바구니가 바뀌고 그에 따라 산업구도도 바뀌고 있습니다. 이런 변화는 이미 무역과 국제적인 자원의 흐름에도 영향을 주고 있어요. 매켄지(McKinsey, 2016)에 따르면 전통적으로 세계화를 주도하던 무역과 자본이동의 비중은 GDP 대비 2007년에 53%로 정점에 달한 후 2009년에 31%로 급락하고, 2014년에도 39% 수준에 머물러, 2007년 대비 여전히 낮은 수준이지만 데이터와 사람의 이동은 계속 증가하고 있습니다.

디지털 플랫폼의 확산으로 인해 가장 큰 혜택을 보는 집단은 중소기업과 개인입니다. 알리바바는 회사 설립부터 중소기업을 위한 장터를 만드는 것을 목표로 했고, 아마존은 약 2백만 개의 중소기업 협력사를 가지고 있지요. 또한, 최근 킥스타터(Kickstarter)와 같은 크라우드펀딩 플랫폼은 2014년에만 해도 총 330만 명에게 벤처와 소기업에 대한 투자기회를 제공했습니다. 이런 변화로 인해서 창업 초기부터 해외사업을 시도하는 소위 태생적 글로벌 기업(born global)이 급증하고 있으며, 미국의 수출에서 중소기업의 비중도 증가하고 있다고 합니다. 개인들도 이제 인터넷과 모바일을 통해서 국제적으로 교류하고 전문가나 프리랜서 네트워크에 가입할 수 있게 되었으니 말입니다.

세계 각국의 연결수준을 평가한 매켄지의 연결지수(MGI Connectedness Index)에서 한국은 2014년 기준 16위로 중국의 7위에 비해 뒤집니다. 한국은 전통적인 상품, 서비스, 자본 이동에서의 비중은 크지만, 데이터와 사람의 이동에서는 각각 44위와 50위를 기록하고 있지요. 디지털 강국이라고 자처하는 한국이 실제로는 세계화의 새로운 흐름에서 상당히 뒤처지고 있어 이제 새로운 대응이 필요합니다.

MGI Connectedness Index

Connectedness index rank ■ 1-10 ■ 11-25 ■ 26-50 ■ >50   Flow intensity ■ 100+ ■ 70-99 ■ <70

Rank	Country	Score	Connectedness Index rank					Flow value[1]	Flow intensity[2]
			Goods	Services	Finance	People	Data	$ billion	% of GDP
1	Singapore	64.2	1	2	2	12	6	1,392	452
2	Netherlands	54.3	3	3	6	21	1	1,834	211
3	United States	52.7	7	7	3	1	7	6,832	39
4	Germany	51.9	2	4	8	3	2	3,798	99
6	United Kingdom	40.8	13	5	5	6	3	2,336	79
7	China	34.2	4	16	4	82	38	6,480	63
8	France	30.1	11	8	9	7	4	2,262	80
13	Canada	17.3	16	22	11	11	18	1,403	79
14	Russia	16.1	21	25	18	5	25	1,059	57
15	Spain	14.4	25	13	19	14	16	1,105	79
16	Korea	14.0	8	12	28	50	44	1,510	107
17	Italy	13.4	17	18	24	16	19	1,587	74
18	Sweden	13.0	29	14	22	31	5	572	100
24	Japan	10.5	15	20	12	81	20	2,498	54
28	Denmark	8.9	35	9	32	41	11	369	108
36	Norway	6.0	36	24	20	46	24	458	92
39	Finland	5.5	46	27	23	70	10	390	144

1 Flows value represents total goods, services, and financial inflows and outflows.
2 Flow intensity represents the total value of goods, services, and financial flows as a share of the country's GDP.
SOURCE: McKinsey Global Institute analysis

Country connectedness index and overall flows data, 2014

97 금융과 ICT의 융복합이 경제에 미치는 영향은?

정보통신기술(ICT)의 발전은 금융시장과 금융산업에 새로운 변화를 가져오고 있습니다. ICT와 금융의 결합으로 인한 거래방식의 변화로 인해 과다 인력과 고임금 등 고비용을 수반하는 은행 지점망의 유용성이 줄어들고 있지요. 한국은행(2016)에 따르면 2015년 말 기준 스마트폰 기반 모바일뱅킹의 등록 고객 수 6,479만 명을 포함하여 국내 인터넷뱅킹서비스 등록 고객 수는 1억 1,685만 명입니다. 인터넷뱅킹과 모바일뱅킹의 이용 건수와 이용금액도 지속해서 증가하고 있지요. 스마트 기기를 이용한 모바일뱅킹의 이용 건수 및 금액은 4,222만 건, 2조 4,458억 원으로, 2014년 대비 각각 36.3%, 36.1%가 증가하였습니다. 2015년 12월 중 금융서비스 전달채널별 업무처리비중(건수기준)을 보면 입출금 및 자금이체 거래 시 비대면거래 비중이 88.7%, 조회서비스 기준으로는 비대면거래 비중이 86.7%이며, 이 가운데 인터넷뱅킹을 통한 조회 비중은 78.4%로 압도적입니다.

특히 ICT기업들이 본격적으로 지급결제시스템에 진입하고 전자상거래가 발전되면서 새로운 기업들이 출현하여 유통시장이 활성화되고, 일자리와 부가가치가 창출되고 있습니다. 페이팔, 알리페이 등 온라인 지급결제시스템의 발달은 은행의 지급결제기능을 대체하고 있지요. 온라인결제를 통한 결제데이터 수집은 빅데이터 분석을 통해 소비자 맞춤형 서비스를 제공하고 있으며, 아마존과 같은 유통기업은 전자

8부
Q88~99

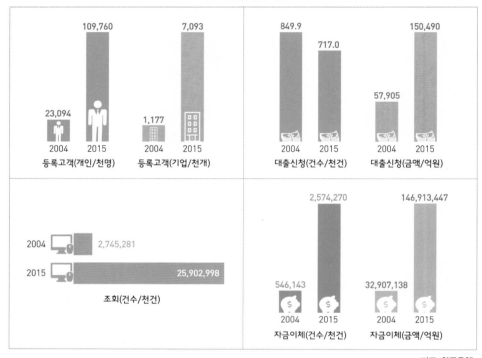

인터넷뱅킹추이

	2004	2015
등록고객(개인/천명)	23,094	109,760
등록고객(기업/천개)	1,177	7,093
대출신청(건수/천건)	849.9	717.0
대출신청(금액/억원)	57,905	150,490
조회(건수/천건)	2,745,281	25,902,998
자금이체(건수/천건)	546,143	2,574,270
자금이체(금액/억원)	32,907,138	146,913,447

자료: 한국은행

상거래에 온라인 지급결제시스템을 연동시켜 온라인거래를 더욱 확대하고 있습니다. 시스템 개발을 위한 기술창업이 증가하고 소비자 효용을 증대시켜 주는 새로운 서비스의 개발 등으로 새로운 형태의 시장이 탄생하여 진화 중입니다.

지급결제의 디지털화는 거래수단으로서의 화폐의 역할을 축소하기 때문에 통화정책의 무력성에 대한 우려도 커지고 있습니다. 현금 대신 스마트폰, 전자화폐, 카드, 인터넷뱅킹 등 전자지불결제수단을 이용하는 '현금 없는 사회(cashless society)'에 대한 전망도 나오고 있지요. 국내에서도 삼성페이, 애플페이, 카카오페이 등 비현금 전자결제의 확대로 현금사용비율이 더욱 낮아지게 될 것으로 보입니다. 현금 없는 사회가 도래할 경우 지하경제가 양성화되고 화폐발행비용 및 관리비용을 대폭 줄일 수 있으며, 테러와 범죄 예방도 상대적으로 쉬워질 수 있지요. 그러나 디지털이 가져온 현금 없는 사회는 개인정보 유출 문제와 유출된 정보의 부당한 사용문제가 우려됩니다. 또한 과소비를 조장해 인플레이션까지 초래할 우려도 있지요.

ICT와 금융의 결합은 기업의 자금조달과 운용에도 변화를 초래할 것입니다. ICT 기업은 SNS 전자상거래 등 사업운영을 통해 축적된 정보에 빅데이터기술을 결합하여 금융상품 개발 및 마케팅에 적극적으로 활용할 수 있지요. 또한, 개인별 정보 분석에 근거한 맞춤형 대출이나 다양한 형태의 주식 및 채권도 개발될 수 있습니다. 증권시장을 통하지 않고 인터넷을 통한 주식 및 채권의 사모발행도 증가하고, 크라우드펀딩이 기업의 자금조달 비용이나 이자비용을 낮출 수 있지요.

2015년 말에 예비인가를 받은 인터넷전문은행인 K뱅크와 카카오뱅크는 기존 은행산업의 변화와 혁신을 촉진하는 역할을 할 것으로 기대됩니다. K뱅크와 카카오뱅크는 2016년 내에 본인가 신청을 하기 위해 시스템을 정비하는 중이라고 합니다. 인터넷전문은행은 점포 없는 은행으로 인프라비용을 절감할 수 있지요. 비대면거래를 위한 각종 전자인증부터 휴대전화나 PC를 활용한 편리한 거래, 송금이나 결제도 ICT 기술과 결합하여 더욱 간편한 방식으로 이루어져 금융서비스를 혁신할 것입니다.

그러나 다양한 규제가 여전히 디지털 혁신을 가로막고 있습니다. 금융실명제법은 온라인을 통한 계좌개설을 원천적으로 불가능하게 하고, 은행의 설립과 인가 역시 엄격한 제한을 받고 있으며, 비금융사의 전자금융 진입도 제한되지요. 금산분리로 인해 산업자본의 인터넷전문은행 설립뿐만 아니라 금융자본의 핀테크업체 소유도 어렵습니다. 대규모 자본과 마케팅전략을 갖춘 대기업이 금융산업으로 진출할 수도 없기 때문에 우리나라의 금융산업은 글로벌 기업과의 경쟁에서 불리하지요. 금융산업에 대한 전면적인 규제철폐와 금산분리규제의 폐지 없이 우리나라가 금융과 ICT 결합에 기반을 둔 ICT 금융강국으로 성장하는 것은 상당히 어려워 보입니다.

98 기술대전환의 **핵심**은 무엇인가요?

지금 일어나고 있는 기술변화는 정보화를 바탕으로 바이오와 소재, 기계, 신재생에너지 등 광범위한 분야에서 동시에 전개되고 있는 것이 특징입니다. 그중에서도 가장 큰 특징은 기계가 스마트하다는 점이지요. 제2차 산업혁명이 기계의 힘을 강하게 만들었다면, 지금의 기술혁명은 기계와 물건의 지능을 높이는 특징을 가지고 있습니다. 스마트한 기계는 인간의 정신노동과 지적활동 일부를 대체하여 새로운 산업과 경제질서를 만들어냅니다. 그런 점에서 지금의 기술혁신은 정보혁명의 연장선에 있으면서, 동시에 제2차 산업혁명에 버금가는 영향력을 가진 제4차 산업혁명이라고 할 수 있지요.

지금의 기술혁신 특징 중 하나는 융합입니다. IoT, 자율주행차, 로봇 등은 모두 통신망, 센서, 클라우드, 빅데이터, 분석기술, 딥러닝과 같은 비슷한 종류의 신기술에 기반을 두고 있습니다. 자율주행차는 기계가 주변을 살피는 능력과 필요한 조치를 할 수 있는 지적 능력을 갖추어야만 작동될 수 있지요.

1980년대부터 본격화된 정보혁명은 PC에서 시작해서 인터넷으로 연결되면서 world-wide-web이 탄생했고, 2007년에 스마트폰이 나오면서 이제는 70억 인구가 모두 컴퓨터와 카메라 등 여러 기기를 손안에 쥐게 되었지요. 지난 35년 동안 PC-인터넷-모바일로 이어지는 정보혁명이 정보통신 분야에서 주로 일어난 것에 비해, 지금의 기술혁명은 이를 기반으로 전 산업으로 확산되고, 나아가 물건과 기계를 변화시킨다는 점에서 융합의 성격을 더욱 강하게 가집니다.

따라서 기업이 제대로 융합을 하지 못하면 기술혁신을 주도할 수 없다는 역설적인 주장도 가능합니다. 지금 시대에는 새로운 제품과 서비스가 만들어지기 위해 수평적 융합이 우선 필요합니다. 그리고 모바일과 IoT, 클라우드를 바탕으로 사람과 물건이 모두 연결되는 '초연결(hyper-connectivity)'이 실현되겠지요. 다음으로 초연결에서 빅데이터가 생성되는데, 이를 제대로 활용하려면 인공지능이 필요하게 됩니다. 그렇게 되면 기계와 시스템이 스마트해지는 것이지요. 결국, 지금 진행되는 기술혁명의 키워드는 융합, 초연결, 빅데이터와 스마트라고 하겠습니다.

2016년 2월 다보스포럼은 제4차 산업혁명이라는 주제로 열렸고, Schwab(2016)은 이에 대한 총괄적인 보고서를 발간하였지요. 다보스포럼으로 더 알려진 세계경제포럼, 즉 WEF(2016)는 지금의 기술변화가 ICT뿐만 아니라 바이오와 기계, 소재 및 신재생에너지 등 거의 모든 분야에서 동시에 일어나고 있다는 점에서 제4차 산업혁명이라고 평가합니다. 또한, 기술변화를 주도하는 핵심적인 기술 23개가 2025년 이전에 거의 모두 전환점(tipping point)에 도달할 것으로 WEF는 봅니다. WEF에 따르면 현재 기술변화의 가장 큰 사회적 영향은 기계와 인공지능이 많은 일자리를 대체하는 것이며, 미국 근로자의 47%가 향후 20년 이내에 기계에 의해 대체될 가능성이 있는 직종에서 일하고 있다고 하지요.

지금 일어나는 기술변화 중에서 인공지능은 실용화 단계까지 긴 시간이 필요한 기술이지만, 파괴력은 가장 클 것으로 전망됩니다. 과거의 슈퍼컴퓨터는 연산능력이 매우 큰 것을 지칭했지만, 미래의 스마트 지능은 분석과 판단 능력까지 갖추게 될 것입니다. 2016년 3월 서울에서 열린 인공지능 알파고와 이세돌 9단의 바둑대국이 극적으로 보여준 것과 같이, 인간의 두뇌를 능가하는 로봇과 스마트한 기계가 사무직을 비롯해 전문직을 대행하게 되면 많은 일자리가 사라질 수도 있습니다.

그러면 인간은 무엇을 해야 하나요? 근로자들은 전체적으로 근로시간을 줄여 10년 후에는 주당 20~30시간만 일해야 할지도 모릅니다. 그러면 소득은 어떻게 될 것이며, 사람들은 남는 시간에 무엇을 할까요? 모두 흥미로운 질문입니다. 기계 지능이 인간의 지능을 앞서는 시대가 오면 일터와 사회, 가정도 모두 달라질 수밖에 없을 것입니다. 지금 이 시점에서 제4차 산업혁명이 우리의 일과 생활에 가져올 변화를 모두 가늠하기는 어려워 보입니다.

미래의 스마트카, 자율주행자동차Autonomous Driving Vehicle

자동차산업이 ICT와 결합하면서 자동차산업의 생태계가 바뀌고 있다. 전기 · 전자, 반도체, 지능제어기술, 네트워크 등과 결합한 스마트카Smart Car는 자동차를 스마트기기와 같은 단말기로 만들어 완성차 중심의 수직적 가치사슬을 플랫폼 중심의 개방적 생태계로 변화시키고 있다. 스마트카는 커넥티드카Connected Car라고도 불리며 인터넷과 모바일 기기, 운전자가 서로 연결된 자동차이다. 커넥티드카의 핵심은 자동차 대시보드에 스마트폰 화면을 띄울 수 있는 차량용 인포테인먼트infotainment 시스템이다. 스마트카는 타고 다니는 스마트폰이다. 반면 자율주행자동차는 타고 다니는 인공지능 로봇이다. 스스로 도로를 달리고 주차가 가능한 미래형 자동차인 스마트카가 자율주행자동차이다. 자율주행자동차는 운전자나 승객이 탄 상태에서 자동으로 운전을 대신하는 차량으로 스스로 주변 환경을 인식하며 주행한다. 자율주행차는 카메라, 레이더 등 센서를 통해 주변 상황을 정확히 파악하고 차량과 차량, 차량과 도로 등에 대한 통신기반 정보교환으로 위험 여부도 판단한다. 자율주행자동차의 시장규모는 2025년 420억 달러(45조 원), 2035년에는 전 세계 자동차판매량의 25%에 달할 것으로 전망되기도 한다. 자율주행차 개발에 가장 앞선 기업은 구글로 2020년 상용화를 목표로 하고 있다. 우버도 2020년까지 자율주행차를 만드는 것이 목표고 애플도 자율주행전기차를 개발하고 있다. 현대를 비롯한 GM, 아우디, 도요타, 볼보, 폴크스바겐, 보쉬, 콘티넨털 등 모든 자동차 대기업이 자율주행차를 개발 중이다. 자율주행자동차의 궁극적인 목표는 무인 자율주행차가 되는 것이다. 우리나라의 자율주행차 기술 수준은 해외 기업들보다 뒤처진 것으로 평가된다. 기술개발지원, 시험운행제도 정비 및 시험노선 확충 등 정부의 지원과 법규, 제도 등 인프라 구축이 필요하다.

99 한국은 **제4차 산업혁명**에 어떻게 **대응해야** 하나요?

제4차 산업혁명은 미국의 실리콘밸리와 FANG(Facebook, Amazon, Netflix, Google)으로 대표되는 미국 IT 기업들이 주도하고 있습니다. 특히 구글과 애플은 세계의 모든 기업 중에서 시가총액 1, 2위로 기술혁신의 선두에 서 있지요. 중국의 IT기업들도 방대한 국내시장과 기업가정신 및 혁신을 바탕으로 미국을 뒤쫓고 있으며, 일본의 소프트뱅크를 포함한 아시아의 BAST(Baidu, Alibaba, Softbank, Tencent)가 현재 미국 FANG에 대한 아시아의 대응이라고 할 수 있습니다. 그러나 현재 시가총액, 세계시장 지배력, 혁신역량 등 여러 면에서 FANG의 우위는 매우 뚜렷합니다.

이러한 거대한 변화 속에서 한국경제는 어떻게 대응해야 할까요? 한국은 인구의 90% 이상이 도시 지역에 거주하고 있고, 인구의 60%가량이 아파트와 같은 집단주택에 살고 있습니다. 국민 대다수가 혁신의 조기수용층이기 때문에 IoT, 핀테크, 무인운전 등 차세대 혁신의 시험대가 될 수 있고 또한 되어야 하지요. 한국은 2018년부터 본격적인 고령화 시대와 인력부족 시대로 접어들기 때문에 로봇과 인공지능에 대해서도 긍정적인 자세로 이러한 혁신이 가져올 사회의 변화와 적응 방법을 검토해야 합니다.

한국경제와 시장이 제4차 산업혁명의 전초기지가 되기 위해서는 산업화와 대량생산의 패러다임에서 정보화와 소프트 및 서비스산업으로 대전환해야 합니다. 먼저 정

인간과 기계가 융·복합하는 제4차 산업혁명 시대를 준비해야 한다

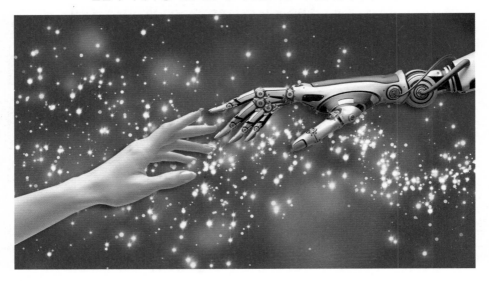

부는 기술변화가 가져올 미래사회에 대한 비전을 가져야 합니다. 예를 들면 온실가
스와 지구온난화 때문에 가솔린차를 축소하거나 자동차의 연비를 대폭 늘리는 정책
이 필요하지요. 전기차나 수소차의 보급에 필요한 충전소와 같은 기반도 확충해야
합니다. 무인운전은 교통체증 및 교통사고의 감소와 공기오염의 축소 등 여러 가지
장점이 있으므로 정부가 무인차의 시험운전을 조속히 가능하게 해야지요.

　아직 한국은 혁신역량이나 시장의 유연성, 국내시장의 규모 등의 측면에서 현재의
기술변화를 주도할 위치에 있지 않습니다. 따라서 한국경제는 혁신의 근원지인 미국
의 실리콘밸리와 주도적 기업, 중국과 일본의 혁신기업들과 협력하는 체제를 만들어
야 합니다. 삼성전자나 현대자동차 같은 대기업은 미국의 스타트업이나 중간 규모의
혁신기업을 인수하거나 협력하는 역량을 키워야하고, 중견기업이나 중소기업은 외
국의 대기업과 협력하는 구도를 만들어 가야 합니다.

특히 국내 노동시장의 유연화가 시급합니다. 대량생산의 이점이 점차 사라지는 시대에 대규모 사업장에서 강력한 노동조합을 형성하여 정규직에 과도한 급여와 보호를 제공하는 것은 기업의 경쟁력도 약화시키고 조합원의 장기적인 복지에도 도움이 안 되지요. 노사협력으로 노동시장을 유연화하고 우수한 노동력이 신산업으로 이동하는 것이 장기적으로 근로자나 기업에게 모두 유리한 결과를 가져올 것이라는 사회적인 인식이 필요합니다.

또한, 국내시장에서 더 많은 리스크 자본이 가용되도록 해야 합니다. 국내 금융시장은 매우 경직된 노동시장을 가지고 있고, 금융기관들이 보수화, 관료화되어 제대로 된 자원배분을 하지 못하고 있지요. 금융시장의 혁신을 위해 인터넷과 모바일을 활용한 핀테크와 같은 새로운 금융기법과 금융기관의 등장을 촉진하는 정부의 체계적인 정책이 필요합니다.

마지막으로 연구개발방식에 대한 근본적인 재검토를 해야 합니다. 지난 15년 동안 한국은 GDP 대비 연구개발 비중이 가장 높은 경제가 되었습니다. 그러나 폐쇄적인 혁신시스템으로 인하여 정부의 연구개발예산은 그다지 큰 성과를 내지 못하고 있고, 몇 개의 대기업이 주도하는 연구개발도 매우 제한된 분야에 투입되고 있지요. 연구개발예산은 늘었지만, 자본, 인력, 시장과 같은 다른 경영자원과 유기적으로 결합되지 않아 기술의 상업화나 신산업의 발전과 제대로 연결되고 있지 않습니다. 기술혁신시스템의 변화가 수반되지 않는 연구개발투자의 증가는 연구개발의 한계생산성이 더욱 낮아지는 결과만 초래하지요. 정부 주도의 연구개발예산을 축소하고 요소시장의 유연화에 매진해야 합니다.

향후 제4차 산업혁명이 어떻게 전개되고 어떤 영향을 미칠지를 구체적으로 예측하는 것은 현재로서는 시기상조입니다. 그러나 제4차 산업혁명은 시장경쟁을 더욱 촉진시키면서 경제패러다임을 근본적으로 변화시킬 것으로 보입니다. 한국경제의 미래는 제4차 산업혁명에 대한 능동적이고 선제적인 대응에 따라 달라질 것입니다.

인간보다 더 인간적인 인조인간?

인공지능 알파고의 등장과 함께 인간을 대체할 수 있는 인조인간에 대한 관심이 높아졌다. 터미네이터와 같이 로봇에 인간의 피부를 씌우는 것을 넘어 인간처럼 생각하고 감정을 가지는 인조인간이 언젠가는 나타날지도 모른다.

대표적인 공상과학(SF) 영화의 하나인 리들리 스콧(Ridley Scott) 감독의 〈블레이드 러너(Blade Runner)〉는 암울한 미래사회의 모습을 보여주고 인조인간을 통해 '인간의 정체성'에 대한 고민을 던져준다. 2019년 로스앤젤레스는 과학기술이 고도로 발전한 미래형 도시이지만 거대한 빌딩과 스모그가 가득 찬 암울한 공간으로 그려지고 있다. 자동차들은 활주로 없이 자유롭게 날아다니고 생활도 대체로 기계화되어 편리하지만, 햇빛을 거의 보기 힘든 흐린 날씨와 산성비 속에서 사람들의 표정은 하나같이 어둡다. 일본인이 운영하는 포장마차에서 국수를 먹는 사람들의 모습은 여전히 일상에 지쳐있는 모습이다. 인조인간의 부품을 만드는 전문가들은 고도의 기술자들이지만 홀로 허름한 천막 안이나 거대한 빈 건물에서 제품을 생산하고 생활하며 은둔하고 있다.

과학기술이 발전하면서 인류는 인조인간인 '레플리컨트(Replicant, 복제인간)'를 만들게 되었다. 레플리컨트는 인간과 같은 수준의 지적 능력과 인간을 앞서는 신체 능력을 갖췄다. 이들은 식민지 행성에서 전투원이나 우주개발, 또는 섹스 인형과 같이 노예로서만 사용되며 수명은 4년에 불과하다. 레플리컨트들이 자신들의 처지에 불만을 가지고 식민지 행성에서 폭동을 일으킨 후부터 이들이 지구에서 거주하는 것은 불법이 되었다. 지구에 불법적으로 잠입하는 레플리컨트를 찾아내고 처형하기 위해 '블레이드 러너'라는 특수 경찰이 조직되었다. 블레이드 러너는 인간과 레플리컨트를 구별해 내고 이들을 제거하는 임무를 가진다. 외형상으로 인간과 레플리컨트를 구분하는 것은 불가능하므로 보이트-캄프(Voight-Kampff) 테스트라는 매우 발전된 거짓말 탐지기가 등장한다. 이 기계는 진짜 인간을 탐지하기 위한 질문들과 서술들에 대한 감정이입의 정도와 이에 따른 호흡, 얼굴 반응, 심장박동과 눈 움직임 등 신체적 기능을 측정한다.

은퇴한 블레이드 러너인 데커드는 식민지에서 탈출한 가장 발전된 유형의 레플리컨트인 '넥서스 6'들을 제거하는 임무를 맡는다. 이 그룹의 대장인 로이는 레플리컨트의 수명을 연장하려는 방법을 찾기 위해 자신들의 제작사인 타이렐사에 침입하지만 생명연장의 방법이 없어 제작자인 타이렐박사를 살해한다. 데커드는 로이를 제거하기 위해 노력하지만 결국 로이에 의해 생명을 구출 받게 되고 로이는 데커드를 구한 후 인조인간으로서의 수명을 다하게 된다. 데커드가 복제인간의 아픔과 생명의 존엄성을 깨닫고 자신이 사랑하는 복제인간인 레이첼과 함께 그녀를 제거하려는 블레이드 러너를 피해 도시에서 탈출하는 것으로 영화는 끝난다. 타이렐박사에 의해 만들어진 레이첼은 수명이 정해지지 않은 유일한 인조인간으로 어머니에 대한 추억까지 뇌에 주입되어 있어 스스로가 인조인간인 것을 몰랐던 가장 진화된 인조인간이다.

영화 '블레이드 러너'는 1980년대 초반의 영화임에도 불구하고 인조인간을 등장시켜 인간이 무엇이냐는 질문을 던져주고 있다. 이 영화에 등장하는 복제인간들은 마치 인간인 양 자신들만의 기억과 의지와 감정이 있고 진정한 인간이 되기를 원하며 강한 자의식도 갖고 있다. 타이렐박사는 'More human than human being(인간보다 더 인간적인)' 인조인간을 추구하였다.

제4차 산업혁명으로 비약적인 과학기술의 발전이 예견되지만, 경제성장이 인간의 행복을 보장하는 것이 아니듯 과학기술이 아무리 발전하더라도 인류가 지금보다 더 풍요로워지고 행복해지지는 않을지도 모른다. 그러나 인류의 역사는 도구와 기술의 발전을 통한 생산력의 획기적 증대와 이로 인한 물질적 풍요로움을 확대하는 과정이었다. 인조인간이 아무리 완벽한 존재로 만들어진다고 해도 이는 인간이 만든 도구이지 인간 자체가 될 수는 없다. 인류의 미래와 행복은 발전된 과학기술을 무엇을 위해 누가 쓰는가에 따라 좌우될 것이다.

참고문헌

강환구, 김도완, 박재현. 한진현 (2016), 「우리경제의 성장잠재력 추정 결과」, 한국은행

고용노동부(2015), 『2015년 고용노동통계연감』, 고용노동부

국무조정실 · 보건복지부(2014), 「2013~2060 사회보장 재정추계 실시」, 2014년 1월 28일 보도자료

국회예산정책처(2015), 『2016년도 조세지출예산서 분석』, 국회예산정책처

관계부처 합동(2015), 「제1차(2015~2019) 중견기업 성장촉진 기본계획」, 2015년 6월 10일 보도자료

금융위원회(2015), 「중소 · 벤처기업 투자금융 활성화 방안」, 2015년 7월 20일 보도자료

기획재정부(2015a), 『2014년도 부담금운용종합보고서』, 기획재정부

기획재정부(2015b), 「2016년도 조세지출예산서」, 2015년 9월 11일 보도자료

대한상공회의소(2014), 「정년 60세 의무화에 따른 기업애로 및 정책과제」, 대한상공회의소

우천식(2015), 「인적자원 고도화를 위한 정책방향과 과제」, 2015년 7월 22일 중장기경제발전전략
    정책세미나 발표자료

장우현 · 양용현 · 우석진(2013), 『중소기업지원정책의 개선방안에 관한 연구(I)』, 한국개발연구원
    연구보고서 2013-08

정구현(2013), 『우리는 어디로 가고 있는가?』, 청림출판: 서울

통계청(2016a), 「농림어업 총조사 잠정집계 결과」, 2016년 4월 25일 보도자료

통계청(2016b), 「2015년 초 · 중 · 고 사교육비조사 결과」, 2016년 2월 26일 보도자료

통계청 · 금융감독원 · 한국은행(2015), 「2015년 가계금융 · 복지조사 결과」, 2015년 12월 21일 보도
    자료

한국석유공사 석유정보센터(2016), 「국내 석유제품 주간 가격동향」, 한국석유공사

한국은행(2016), 「2015년중 국내 인터넷뱅킹서비스 이용현황」, 2016년 3월 4일 보도자료

한국인터넷진흥원(2016), 『국내외 핀테크 관련 기술 및 정책동향 분석을 통한 연구분야 발굴』,
    KISA-WP-2016-0013.

Acemoglu, Daron and James Robinson(2012), *Why Nations Fail: the Origin of Power,
    Prosperity and Poverty*, New York: Crown Publishers.

Bowen, R. Howard(1953), *Social Responsibilities of the Businessman*, University of Iowa
    Press.

Credit Suisse(2015), "Global Wealth Report 2015".

Deloitte(2016), "2016 Global Manufacturing Competitiveness Index".

Hardin, Garrett(1968), "The Tragedy of the Commons", Science 162(3895): 1243-1248.

Kindleberger, P. Charles(1986), *The World in Depression: 1929-1939*. University of California Press(revised and enlarged edition).

McKinsey Global Institute(2016), "Digital Globalization: The New Era of Global Flows," March 2016.

OECD(2015a), *Entrepreneurship at a Glance 2015*, OECD Publishing, Paris.

OECD(2015b), *Revenue Statistics 1965-2014*, OECD Publishing, Paris.

Schneider, Friedrich(2015), *"Size and Development of the Shadow Economy of 31 European and 5 other OECD Countries from 2003 to 2015: Different Developments"*, http://www.econ.jku.at/members/Schneider/files/publications/2015/ShadEcEurope31.pdf.

Schwab, Klaus(2016), *The Fourth Industrial Revolution*, World Economic Forum.

Seba, Tony(2015), *Clean Disruption of Energy and Transportation*, 박영숙 역(2015), 『에너지혁명 2030』, 교보문고.

SolAbility Sustainable Intelligence(2015), *Global Sustainable Competitiveness Index 2015*. Zurich & Seoul: SolAbility.

UBS(2016), "Extreme automation and connectivity: The global, regional, and investment implications of the Fourth Industrial Revolution", UBS White Paper for the World Economic Forum Annual Meeting 2016.

Watts, Jeff(2012), "Changes in Industrial Landscape and the Future of Service Economy, Servistization of manufacturing", 2012 International Forum on Changes in Industrial Landscape and the Future of Service Economy, 22 October 2012.

World Economic Forum(2016), "The Future of Jobs, Employment, Skills and Workforce Strategy for the Fourth Industrial Revolution", Global Challenge Insight Report.

통계청 http://kostat.go.kr
한국은행 http://www.bok.or.kr
Central Intelligence Agency
https://www.cia.gov/library/publications/the-world-factbook
IMF http://www.imf.org
OECD http://www.oecd.org
WTO http://www.wto.org
http://www.heritage.org

도판 저작권 및 출처

이미지 사용을 허락해주신 도판 라이브러리와 저작권자 여러분께 감사의 말씀을 전합니다.

문답으로 이해하는
시장경제원리 99

초판 1쇄   2016년 10월 10일

지 은 이   정구현

펴 낸 곳   자유와창의교육원

등록번호   제1981-000002호
주 소   (07320) 서울시 영등포구 여의대로 24
전 화   경제교육팀 (02)3771-0290
도서주문   베가북스 T.(02)322-7241   F.(02)322-7242

ISBN   978-89-88807-75-0(03320)

※ 책값은 뒤표지에 있습니다. 잘못된 책은 바꿔드립니다.

※ 이 도서의 국립중앙도서관 출판시도서목록(CIP)은 서지정보유통지원시스템
   홈페이지(http://seoji.nl.go.kr)와 국가자료공동목록(http://www.nl.go.kr/kolisnet)에서
   이용하실 수 있습니다. (CIP제어번호: CIP2016023524)